职业技术教育"十三五"规划教材
ZHIYE JISHU JIAOYU SHISANWU GUIHUA JIAOCAI

铁路路基施工、养护与维修

主　编○王军龙　杨　琳
副主编○林　楠　周　斌　侯晓晶
主　审○赵兴寨

西南交通大学出版社
·成　都·

内容提要

本书主要根据目前最新的铁路工程标准、规范以及相关的规程编写而成。它将企业的岗位标准和学生的专业能力有机地结合在一起，主要方向为各铁路工程局和运输局等相关行业。本书系统地介绍了普通地区铁路路基、特殊地区铁路路基及高速铁路路基的施工及养护技术等。其主要内容包括铁路路基工程特点及断面形式、路基的压实方法及控制指标、路基的排水、路基防护与加固、路桥过渡段的处理等。另外，本书还融入了高速铁路路基施工及养护方面的内容。全书力求简明扼要，重点突出，尽量做到校企结合紧密、行业特色明显等。

本书可作为高职高专院校土木工程类相关专业方向，如铁道工程技术、高速铁道工程技术、城市轨道交通工程及相近专业的教材，也适用于在职职工的岗位培训，同时，还可以作为广大铁路工程技术人员的自学参考书。

图书在版编目（CIP）数据

铁路路基施工、养护与维修 / 王军龙，杨琳主编.
—成都：西南交通大学出版社，2018.1（2022.9 重印）
职业技术教育“十三五”规划教材
ISBN 978-7-5643-5959-1

Ⅰ. ①铁… Ⅱ. ①王… ②杨… Ⅲ. ①铁路路基－铁路施工－高等职业教育－教材②铁路路基－铁路养护－高等职业教育－教材③铁路路基－维修－高等职业教育－教材 Ⅳ. ①U213.1②U216.42

中国版本图书馆 CIP 数据核字（2017）第 317354 号

职业技术教育“十三五”规划教材
铁路路基施工、养护与维修

主　编 / 王军龙　杨　琳
责任编辑 / 姜锡伟
封面设计 / 何东琳设计工作室

西南交通大学出版社出版发行
（四川省成都市金牛区二环路北一段 111 号西南交通大学创新大厦 21 楼　610031）
发行部电话：028-87600564　028-87600533
网址：http://www.xnjdcbs.com
印刷：成都中永印务有限责任公司

成品尺寸　185 mm × 260 mm
印张　11　　字数　269 千
版次　2018 年 1 月第 1 版　　印次　2022 年 9 月第 4 次

书号　ISBN 978-7-5643-5959-1
定价　36.00 元

课件咨询电话：028-81435775

前　言

根据高职高专院校土木工程专业指导委员会编制的教学大纲以及21世纪高等职业技术教育规划教材的编写要求，结合新的设计规范及编写人员多年的教学经验，在以必需、够用为原则的情况下，编者确定了本书的结构和内容，目的是为学员提供铁路路基施工和养护方面的基本知识和实用技能，同时满足工程建设对应用型人才的需要。本书充分汲取了高职高专院校在探索和培养技术应用型人才方面的成功经验，并将实用型和创新型结合在一起，体现了高职高专教育的应用特色和能力定位，突出人才创新素质和创新能力的培养。

为了适应铁路的快速发展，本书结合高职高专学员的自身特点，以普通铁路为基础，并将高速铁路的相关内容融入其中，全面系统地介绍了普通铁路及高速铁路路基工程的特点及断面形式等知识，重点对铁路路基压实、排水、防护、加固及路桥段过渡处理进行详解，使学员能够做到对本书好理解、能接受、会应用的程度。书中各章都附有大量的工程实例，每章还给出了思考题和习题，内容丰富，实用性较强，以便于学员自我考核和练习。另外，建议教师在授课时，根据学员的具体情况，结合不同的专业特点选择讲授重点和自学章节。

本书由西安铁路职业技术学院王军龙、杨琳担任主编，西安铁路职业技术学院林楠、周斌、侯晓晶任副主编。全书共分为10章，第1、2、3、4、6、7、9章由西安铁路职业技术学院杨琳编写，第5章由西安铁路职业技术学院周斌编写，第8章由西安铁路职业技术学院侯晓晶编写，第10章由西安铁路职业技术学院林楠编写，附录由西安铁路职业技术学院王军龙编写，全书由西安铁路职业技术学院赵兴寨担任主审。在本书编写过程中，我们得到了铁路第一勘测设计院刘建利、铁路第三勘测设计院赵爱军及中交第一公路勘察设计研究院有限公司郭锋的大力支持，在此一并表示衷心的感谢。

本书适合各类开设高职高专课程教育的院校使用，也可以供专业培训人员参考。

本书编写过程中引用了参考文献中所列的相关资料和部分内容，谨在此向作者表示衷心的感谢，同时也对参编者所在院校的领导及组织者的关心和支持、出版社对本书的编辑和校对付出的大量工作在此表示深切的感激。

由于作者水平有限，书中难免有疏漏之处，敬请读者和专家批评指正，并提出宝贵的意见和建议，以便再版时及时更正。

编　者

2017 年 7 月

目　录

第1章 绪 论

1.1 铁路路基工程的特点

铁路路基是为了保证和满足铁路轨道铺设及运营条件而修建起来的土工建筑物。作为轨道的基础结构，它不仅承载着轨道本身的重力，而且承受着来自轨道上的列车车辆等荷载的作用，并将荷载向地基深处传递扩散。在路基纵断面上，路基必须保证轨顶需要的标高；而在平面上，路基与桥梁、隧道等连接组成完整贯通的铁路线路。在铁道工程的发展过程中，路基为轨道结构的不断更新、改善和轨道定型化提供了必要的条件。所以，它是线下工程不可缺少的重要组成部分，也是保证列车正常运行的主要建筑物。另外，高速铁路的出现对铁路传统的设计、施工和养护维修等提出了新的挑战和要求，在许多方面深化和改变了传统的设计观念。高速铁路对填筑材料的压实标准、变形控制、检测要求等较现行铁路的标准都有很大提高，同时还要强化基底结构，特别是基床表层。

铁路路基工程的主要内容包括路基本体工程、路基防护工程、路基排水工程、路基支挡和加固工程以及由于修筑路基可能引起的改河、改沟等配套工程。

1.1.1 一般铁路路基的特点

路基作为一种较为复杂而特殊的土工复合结构物，具有与桥梁和隧道等结构物不同的特点，具体表现如下：

（1）材料复杂。路基工程主要以土为材料，其力学性质具有极大的不确定性，土的成因、成分、颗粒大小、级配、结构不同，其力学性质就会明显不同，在计算路基变形和稳定性分析中所用的参数就会不同。因此，能否正确确定土的应力应变关系和计算参数，能否正确预报路基的变形是路基设计计算的关键。

（2）路基受环境影响大。路基完全暴露在大自然中，很容易受到气候、水和四季温度变化的影响。例如：膨胀土路基干缩湿胀会引起边坡破坏；北方地区路基受寒冷气候的影响会引起冻胀；黄土路基经常由于雨水的影响而遭受潜蚀破坏；西北一些地区的路基容易受到风蚀、沙埋等。

（3）路基同时承受动、静荷载的作用。路基上的轨道荷载是静荷载。列车荷载是动荷载，属交通荷载，其特点为多次重复作用，它也是引起路基病害的主要原因之一。路基土在重复荷载作用下产生累积变形，土的强度会降低，表现出疲劳的特性。此外，路基同轨道结构一起共同组成的这种线路结构是一种相对松散连接的结构形式，其抵抗动荷载的能力较弱。

1.1.2 高速铁路路基的特点

与一般铁路工程路基相比，高速铁路路基具有如下特点：

（1）填土高度增加。为了减少横向交通干扰，必须在高速铁路下设置行人和车辆行走的设施。对于山岭重丘区，可利用地形布置天桥式横穿道；对于平原区，则只能以提高路基填土高度来满足设置下穿式通道的要求，其填土高度一般都在 4 ~ 5 m。由于填土高度增加，路基本体发生大变形和不均匀沉降变形的可能性增大，而高速铁路对路基的变形控制非常严格，因此，对填料的性质、含水量、压实标准等指标的要求必须相应提高。

（2）取土、弃土的矛盾较突出。当路线通过山区和丘陵地区时，由于线形标准的提高，设计时很难考虑好土方的填挖平衡，有可能增大借土或弃土的数量，从而使铁路用地范围扩大，给工程施工造成困难。

（3）工程地质情况复杂，特殊地质条件的路基较多。由于高速铁路线形的重要性，路线通过不良地质地段的机会较多。在山区，通常会遇到大的滑坡体、泥石流及稻田、水库等障碍；在冲积平原和三角洲地区修建高速铁路时，还会遇到大面积的深层软土地基。针对以上情况，在工程施工中就要求采取特殊的施工工艺。

（4）路基边坡的技术要求高。在高速铁路上，为了行车的舒适和安全，对路基边坡的稳定性和线形的美化程度均有较高的要求。路基边坡的防护和加固工程较多，其施工的技术要求和美学要求也较高。

（5）高速铁路建设项目繁多，工程投资巨大，工程任务艰巨，工期要求紧，质量要求高，这就使得路基施工的组织与管理更加严格。

（6）路基施工机械化程度高，各种新工艺、新材料、新技术得到广泛应用。

1.1.3 铁路路基的基本要求

为了使路基能够正常工作，路基除断面尺寸应符合设计标准外，还应满足如下要求：

（1）路基必须具有足够的整体稳定性。

路基建成后，改变了原来地面的天然平衡状态。在土质不良地区修筑路基，则可能加剧原地面的不平衡状态，开挖路堑使两侧边坡土体失去支承力，可能导致边坡溜坍或滑坡；天然坡面特别是陡坡面上的路堤，可能因自重而下滑。对于上述种种情况，都必须因地制宜地采取一定措施来保证路基的整体稳定性。

（2）路基必须具有足够的强度和刚度。

强度和刚度是两个不同的力学特性，两者既有区别又有联系。强度是指路基抵抗应力作用和避免破坏的能力，而刚度则是指路基抵抗变形的能力。为防止路基在车辆荷载及各种自然因素作用下发生破坏与失稳，同时给轨道或路面提供一个坚实的基础，必须针对具体情况，采取一定的措施来保证路基具有足够的强度。另外，为保证路基在荷载作用下，不致产生超过允许范围的变形，也要求路基应具有一定的刚度。

（3）路基必须具有足够的水热稳定性。

路基在地表水和地下水作用下，其强度会降低。特别是在季节性冰冻地区，由于周期性的冻融作用，在水和负温度共同作用下，土体会发生冻胀，造成轨面或路面变形，春融期局部土层过湿软化，造成路基强度急剧下降。因此，不仅要求路基要有足够的刚度和强度，而且还应保证在最不利的水热条件下，路基不致冻胀和在春融期强度不致发生显著降低，这就要求路基应具有足够的水热稳定性。

总之，铁路路基的稳定性可能在长期经受自然因素的侵袭后逐年削弱，因此，提高路基的耐久性，保持其强度、刚度、几何形态经久不衰，除了精心设计、精心施工、精选材料之外，还要把长期的养护、维修工作放在重要的位置。

1.2 铁路路基的横断面形式

铁路路基横断面是指垂直于线路中心线截取的截面。路基的断面形式、构造尺寸、各部分组成和主要设备均可从路基的横断面图上得到反映，路基横断面图是路基设计的主要文件之一。铁路路基横断面常见的主要形式有以下 6 种（图 1.1）：

（1）路堤。当铺设轨道的路基面高于天然地面时，路基以填筑方式构成，这种路基称为路堤。

（2）路堑。当铺设轨道的路基面低于天然地面时，路基以开挖方式构成，这种路基称为路堑。

（3）半路堤。当天然地面横向倾斜，路堤的路基面边线和天然地面相交，因此，路堤体在地面和路基面相交线的以上部分无填筑工作量，这种路基称为半路堤。

（4）半路堑。当天然地面横向倾斜，路堑路基面的一侧无开挖工作量时，这种路基称为半路堑。

（5）半路堤半路堑。当天然地面横向倾斜，路基的一部分以填筑方式构成而另一部分以开挖方式构成时，这种路基称为半路堤半路堑。

（6）不填不挖路基或零断面。如路基的路基面和经过清理后的天然地基面平齐，路基无填挖土方时，这种路基称为不填不挖路基。当经换填后的路基面与天然地基面在一个水平面上时，也称为零断面。

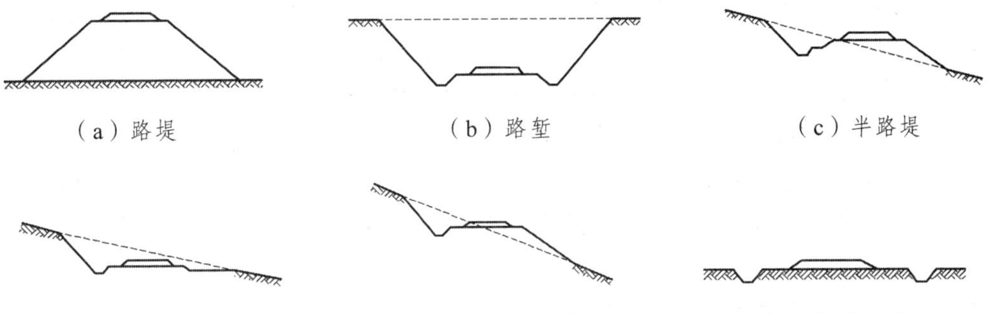

（a）路堤　（b）路堑　（c）半路堤

（d）半路堑　（e）半路堤半路基　（f）不填不挖

图 1.1　铁路路基横断面常见的形式

1.3 铁路路基的主要技术标准

1.3.1 一般铁路路基的主要技术标准

路基断面的设计主要包括路基本体设计及路基附属结构设计。在各种路基形式中，为了能按线路设计要求铺设轨道而构筑的部分，称为路基本体。路基横断面设计主要对路基本体的各组成部分如路基面、路肩、填料、基床、边坡、路基基底等部分按照规范进行设计，如图 1.2 所示。路基附属结构是路基的组成部分，是为确保路基本体工程的稳定而采用的必要辅助措施，主要包括排水结构和防护、加固结构两大类。

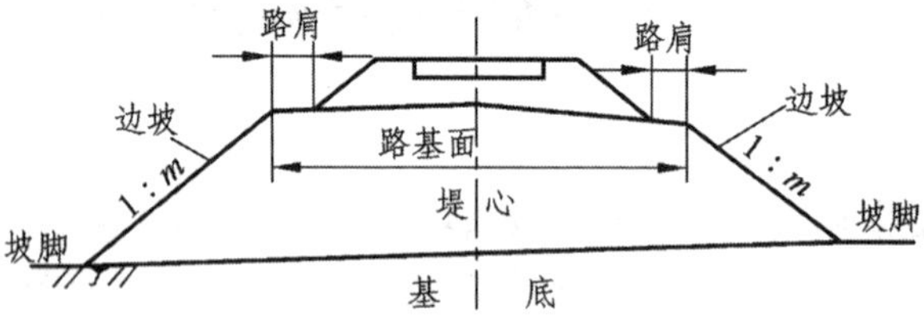

图 1.2　路基本体结构

路基本体主要由路基面、路肩、基床、边坡及基底等部分组成，下面重点介绍路基本体的主要组成。

1. 路基面

路基面由直接在其上面铺设轨道的部分及路肩组成，称为路基顶面或简称路基面。在路堑中，路基面为整体开挖后形成的构造面。区间路基根据基床土性质分为有路拱路基面和无路拱路基面两种类型。

（1）有路拱路基面。为了便于排水，路基面的形状应该设计为三角形路拱，由路基中心线向两侧设 4% 的人字排水坡，使雨水能够尽快排出，避免路基面积水使土浸湿软化，以保证路基土体的稳定。一般这样形成的单线路基的路拱高约 0.15 m，一次修筑双线路基的路拱高约 0.2 m。曲线加宽时，路拱仍保持三角形。

（2）无路拱路基面。无路拱即路基面是水平的。当路基面为渗水性土或不易风化岩石时，由于土本身渗水性强，能及时将雨水、雪水向下渗走，或者由于岩石坚硬，抗水性强，浸水后不致软化，因此，在上述情况下，无论单线、双线路基均不做路拱。

（3）路基面的宽度。路基面宽度等于道床覆盖的宽度加上两侧路肩的宽度之和。区间路基面宽度应根据列车设计运行速度、远期采用的轨道类型、正线数目、线间距、曲线加宽、路肩宽度、养路形式、接触网立柱的设置位置等由计算确定，需要时还要考虑光缆、电缆及声屏障基础的设置。

① 区间直线地段标准路基面宽度。

《铁路路基设计规范》（TB 10001—2016）对客货共线电气化铁路区间直线地段的标准路基面宽度规定见表 1.1。

表 1.1　直线段标准路基面宽度

项目		单位	Ⅰ级铁路								Ⅱ级铁路	
设计速度		km/h	200		160			120			≤120	
双线线间距		m	4.4		4.2			4.0			4.0	
单线道床顶面宽度		m	3.5		3.4			3.4			3.4	
道床结构		层	单		双	单		双	单		双	单
道床厚度		m	0.35	0.30	0.50	0.35	0.30	0.50	0.35	0.30	0.45	0.30
路基面宽度	单线	m	8.1（7.7）	8.1（7.7）	8.1（7.8）	8.1（7.7）	8.1（7.7）	8.1（7.8）	8.1（7.7）	8.1（7.7）	8.1（7.7）	8.1（7.7）
	双线	m	12.5（12.3）	12.5（12.1）	12.3（12.2）	12.3（11.9）	12.3（11.9）	12.1（12.0）	12.1（11.7）	12.1（11.7）	12.1（11.8）	12.1（11.7）

注：1. 表中路基面宽度按下列条件计算确定，如有变化，应计算调整路基面宽度：

（1）路基面处接触网支柱内侧至线路中心的距离为 3.1 m。

（2）无缝线路轨道为 60 kg/m 钢轨。

（3）Ⅰ级铁路采用Ⅲ型混凝土枕，Ⅱ级铁路采用新Ⅱ型混凝土枕。

2. 括号外为采用横腹杆式接触网支柱时路基面宽度，括号内为采用环形等径支柱时路基面宽度。

② 区间曲线地段的路基面宽度。

区间单、双线曲线地段的路基面宽度应在曲线外侧按表 1.2 的数值进行加宽，加宽值应在缓和曲线范围内线性递减。

表 1.2　曲线地段路基面加宽值

铁路等级	列车设计速度	曲线半径 R/m	路基面外侧加宽值/m
Ⅰ级铁路	200 km/h	$2\,800 \leqslant R < 3\,500$	0.4
		$3\,500 \leqslant R \leqslant 6\,000$	0.3
		$R > 6\,000$	0.2
	160 km/h	$1\,600 \leqslant R \leqslant 2\,000$	0.4
		$2\,000 < R < 3\,000$	0.3
		$3\,000 \leqslant R < 10\,000$	0.2
		$R > 10\,000$	0.1
Ⅰ、Ⅱ级铁路	120 km/h	$800 \leqslant R \leqslant 1\,200$	0.4
		$1\,200 < R < 1\,600$	0.3
		$1\,600 \leqslant R < 5\,000$	0.2
		$R \geqslant 5\,000$	0.1
Ⅱ级铁路	120 km/h	$800 \leqslant R < 1\,200$	0.4
		$1\,200 \leqslant R < 1\,600$	0.3
		$1\,600 \leqslant R < 5\,000$	0.2
		$R \geqslant 5\,000$	0.1

2. 路　肩

在路基顶面中，道床覆盖以外的部分称为路肩。其作用是保护路堤受力的堤心部分，防止道砟滚落，保持路基面的横向排水，供养护维修人员行走、避车、放置养护机具，供防洪抢险临时堆放砂石料，供埋设各种标志、通信信号、电力给水设备等。因此，路肩必须在考虑了施工误差、高路堤的沉落与自然剥蚀等因素以后，保持必要的宽度。

路肩宽度对于线路的维护和路基边坡的稳定性有重要影响。路肩宽度大，有利于维修作业的开展，也有利于路基边坡的稳定，但工程造价就相应地加大。我国《铁路路基设计规范》（TB 10001—2016）规定有砟轨道两侧路肩宽度应根据设计速度、边坡稳定、养护维修、路肩上设备设置要求等条件综合确定，客货共线设计速度 200 km/h 铁路不应小于 1.0 m，设计速度 200 km/h 以下铁路不应小于 0.8 m。

3. 基　床

基床是指路基上部受列车动荷载作用和水文气候变化影响较大的土层，其状态直接影响列车运行的平稳和速度的提高。所以要求基床应达到以下要求：

① 强度要求。应有足够的强度以抵抗列车荷载产生的动应力而不致破坏；能抵抗道砟压入基床土中，防止道砟陷槽等病害的形成；在路基填筑阶段能承受重型施工车辆走行而不形成印坑，以免留下隐患。

② 防渗要求。能够防止雨水浸入造成路基土软化，防止翻浆冒泥等病害，在可能发生冻害的地区，还有防冻等特殊要求。

③ 刚度要求。在列车荷载的重复作用下，塑性累积变形应很小，避免形成过大的不均匀下沉造成轨道的不平顺，增加养护维修的困难；在列车高速行驶时，基床的弹性变形应满足高速行走的安全性和舒适性要求，同时还能保障道床的稳固。

基床分为表层及底层，我国《铁路路基设计规范》规定，对于时速不超过 200 km 的客货共线铁路，其表层厚 0.6 m，底层厚 1.9 m，基床总厚度为 2.5 m，如图 1.3 所示。基床厚度以路肩施工高程为计算起点。

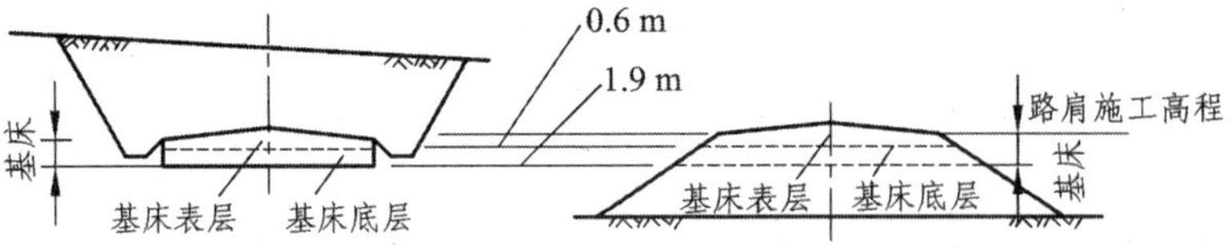

图 1.3　路基基床结构示意图

4. 基　底

路堤下地基内承受路堤及轨道、列车等荷载作用的部分称为路堤基底。在路堑中，因为路基是在地基内以开挖方式构成的，所以，路堑的基底为路堑边坡土体内和堑底路基面以下的地基内产生应力变化的部分。基底的稳固对路基本体乃至轨道的稳定性都至关重要。因此，在软弱基底上修筑路堤时，必须对基底进行处理，以免危及行车安全与线路正常运营。

5. 边　坡

路基两侧的边线称为路基边坡。边坡常修筑成单坡形、折线形和阶梯形，每一坡段坡面的斜率以边坡上下两点间的高差与水平距离之比表示，当高差为 1 单位长时，水平距离折算为 m 单位长，则斜率为 1 ∶ m。在路基工程中，以 1 ∶ m 方式表示的斜率称为坡度。边坡与地面的交点，在路堤中称为坡脚，在路堑中称为堑顶。

路堤边坡形式和坡率应根据填料的物理力学性质、边坡高度、列车荷载和地基工程地质条件等确定。当地基条件良好、边坡高度不大于表 1.3 范围时，其边坡形式和坡度应按表 1.3 采用。

表 1.3　路堤边坡坡率和形式

填料名称	边坡高度/m			边坡坡率		边坡形式
	全部高度	上部高度	下部高度	上部坡率	下部坡率	
细粒土、易风化的软块石	20	8	12	1 ∶ 1.50	1 ∶ 1.75	折线形或台阶形
粗粒土(细砂、粉砂、黏砂除外)、不易风化的软块石	20	12	8	1 ∶ 1.50	1 ∶ 1.75	折线形或台阶形
硬块石土	8	—	—	1 ∶ 1.30		直线形
	20	—	—	1 ∶ 1.50		直线形

注：① 如有可靠资料和经验时，可不受本表限制。
② 填料为易风化的软块石时，其边坡坡度应按风化后土质边坡设计。
③ 填料为细砂、粉砂、膨胀土等时，其边坡坡率和形式应按《铁路特殊路基设计规范》的有关规定设计。

路堤边坡高度大于表 1.3 所列的数值时，其超出的下部边坡坡率和形式，应根据填料的性质由稳定分析计算确定，最小稳定安全系数应为 1.15 ~ 1.25，边坡形式宜用阶梯形。

路堤坡脚外应设置不小于 2 m 宽的天然护道。在经济作物区高产田地段，当能保证路堤稳定时，可设宽度不小于 1 m 的人工护道或设坡脚墙。

土质路堑边坡形式及坡率应根据工程地质、水文地质和气象条件、边坡高度、防排水措施、施工方法等，结合自然稳定山坡和人工边坡的调查及力学分析综合确定。当土质路堑边坡高度小于 20 m 时，边坡坡率可参考表 1.4；当高度大于 20 m 时边坡坡率、形式应通过稳定性分析计算确定，最小稳定系数应符合第 8 章路基边坡稳定性要求。黄土、膨胀土等特殊土应符合《铁路特殊路基设计规范》（TB 10035—2006）的相关规定。

表 1.4　土质路堑边坡坡率

土的类别		边坡坡率
黏土、粉质黏土、塑性指数大于 3 的粉土		（1 ∶ 1.00）~（1 ∶ 1.50）
中密以上的中砂、粗砂、砾砂		（1 ∶ 1.50）~（1 ∶ 1.75）
漂石土、卵石土、碎石土、粗砾土、细砾土	胶结和密实	（1 ∶ 0.50）~（1 ∶ 1.25）
	中密	（1 ∶ 1.25）~（1 ∶ 1.50）

岩石路堑边坡形式及坡率应根据工程地质、水文地质和气象条件、岩性、边坡高度、施工方法，并结合岩体结构、结构面产状、风化程度及自然稳定边坡和人工边坡的调查等因素综合确定，岩石路堑边坡高度小于 20 m 时，坡率可按表 1.5 确定；当高度大于 20 m

时边坡坡率、形式应通过稳定性分析计算确定，最小稳定系数应符合第 8 章路基边坡稳定性要求。

表 1.5　岩石路堑边坡坡率

岩石类别	风化程度	边坡坡率
硬质岩	未风化、微风化弱分户	（1∶0.1）~（1∶0.5）
	弱风化、强风化	（1∶0.3）~（1∶0.75）
	全风化	（1∶0.75）~（1∶1.0）
软质岩	未风化、微风化弱分户	（1∶0.3）~（1∶0.75）
	弱风化、强风化	（1∶0.5）~（1∶1.0）
	全风化	（1∶0.75）~（1∶1.5）

6. 路基附属结构

路基附属结构作为路基本体的一个辅助部分，同样具有很重要的作用。它主要包括排水结构和防护、加固结构两大类。

路基的排水设施分地面排水设施和地下排水设施两种。地面排水设施用以拦截地面径流，汇集路基范围内的大气降水并使其畅通地流向天然排水沟谷，以防止地表水对路基的浸湿、冲刷而影响其良好状态。地下排水设施用以拦截、疏导地下水和降低地下水位，以改善地基土和路基边坡的工作条件，防止或避免地下水对地基和路基本体的有害影响。

路基防护设施用来防止或削弱风霜雨雪、气温变化及流水冲刷等各种自然因素对路基本体所造成的直接或间接的有害影响，其种类很多，类型各异。常用的防护设施是坡面防护和冲刷防护。为了防止路基边坡和坡脚受坡面雨水的冲刷，防止日晒雨淋引起土的干湿循环，防止气温变化引起土的冻融变化等因素影响边坡的稳固，常采用坡面防护。为了防止河水对边坡、坡脚或坡脚处地基不断的冲刷和淘刷，应设冲刷防护。防护位置和所采用的类型则常视水流运动规律及防护要求而定。特殊条件下路基的防护类型更多，例如：在多年冻土地区，为防止冻土的退化应采用各种保温措施；在泥石流地区，为防止泥石流对路基本体的威胁，常设置多种拦蓄与疏导工程；在风沙地区，为防止路基本体被砂蚀和被掩埋，常采用各种防砂、固砂设施等。

路基加固设施是用以加固路基本体或地基的工程设施。在路基工程中，路基加固设施有护堤、挡土墙、支垛、抗滑桩及其他地基加固措施等。路基加固设施是提高路基稳定性的一种有效措施。

1.3.2　高速铁路路基的主要技术标准

1. 路基面宽度

（1）直线地段路基面宽度。

我国《铁路路基设计规范》（TB 10001—2016）规定直线段高铁路基面标准宽度如表 1.6。

表 1.6　直线地段高铁路基面宽度

项目		单位	有砟轨道			无砟轨道		
设计速度		km/h	350	300	250	350	300	250
双线线间距		m	5.0	4.8	4.6	5.0	4.8	4.6
道床厚度		m	0.35	0.35	0.35	—	—	—
路基面宽度	单线	m	8.8	8.8	8.8	8.6	8.6	8.6
	双线	m	13.8	13.6	13.4	13.6	13.4	13.2

注：表中路基面宽度计算时按路肩设电缆槽考虑，如有变化，应计算调整路基面宽度。

（2）曲线地段路基面加宽值。

无砟轨道正线曲线地段路基面不应加宽，轨道结构和接触网支柱等设施的设置有特殊要求的，根据具体情况分析确定；有砟轨道正线曲线地段加宽应在曲线外侧按表 1.7 的规定加宽。曲线加宽值应在缓和曲线内渐变。

表 1.7　有砟轨道曲线地段路基面加宽值

设计速度 /（km/h）	曲线半径/m	路基外侧加宽值/m
250	$R\geqslant 10\,000$	0.2
	$10\,000>R\geqslant 7\,000$	0.3
	$7\,000>R\geqslant 5\,000$	0.4
	$5\,000>R\geqslant 4\,000$	0.5
	$R<4\,000$	0.6
300	$R\geqslant 14\,000$	0.2
	$14\,000>R\geqslant 9\,000$	0.3
	$9\,000>R\geqslant 7\,000$	0.4
	$7\,000>R\geqslant 5\,000$	0.5
	$R<5\,000$	0.6
350	$R>12\,000$	0.3
	$12\,000\geqslant R>9\,000$	0.4
	$9\,000\geqslant R\geqslant 6\,000$	0.5
	$R<6\,000$	0.6

2. 路肩宽度

我国高速铁路路肩有砟轨道路基两侧路肩宽度，双线不小于 1.4 m，单线不小于 1.5 m。

3. 基　床

高速铁路基床结构通常采用多层系统和强化基床结构两种形式，它一般分为表层和底层，通常无砟轨道表层厚 0.4 m、有砟轨道表层厚 0.7 m，底层厚 2.3 m。

4. 基　底

高速铁路的地基不允许发生破坏，也不允许发生过大的工后沉降，因此，对于高速铁路路基来说，除了有强度和刚度要求之外，还有变形条件的要求，并应根据地形、地质条件及路基高度、所处位置对地基采取不同的处理措施。

1.4　铁路路基标准横断面

1.4.1　一般铁路路基标准横断面图

路基标准横断面是按照《铁路路基设计规范》对路基边坡的高度与坡度、地面排水设备、路堤基底的处理（如基底横坡较陡的处理等）、路堤的取土坑、路堑的弃土堆位置等内容，作了系统考虑后确定的，仅适用于一般水文、地质条件，填挖高度不大的普通土质路基，并制成标准设计横断面图集，以便用作一般路基设计时套用。

1. 路堤标准横断面

（1）路堤常用的标准横断面。

在路基直线地段，普通土质路堤标准横断面图如图 1.4 及图 1.5 所示。

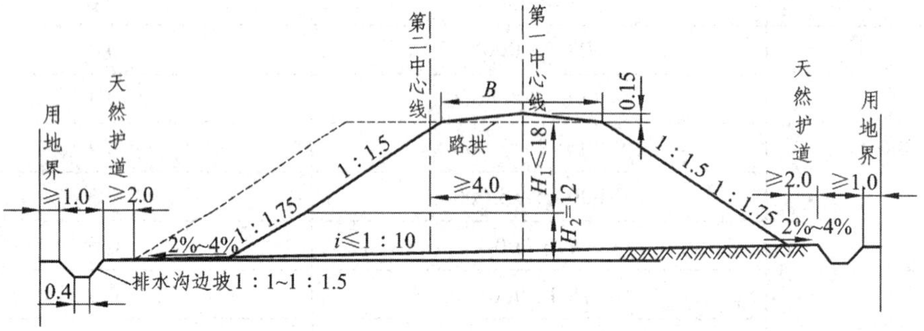

图 1.4　有排水沟路堤标准横断面图（单位：m）

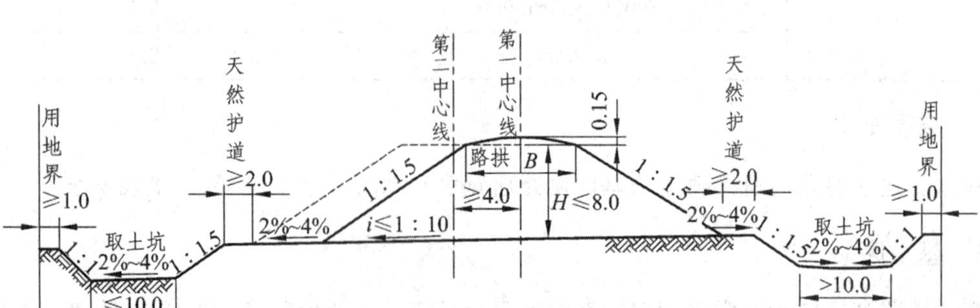

图 1.5　有取土坑路堤标准横断面图（单位：m）

（2）护道。

路堤坡脚与排水沟或取土坑边缘之间的天然地面称为护道，其宽度不小于 2.0 m，以保护路堤坡脚免受排水沟或取土坑中水流的冲刷而危及路堤边坡的稳定性。地质及排水条件良好的地段，或经济作物高产田地段，若采取一定措施后（如护坡或坡脚墙等）足以保证路堤稳定时，可将护道宽度减为 1.0 m。另外，护道表面应平顺，并有 2% ~ 4% 的向外排水坡。如果天然地面达不到要求应由人工修整。

（3）取土坑。

当无弃土作填土来源或弃土运距太远而不经济时，可在护道以外设取土坑就近取土。取土坑的设置应根据取土数量，结合路基排水、地形、土质、施工方法、节约用地以及未来路基加宽要求等，统一规划，并符合以下规定：

① 取土坑的土质应符合路基填料要求。

② 地形平坦地段，宜设在路堤一侧。当地面横坡陡于 1∶10 时，宜设在路堤上侧，以汇集和排除地表水。

③ 桥头河滩路堤的取土坑必须设在下游侧。

④ 兼作排水的取土坑，应确保水流通畅排出。其深度不宜超过该地区地下水位并应与桥涵进口高程相衔接，其纵坡不应小于 2‰，平坦地段亦不应小于 1‰。

⑤ 当取土坑较深时，边坡坡脚至取土坑距离应保证路堤边坡稳定，取土坑内侧坑壁应采取防护措施。

良田地段，当路堤填方数量大而集中时，可远运或集中取土。

（4）排水沟。

路堤填筑有弃土可利用时，路堤地表排水应在护道以外迎水一侧或两侧设排水沟。排水沟的设置及纵向坡度的一般规定与取土坑要求相同。路基排水沟的断面除需按流量计算加大外，一般可采用底宽 0.4 m、深 0.6 m 的梯形断面。干旱少雨地区，深度可减至 0.4 m。此外，为防止水沟冲刷，当流速大于该处土的容许冲刷流速时，应予以铺砌加固，并应注意沟内水下渗影响路基的稳定。

在无其他防护与加固设施时，铁路用地界可划定在取土坑或排水沟外侧顶缘外不小于 1 m 处。

2. 路堑标准横断面

（1）路堑常见的标准横断面图。

有弃土堆和无弃土堆的不同土质路堑标准横断面图如图 1.6 和图 1.7 所示。

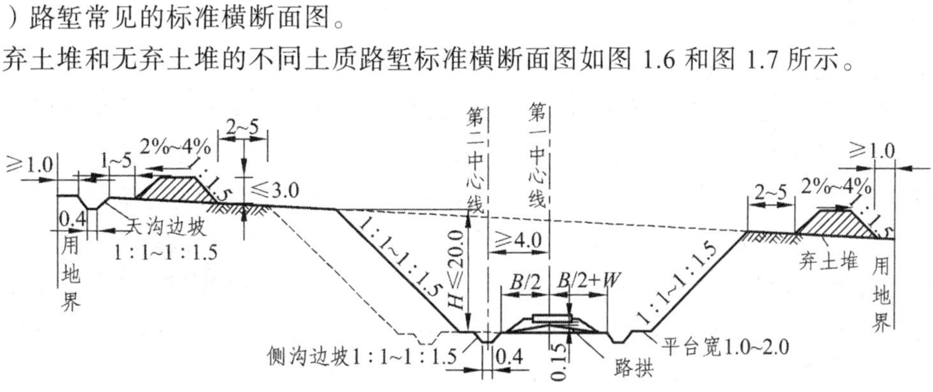

图 1.6　曲线地段一般黏性土路堑标准横断面图（单位：m）

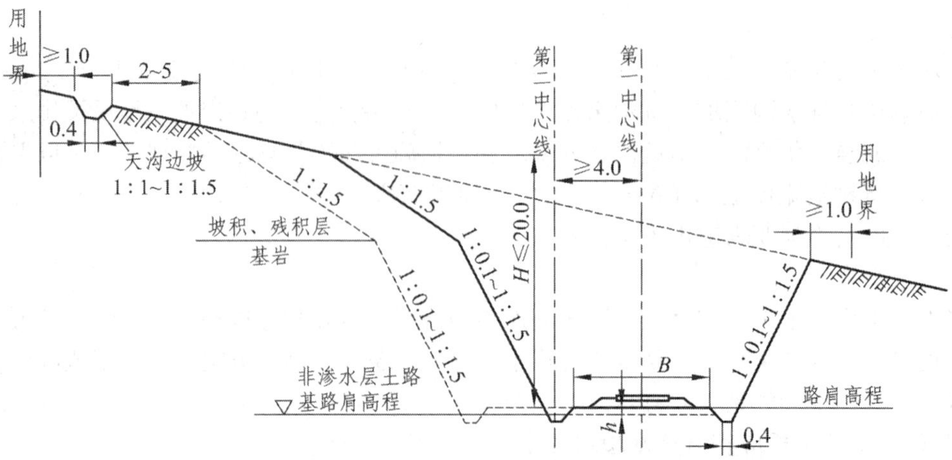

图 1.7　直线地段岩石路堑标准横断面图（单位：m）

（2）路堑平台（碎落台）。当路堑边坡为碎石等类土或砂类土、易风化岩石或其他不良土质（如膨胀土）时，为防止坍落的土和碎石堵塞侧沟，应在侧沟外侧设置平台，平台宽度不宜小于 1.0 m，如边坡高度大于 20 m 时，则可酌情增宽至 1.5 ~ 2.0 m。如边坡已全部设防护加固工程，则可不设平台。平台面上应有 2% ~ 4% 向侧沟方向的排水坡。

由不同地层组成、高度为 15 ~ 20 m 及以上的路堑边坡，由于坡面流水较大，土层交接处或坡脚易被冲刷淘空，形成边坡坍塌。为便于养护作业，在边坡中部或不同地层分界处设平台，并在平台上设置截水沟或挡水墙，平台宽度不宜小于 2 m。在年平均降水量小于 400 mm 的地区，边坡平台上可不设截水沟，但应设置向坡脚方向不小于 4% 的排水横坡。

（3）弃土堆。路堑顶缘以外部分称为路堑堑顶，置于堑顶的弃土应建成弃土堆。其边坡不得陡于 1 : 1，高度不宜超过 3 m。一般情况下，置于堑顶两侧的弃土堆应符合以下要求：

① 弃土堆的设置不应影响山体或边坡稳定，弃土堆内侧坡脚至堑顶距离应根据路堑土质条件和边坡高度确定，不宜小于 5 m。

② 陡坡路基和深路堑地段的弃土堆应置于山坡下侧，并间断堆填，以保证弃土堆内侧地面水能顺利排出。

③ 桥头弃土不得挤压桥墩台，阻塞桥孔。

④ 对弃土堆应采取必要的挡护措施，以确保边坡稳定和符合环保要求。当堑顶上坡方向一侧无弃土堆时，如有地表水流向路堑，应设天沟截引，天沟与堑顶边缘的距离应不少于 5 m，加防渗铺砌时，可减至不小于 2 m。湿陷性黄土路堑天沟至路堑顶缘间的距离，一般不小于 10 m，并应加固防渗。天沟的横断面与侧沟相同，一般采用底宽 0.4 m、深 0.6 m 的梯形断面，天沟的两侧边坡根据土质条件可取为 1 : 1 ~ 1 : 1.5。天沟不应向路堑侧沟排水。如受地形限制需经边坡向侧沟排水时，应修建急流槽，急流槽应作单项设计。堑顶水流由侧沟排出时，侧沟应按流量计算，加大截面。

另外，当沿河弃土时，不得阻塞河流、抬高水位及改变水流性质。弃土也不得压缩桥孔或涵管口，改变水流方向，危及桥梁或涵洞安全。在地面横坡陡于 1.25 的路堤边坡和滑坡路堤边坡上不应堆置弃土，必须堆置时，应采取加强路堤边坡稳定的措施。

（4）侧沟。图 1.7 中路基面两侧的排水沟称为侧沟，用以排引路基面和边坡上的地面水。一般黏性土和细砂土的路堑侧沟，底宽不应小于 0.4 m，沟深不小于 0.6 m。干旱少雨地区，深度可减至 0.4 m。一般黏性土的侧沟边坡，靠线路一侧为 1∶1，靠田野一侧与边坡陡度一致。岩石路堑的侧沟可修建成槽形，底宽和深度均不应小于 0.4 m。侧沟的纵坡不应小于 2‰，一般应取与路堑线路纵坡相同的坡度；若路堑地段线路纵坡为零或小于 2‰ 时，侧沟可做成单面坡或双面坡，长路堑宜做成双面坡，以免侧沟下游段开挖过深，增大路堑开挖数量。在困难条件下，侧沟纵坡坡度可减至 1‰。

1.4.2 高速铁路路基标准横断面图

高速铁路路基面临的主要问题是路基动应力和动刚度问题，因此，必须保证路基动应力和动刚度（动位移）的要求，以满足列车安全、舒适运行的需要。常见高速铁路路基的标准横断面图如下：

1. 有砟轨道（图 1.8、图 1.9）

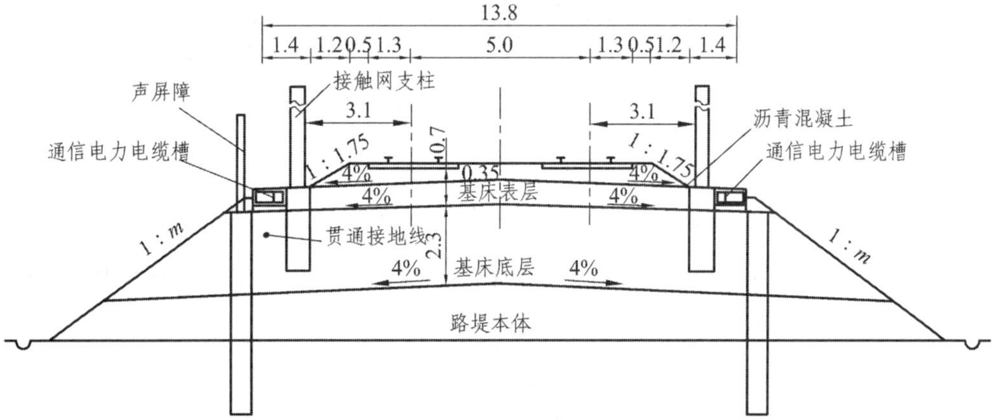

图 1.8　高速铁路有砟轨道双线路堤示意图（单位：m）

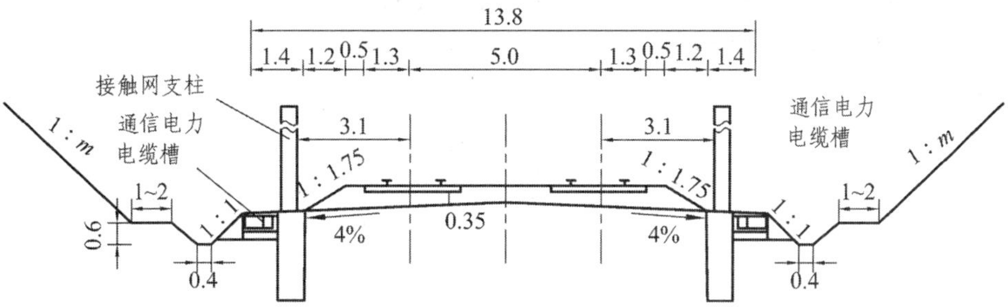

图 1.9　高速铁路双线有砟路堑（硬质岩石）示意图（单位：m）

2. 无砟轨道（图 1.10～图 1.11）

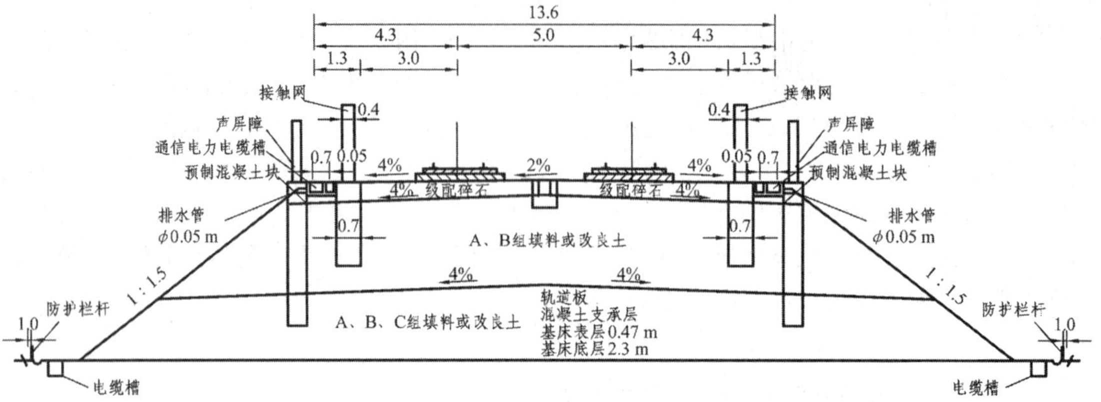

图 1.10　双线无砟轨道路堤标准横断面图（单位：m）

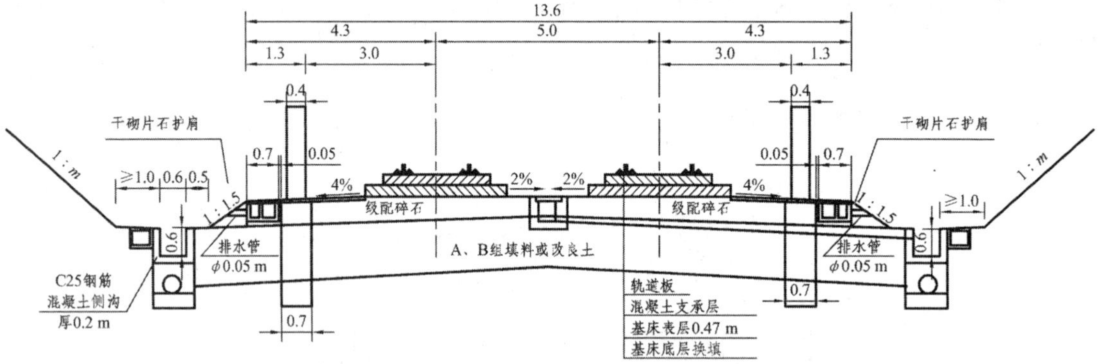

图 1.11　双线无砟轨道路堑标准横断面图（单位：m）

总而言之，高速铁路路基断面形式多样，构造较为复杂，但都采用了强化基层结构的办法以提高铁路线下工程的整体稳定性。

复习思考题

1. 一般铁路路基的横断面形式有哪些？
2. 路基本体结构包括哪些主要内容？各有什么要求？
3. 简述高速铁路路基的特点。

第 2 章　铁路路基施工控制与分析

铁路路基的施工质量直接影响了整个铁路的性能，所以在施工过程中要对路基的质量进行严格的控制。

2.1　铁路路基土的压实机理与特点

2.1.1　土的压实机理

土的压实机理是：采用机械对土施以碾压能量，使土颗粒重新排列，彼此挤紧，孔隙减小，形成新的密实体，增强粗粒土之间摩擦和咬合，增加细粒土之间的分子引力，从而提高土的强度和稳定性。实践证明，经过压实的土，其塑性变形、渗透系数、毛细水作用及隔温性能等，都有明显改善。因此，压实是改善土工程性质的一种有效措施。

2.1.2　压实土的特点

铁路路基土经压实后具有以下特点：

（1）压实土的压缩变形和湿化变形最小，所以路基沉降变形和由于雨水的影响引起的变形就会小，减少了路基的破坏。

（2）压实后的土的抗剪强度增加，提高了路基的稳定性。

（3）压实后的土的渗透能力减小，减小了水对路基的影响。

2.2　影响铁路路基土压实的主要因素

2.2.1　含水量

土中含水量对压实效果影响非常大。大量实践表明：当含水量较少时，由于粒间引力使土粒保持着比较疏松的状态，土中孔隙大部互相连通，水少而气多，在一定外部压力作用下，虽然土中气体易被排出，密度相应增大，但由于水膜润滑作用不大以及外部功能不足以克服粒间引力，土粒相对移动不容易，因而压实效果比较差；含水量逐渐增大时，水膜变厚，引力缩小，水膜又起润滑作用，外部功能作用比较容易使土粒移动，压实效果渐佳；土中含水量过大时，孔隙中出现了自由水，压实作用不可能使气体排出，压实功能的一部分作用被自由水抵消，减少了有效压力，压实效果反而降低。

依据以上分析，我们得出含水量在结构施工过程中起着非常重要的作用，所以我们在施工过程中要重视并严格控制含水量。在正式施工之前，应当做最佳含水量试验——击实试验。

击实试验分轻型击实和重型击实。轻型击实试验适用于粒径小于 5 mm 的黏性土，重型击实试验适用于粒径不大于 20 mm 的土。采用三层击实时，最大粒径不大于 40 mm。

击实试验所用的主要仪器设备为击实仪（图 2.1）。

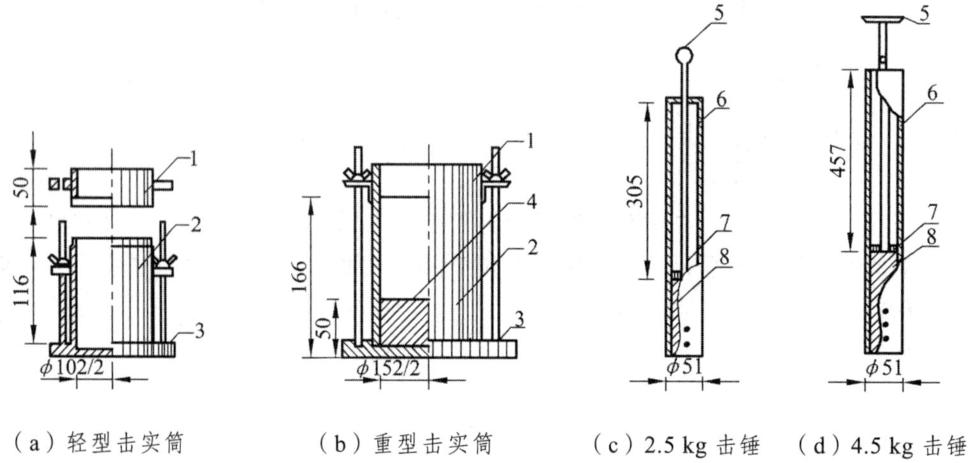

图 2.1　标准击实仪

1—套筒；2—击实筒；3—底板；4—垫块；5—提手；6—导筒；7—硬橡皮垫；8—击锤

做击实试验前根据规范，在土的塑限的基础上预估最佳含水量，采用干法或湿法制备 5 个含水量不同的土样，其中 2 个大于最佳含水量，2 个小于最佳含水量，1 个接近最佳含水量，相邻 2 个含水量之间的差值宜为 2%。

对 5 个试样分别击实后，测定其干密度。试验结束后，在直角坐标纸上绘制干密度和含水率的关系曲线图（图 2.2），取曲线峰值点相应的纵坐标为击实试样的最大干密度 ρ_{max}，相应的横坐标为击实试样的最佳含水量 w_{opt}，当关系曲线不能绘出峰值点时，应进行补点，土样不宜重复使用。

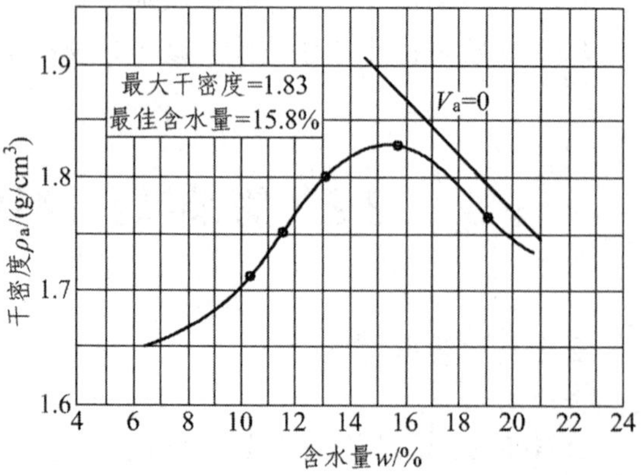

图 2.2　干密度与含水量关系曲线图

2.2.2 碾压厚度

压实厚度对压实效果具有明显影响。在实际施工过程中，我们应当考虑到土的类型、施工机械、施工组织、施工环境等，通过工艺性试验确定松铺厚度。相同压实条件下，由实测土层不同深度的密实度或压实度得知，密实度随深度加深而递减。不同压实工具的有效压实深度有所差异，根据压实工具类型、土质及土基压实的基本要求，路基分层压实的厚度有具体规定数值。大量的实践证明，碾压应有适当的厚度，碾压层过厚，会导致压实质量不理想、下层的压实度达不到要求，必将影响整体路基的质量，导致路基沉降。同时，在实际施工过程中，应该按照实际的压路机类型，经过工艺性试验，确定实际过程中的碾压厚度。

2.2.3 碾压遍数

碾压遍数对路基压实度的影响是通过压实功体现出来的。通常情况下，碾压遍数越多，压实度越好。但必须指出，用增加压实功能的办法提高土基强度的效果有一定限度，功能增加到一定限度以上时，效果提高愈为缓慢。图 2.3 为在某段铁路路基施工中所做的压实系数和碾压遍数的关系曲线。

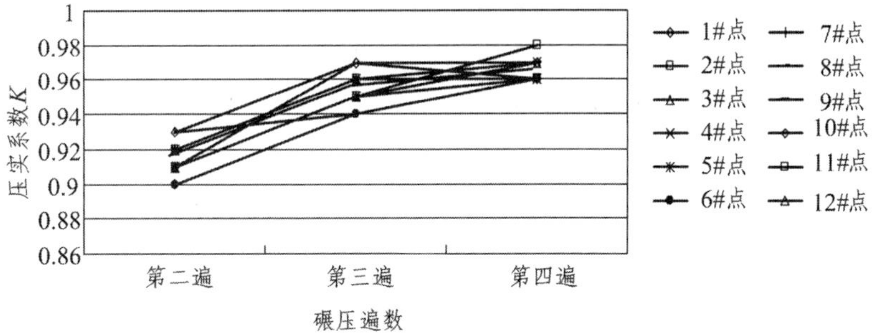

图 2.3　压实系数 K 与碾压遍数关系曲线图

注：图中的碾压遍数不算静压遍数。

根据图 2.3 可以看出，同一条件下，填料的压实系数随压实遍数的增大而增大，据此规律，工程实践中可以增加压实功能，以提高路基强度。但是在碾压至第四遍之后，压实度增长很缓慢，可以推算，压实度在碾压遍数到一定程度后，影响是很小的。在实际施工过程中，应当通过工艺性试验，找到符合规范及设计要求而又最经济合理的碾压遍数，既满足施工需要又能节约成本。

2.2.4 碾压方式

路基的施工技术规范都要求碾压时必须“先轻后重，先慢后快，先边缘后中间”，这是碾压时的总原则。这种合适的碾压方式既有利于提高压实度，又有利于提高平整度。但是，这种方式不是万能的，遇到特殊情况，碾压方式要随之改变。如碾压碎石稳定土时，由于土基中含有一定的碎石，采用高频低辐、紧跟慢压就比较好，碾压过后路基不但密实而且平整；在有超高路段时，则宜先低后高。

2.2.5 碾压速度

在路基施工中，不管使用哪种形式或质量的压路机进行碾压，其碾压速度对路基土所能达到的密度有明显的影响。碾压速度低时，单位面积材料的碾压时间比速度高时要多，因而作用在被压材料上的能量也大。实际上，传递到被压材料层内的能量与碾压速度成反比。假定使碾压材料层达到规定密实度所需的压实能量不变，则碾压速度加倍时，碾压次数相应加倍，并且碾压速度过快容易导致路面不平整。因此，在施工现场应针对具体的碾压层的材料和所用的压路机，通过铺筑实验路段选择合适的碾压速度。另外，对于碾压层厚和难以压实的土时，应采用较小的碾压速度。

2.2.6 压实机械

压实机械对一定含水量的路基土的压实质量有很大的影响。一般情况下，使用轻型压路机只能得到较小的密实度，使用重型压路机可以得到较大的密实度。但是压实机械对土的施加外力应有所控制。若施加压力过大，就会造成压实过度，浪费人力物力，严重的还会对路基有害。施加外力的一般原则是：压路机碾压时的单位压力，不应超过土的强度极限。

2.2.7 集料级配

集料的级配对碾压所能达到的密实度有明显影响。实践证明，均匀颗粒和砂，单一尺寸的砾石、碎石都难于碾压密实。在级配集料基层或底基层施工中，使所用的集料的级配与室内试验确定标准干容重时所用的集料级配相同是很重要的。在集料发生离析的情况下，添加所缺的料并进行适当的拌和是必要的。施工中，只有严格控制级配，才能确保达到规定的压实状态。

2.2.8 地基或下承层强度

大量试验证明，在填筑路堤时，如地基没有足够的强度，路堤的第一层是难于达到较高的压实度的。因此，在填筑路堤之前，必须先碾压地基即清场，使其达到足够的压实度和强度。若地基比较湿软，即使使用重型压路机进行碾压，土层也会发生“弹簧现象”，碾压遍数越多，“弹簧现象”越严重。在这种情况下，应该先利用石灰或固化剂处理地基，或者先将地基土用砂、砂砾土或其他类似的材料换填 1 ~ 3 层，进行适当碾压后再进行填土。试验证明，用相同的压实机械和压实方法碾压时，如土基强度高，碾压层的密实度就大，反之，碾压层的密实度就小。

压实是路基施工的最后工序，是保证路基质量，使其物理力学性质和功能特性符合设计要求的重要环节。而影响路基压实质量的因素来自各个方面，既有自然因素，又有人为因素，为此要求我们在施工中严格控制碾压施工的各个环节，保证路基压实质量达到设计要求。

2.3 铁路路基填土的压实方法

路基土的压实可以分为人工压实和机械压实两大类，目前在大面积的土方施工中，机械压实是主要的方法，只有在路基与结构物相连的地段，如桥台背后、涵洞两端等，施工场地比较狭小，机械难以进入时才用人工压实。

2.3.1 压实机械的分类

压实机具的类型很多，按压实作用原理可大致分为静力碾压式、夯击式和振动碾压式三大类。

1. 静力碾压式

静力碾压式压实机具包括光面碾（普通的两轮和三轮压路机）、羊足碾和气胎碾及各种拖式压滚等几种滚动压实机，其原理是使被压实层产生一定程度的永久变形而达到压实目的。

2. 夯击式

夯实机械可分为冲击夯实、振动夯实两种。

冲击夯实是利用机械或人力使重锤离开地面上升到一定高度，然后自由下落产生冲击力来压实。人工式的有石硪、木夯，机械式的有夯锤、夯板、风动夯及蛙式夯机等。

振动夯实除具有冲击夯实力外，还有振动力同时作用于被压实层，包括振动平板夯和快速冲击夯等。

3. 振动碾压式

振动碾压式压实机具主要包括振动器、振动压路机等。其原理是利用专门的振动机构，以一定的频率和振幅振动，并通过滚轮的往复滚动传递给压实层，使压实材料的颗粒在振动和静压力联合作用下重新排列，从而提高密实度和稳定性。

国产压实机械的种类和型号编制方法见表 2.1。

表 2.1 压实机械的分类

类别	种类	型式	特征	代号	代号含义	主参数	
						名称	单位
压路机械	光轮压路机 Y（压）	拖式		Y	拖式压路机 （简称平碾）	加载后质量	t
压路机械	光轮压路机 Y（压）	两轮 自行车	Y（液）	2Y 2YY	两轮压路机 （简称压路机） 液压（转向）压路机 （简称压路机）	结构质量/加载后质量 结构质量/加载后质量	t t
压路机械	光轮压路机 Y（压）	三轮 自行车	Y（液）	3Y 3YY	三轮压路机 （简称压路机） 三轮液压（转向） 压路机（简称压路机）	结构质量/加载后质量 结构质量/加载后质量	t t
压路机械	羊足压路机YJ （压、脚）	拖式 自行式	T（拖）	YJT YJ	拖式羊足压路机 （简称羊足碾） 自行式羊足压路机 （简称羊足碾）	加载总质量 加载总质量	t t
压路机械	轮胎压路机 YL（压、轮）	拖式 自行式	T（拖）	YJT YL	拖式轮胎压路机 （简称轮胎碾） 自行式羊足压路机 （简称轮胎碾）	加载总质量 加载总质量	t t
压路机械	振动压路机 YZ（压、振）	拖式 拖式 自行式	Z（振） T（拖） B（摆） J（铰）	YZZ YZT YZ YZB YZJ	拖式振动羊脚压路机 （简称振动碾） 拖式振动压路机 （简称振动碾） 自行式振动压路机 摆脱压路机 铰接式振动压路机 手扶式振动压路机	加载总质量 结构质量 结构质量 结构质量 结构质量 结构质量	t t t t t kg
压路机械	振动夯实机 H（夯）	振动式 Z（振）	R（燃）	HZ HZR	振动夯实机 内燃振动夯实机	结构质量 结构质量	kg kg
压路机械	多头式夯实机 H（夯）	蛙式 W（蛙） 爆炸式 B（爆） D（多）		HW HB HD	蛙式夯实机 爆炸夯实机 多头式夯实机	结构质量 结构质量 结构质量	kg kg kg

另外，一些自重较大的机具，如运土汽车、挖掘机、推土机等也可用于路基压实。

2.3.2 压实机械的使用范围

1. 光轮压路机

光轮压路机是一种静作用压路机，按其质量可分为特轻型、轻型、中型、重型和特重型五种。这种压路机单位线压力较小，压实深度比较浅，适用于一般的筑路工程。光轮压路机按其质量的应用范围分类见表 2.2。

表 2.2 光轮压路机按质量的应用范围的分类

分类	加载后质量/t	单位直线压/Pa	应用范围
特轻型	0.5～2	800～2 000	压实人行道
轻型	2～5	2 000～4 000	压实人行道和土路基
中型	5～10	4 000～6 000	压实路基、砾石、碎石基层
重型	10～15	6 000～8 000	砾石、碎石类基层等的终压作业
特重型	15～20	8 000～10 000	压实大块石填筑的路基和碎石结构层

2. 羊足（凸块）碾

羊足（凸块）碾有较大的单位压力（包括羊足的挤压力），压实深度大而均匀，并能挤碎土块，因而有很好的压实效果和较高的生产效率，比较适用于黏性土的分层压实，但不适用于非黏性土和高含水量蒙古黏土的压实。

3. 轮胎碾

轮胎碾机动性好，便于运输，进行压实工作时土与轮胎同时变形，接触面积大，并有揉搓作用，压实效果好，适用于黏性土、非黏性土及沥青混合料的复压。

4. 振动碾

振动碾单位线压力大，振动影响深度大，因此压实深度较大，压实遍数可相应减少。振动碾种类繁多，应用广泛。光轮振动碾最适用于压实非黏性土（砂土、砂砾）、碎石、块石及不同类型、不同厚度的沥青混合料面层。羊足（凸块）式振动碾既可压实非黏性土，又可压实含水量不大的黏性土和细颗粒砂砾以及碎石。振动碾的应用范围和压实后的最大铺层厚度见表 2.3。

表 2.3 振动碾的应用范围

质量和类型	块石	砂砾石		粉土、粉质土、冰碛土		黏土	
		优质级配	均匀粒级	粉质砂、粉质砾石、冰碛土	粉土、砂质粉土	低、中强黏土	高强度黏土
3 t 以下光轮		△	△	△	△		
3～5 t 光轮		☆	☆	△	△	△	
5～10 t 光轮	△	☆	☆	☆	△	△	△
10～15 t 光轮	☆	☆	☆	☆	△	△	△
振动凸块式			△	△	☆	☆	☆
振动羊足式			△	△	△	☆	☆

注：☆—适用；△—可用。

5. 夯实机械

夯实机械分振动夯实机械及冲击夯实机械，它们体积小、质量轻，主要适用于狭窄工作面的铺层压实，如桥台背后、涵洞两端等。振动夯实机械常用于非黏性砂质黏土、砾石、碎石的压实，而冲击夯实机械则多用于黏土、砂质黏土和石灰土的夯实作业。

2.3.3 压实过程中的注意事项

路基的压实作业，应遵循“先轻后重、先慢后快、先边后中”的原则。压实后的最大铺层厚度见表2.4。

表2.4 压实后的最大铺层厚度

压路机工作质量（括号内为振动轮部分的质量）		路堤				基床底层	基床表层
		岩石填方△	砂砾	粉土	黏土		
拖式振动压路机	6 t	0.75	⊙0.60	⊙0.45	0.25	⊙0.40	⊙0.30
	10 t	⊙1.50	⊙1.00	⊙0.70	⊙0.35	⊙0.60	⊙0.40
	15 t	⊙2.00	⊙1.50	⊙1.00	⊙0.50	⊙0.80	—
	6 t	—	0.60	⊙1.45	⊙0.30	0.40	—
	10 t	—	1.00	⊙0.70	⊙0.40	0.60	—
自行式振动压路机	7（3）t	—	⊙0.40	⊙0.30	⊙0.15	⊙0.30	⊙0.25
	10（5）t	0.75	⊙0.50	⊙0.40	0.20	⊙0.40	⊙0.30
	15（10）t	⊙1.50	⊙1.00	⊙0.70	⊙0.35	⊙0.60	⊙0.40
	8（4）t 凸块式	—	0.40	⊙0.30	⊙0.20	0.30	—
	8（7）t 凸块式	—	0.60	⊙0.40	⊙0.30	0.40	—
	15（10）t 凸块式	—	1.00	⊙0.70	0.40	0.60	—
两轮振动压路机	2 t	—	0.30	0.20	0.10	0.20	⊙0.15
	7 t	—	⊙0.40	0.30	0.15	⊙0.30	⊙0.25
	10 t	—	⊙0.50	⊙0.35	0.20	⊙0.40	⊙0.30
	13 t	—	⊙0.60	⊙0.45	⊙0.25	⊙0.45	⊙0.35
	18 t 凸块式	—	0.90	⊙0.70	⊙0.40	0.60	—

注：△—仅适用于为压实岩石填方而特殊设计的压路机；⊙—最适用。

（1）先轻后重，是指开始时先使用轻型压路机进行初压，随着被压实层密度的增加逐渐改用中型或重型压路机复压。

（2）先慢后快，是指压路机碾压速度随着碾压遍数的增加可以逐渐加快。这是因为在开始阶段，填土比较松散，以较低的速度碾压，压力作用时间较长，有利于发挥压路机的压实功能，避免因碾压过快造成推拥土壤或陷车。随着碾压遍数的增加而加快碾压速度，有利于提高作业效率和表层的平整度。

（3）先边后中，是指碾压作业始终坚持从路基两侧开始，逐渐向路中心碾压，以保证路基的设计拱形和防止路基两侧的坍塌。

（4）在碾压过程中，应注意保持压路机行驶方向的直线性，相邻压实带应有 1/3 的重叠量，以保证碾压质量。

2.4 铁路路基压实质量控制指标与检测方法

压实质量检测是控制路基填筑的重要手段。压实质量检测有多种方法，铁路部门常用地基系数 K_{30}、压实度、相对密度和孔隙率 n 以及动态模量 E_{vd} 来控制压实质量，下面就对各种方法进行简要介绍。

1. 地基系数 K_{30}

K_{30} 称为地基系数，是由直径为 30 cm 的荷载板压在地基上（试验装置见图 2.4），然后在荷载板上加载，测量荷载板的下沉量，根据荷载下的荷载应力 P（N/cm^2）与荷载板的竖向下沉量 S（cm）的比值来确定的，即

$$K_{30}=\frac{P}{S}$$

K_{30} 的单位为 N/cm^3 或 MPa/m。

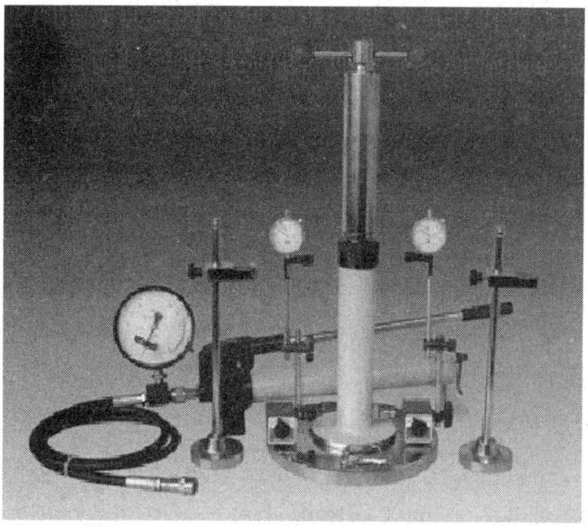

图 2.4　地基系数测试仪

由于地基土的非线性性质，不同变形量情况下的 K_{30} 值也不相同，《铁路路基设计规范》取 $S=0.125$ cm 时的 P 和 S 比值作为地基系数 K_{30}。

2. E_{vd} 动态模量

动态模量 E_{vd} 是一种土体承载力指标，可以通过动态平板载荷试验来检测，主要装置是动态平板载荷试验仪（图 2.5）。

试验时，以 10 kg 的锤以 7.70 kN 的最大冲击力冲击土体表面的直径 30 cm 的圆板，冲击时间为（18 ± 2）ms，这样的冲击应力约为 $\sigma=0.1$ MPa。动态模量可以按照下式计算：

$$E_{vd}=1.5\cdot r\cdot\sigma/S=22.5/S$$

式中　r——载荷板的半径（mm），$r=150$ mm；

S——载荷板的冲击下沉幅值（mm）。

3. 压实系数 k

压实系数也叫压实度，指路基经压实实际达到的干密度与由击实试验得到的试样的最大干密度的比值。击实试验得到的最大干密度测试方法见 2.2 节，现场一般采用灌水法、灌砂法、核子密度仪法等测量路基填土的干密度。

图 2.5　动态平板载荷试验仪

4. 孔隙率

《铁路路基设计规范》（TB 10001—2016）规定对于砾石类、碎石类填料，采用地基系数及孔隙率 n（%）作为评价其路堤基床压实程度的指标。孔隙率越小表明土越密实，在秦沈客运专线设计暂行规定中开始使用土的孔隙率 n（%）作为路基填筑质量控制指标。

孔隙率指土体中空隙体积与土总体积之比，以百分率表示。其表达式为：

$$n=(V_0-V)/V_0=(1-V/V_0)\times100\%$$

式中　n——孔隙率；

V_0——土总体积；

V——土中固体部分体积。

由上式可推出：

$$n=(1-\rho_d/G)\times100\%$$

式中　ρ_d——土的干密度；

G——土的颗粒密度粒。

填料的干密度前面已经讲述，一般采用灌水法或灌沙法在现场测试，也可以用核子湿度密度仪直接测定。而颗粒密度 G 按毛体积密度计入。

5. 相对密度

对于砂土填料（除粉砂以外），传统上一直用相对密度 D_r 来表征其压实状态。相对密度按下式计算：

$$D_r = \frac{e_{max} - e}{e_{max} - e_{min}}$$

式中：e_{max}、e_{min} 为填料的最大和最小孔隙比，分别在试验中取最大的干密度 ρ_{dmax} 和最小的干密度 ρ_{dmin} 计算得出。e 为填料压实后取样测其干密度后求出的孔隙比。据此上式可以写成：

$$D_r = \frac{(\rho_d - \rho_{min})\ \rho_{dmax}}{(\rho_{max} - \rho_{min})\ \rho_d}$$

Ⅰ、Ⅱ级铁路路基填料的质量控制采用双指标控制方法，即路基施工质量检测中至少要根据填料的性质进行前述指标（包括地基系数 K_{30}、压实系数 k、孔隙率 n 和相对密度 D_r 这 4 个指标中的 2 项）的测量。规范规定，对细粒土、粉砂、改良土应采用压实系数 K 和地基系数 K_{30} 作为控制指标；对砂类土（粉砂除外）应采用相对密度 D_r 和地基系数 K_{30} 作为控制指标；对砾石类、碎石类、级配碎石或级配砂砾石应采用地基系数 K_{30} 和孔隙率 n 作为控制指标。路基各个部位的压实标准详见表 2.5、表 2.6 和表 2.7。

表 2.5　基床表层的压实标准

<table>
<tr><th colspan="2" rowspan="2">铁路等级及设计速度</th><th colspan="2" rowspan="2">填　料</th><th colspan="4">压实标准</th></tr>
<tr><th>压实系数 k</th><th>地基系数 K_{30} /（MPa/m）</th><th>7d 饱和无侧限抗压强度 /kPa</th><th>动态变形模量 E_{vd}/MPa</th></tr>
<tr><td rowspan="8">客货共线铁路及城际铁路</td><td>200 km/h</td><td colspan="2">级配碎石</td><td>≥0.97</td><td>≥190</td><td>—</td><td>—</td></tr>
<tr><td rowspan="2">160 km/h</td><td colspan="2">级配碎石</td><td>≥0.95</td><td>≥150</td><td>—</td><td>—</td></tr>
<tr><td>A1、A2 组</td><td>砾石类、碎石类</td><td>≥0.95</td><td>≥150</td><td>—</td><td>—</td></tr>
<tr><td rowspan="4">120 km/h</td><td>A1、A2 组</td><td>砾石类、碎石类</td><td>≥0.95</td><td>≥150</td><td>—</td><td>—</td></tr>
<tr><td rowspan="2">B1、B2 组</td><td>砾石类、碎石类</td><td>≥0.95</td><td>≥150</td><td>—</td><td>—</td></tr>
<tr><td>砂类土（粉细砂除外）</td><td>≥0.95</td><td>≥110</td><td>—</td><td>—</td></tr>
<tr><td colspan="2">化学改良土</td><td>≥0.95</td><td>—</td><td>≥500（700）</td><td>—</td></tr>
<tr><td>无砟轨道</td><td colspan="2">级配碎石</td><td>≥0.97</td><td>≥190</td><td>—</td><td>≥55</td></tr>
<tr><td colspan="2">高速铁路</td><td colspan="2">级配碎石</td><td>≥0.97</td><td>≥190</td><td>—</td><td>≥55</td></tr>
</table>

注：括号内数值为严寒地区化学改良土考虑冻融循环作用所需强度值。

表 2.6 基床底层的压实标准

铁路等级及设计速度		填料		压实标准			
				压实系数 k	地基系数 K_{30} /（MPa/m）	7 d 饱和无侧限抗压强度 /kPa	动态变形模量 E_{vd}/MPa
客货共线铁路及城际铁路	200 km/h	A、B 组	粗砾土、碎石类	≥0.95	≥150	—	—
			砂类土（粉砂除外）细砾土	≥0.95	≥130	—	
		化学改良土		≥0.95	—	≥350（550）	
	160 km/h	A、B 组	砾石类、碎石类	≥0.93	≥130	—	—
			砂类土（粉细砂除外）	≥0.93	≥100	—	—
		化学改良土		≥0.93	—	≥350（550）	
	120 km/h	A、B、C1、C2 组	粗砾土、碎石类	≥0.93	≥130	—	—
			砂土类、细粒土	≥0.93	≥100	—	—
		化学改良土		≥0.93	—	≥350（550）	—
	无砟轨道	A、B 组	粗砾土、碎石类	≥0.95	≥150	—	≥40
			砂类土（粉砂除外）细砾土	≥0.95	≥130	—	≥40
		化学改良土		≥0.95	—	≥350（550）	—
高速铁路		A、B 组	粗砾土、碎石类	≥0.95	≥150	—	≥40
			砂类土（粉砂除外）细砾土	≥0.95	≥130	—	≥40
		化学改良土		≥0.95		≥350（550）	—

注：括号内数值为严寒地区化学改良土考虑冻融循环作用所需强度值。

表 2.7 路堤基床以下部位填料压实标准

铁路等级及设计速度		填料	压实标准		
			压实系数 k	地基系数 K_{30} /（MPa/m）	7d 饱和无侧限抗压强度/kPa
客货共线铁路及城际铁路有砟轨道	200 km/h	细粒土	≥0.90	≥90	—
		砂类土、细砾土	≥0.90	≥110	—
		粗砾土、碎石类	≥0.90	≥130	—
		化学改良土	≥0.90	—	≥250
	160 km/h、120 km/h	细粒土、砂类土	≥0.90	≥80	—
		砾石类、碎石土	≥0.90	≥110	—
		块石类	≥0.90	≥130	—
		化学改良土	≥0.90	—	≥200
高速铁路及无砟轨道客货共线铁路、城际铁路		砂类土、细砾土	≥0.93	≥110	—
		粗砾土、碎石类	≥0.93	≥130	—
		化学改良土	≥0.93	—	≥250

2.5 过渡段的主要技术标准及处理方法

2.5.1 过渡段的处理方法

我国铁路系统过去对过渡段一直未予以重视，过渡段的设计也过于简单，参数指标和技术条件（标准）不够明确，导致铁路运营过程中易出现过渡段提前发生病害。随着高速铁路的修建并成功地投入运行，我国汲取国外高速铁路国家经验，提出了有效的过渡段处理方法，归结起来主要有以下几类。

1. 在过渡段较软一侧，增大路基基床的竖向刚度，减少路基结构的沉降

该类处理方法的主要目的是通过加强路基结构来减少路基与桥台之间在刚度与沉降方面的差异，进而减少路桥间线路的不平顺。具体的处理方法有如下几种：

（1）加筋土路堤法。

加筋土路堤法是在过渡段路堤填料（必要时也可包括地基）中埋设一定数量的加筋材料（土工合成材料等），形成加筋土路堤结构。加筋土不仅能增加路堤的强度，而且还能大幅度提高路堤的刚度，显著减小路基的变形。因此，通过调整加筋材料的布置间距和位置，可方便地达到路桥间线路平顺过渡的目的。

（2）碎石填料填筑法。

碎石填料填筑法是指使用强度高、变形小的优质材料（如碎石类填料）进行过渡段填筑的方法。该方法无论是在铁路系统还是在公路系统，都是一种最常用的减小路桥间沉降差的处理方法。其设计意图明确，材料性质可靠、易控制，刚度与变形可实现均匀过渡。该处理方法可能存在的问题是桥台台背窄小空间的压实质量不易得到保证，相对较大的自重引起的地基沉降也较大。为了保证路桥过渡段线路垂向弹性的均匀过渡，德国采用了图 2.6 所示的路桥过渡段结构。其中，设计人员不仅规定了过渡段的结构、尺寸，而且还对过渡段的填料及各层夯实后的变形模量都作了具体规定。

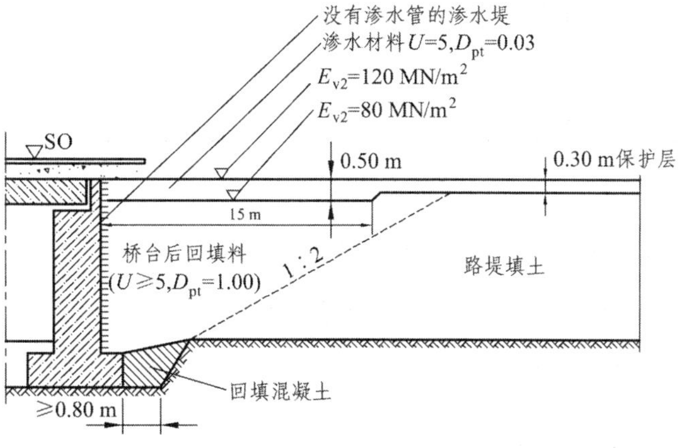

图 2.6 德国路桥过渡段的结构尺寸及其填料和填筑标准

日本在桥台与路基之间设有一定长度并采用逐步减薄的压缩小、粒度分布好的高密度填筑材料引堤，如图 2.7 所示。

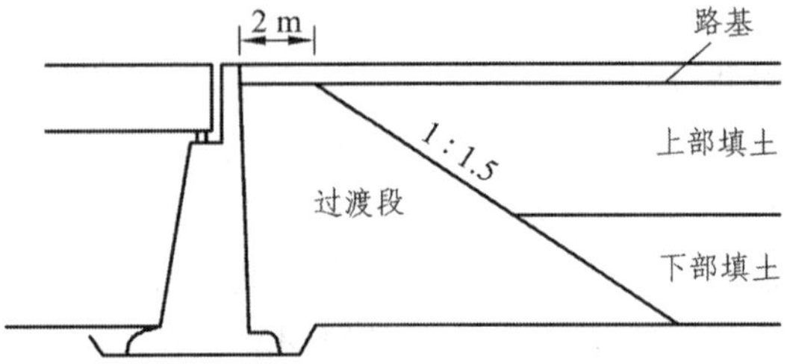

图 2.7　日本路桥过渡段的引堤方式

使用力学性能较好的轻型材料填筑路桥过渡段是近年来国内外研究、开发和应用的一种减轻结构物自重的方法。该法可显著减少桥台背填料自身的压缩变形，能减小对地基的竖向加载作用及对桥台结构的水平压力，使路堤对地基变形的影响减小，并可与地基处理综合运用，降低地基处理的费用，减小地基处理的范围和缩短施工工期。目前使用的轻型填筑材料有 EPS（聚苯乙烯泡沫塑料）、人工气泡混合土（泡沫水泥砂浆）、轻型废弃物、火山灰、粉煤灰、中空构造物等。

（3）过渡搭板法。

过渡搭板法是在过渡段范围内路堤填料上现浇钢筋混凝土厚板，并使一端支撑在刚性基础（桥台）上，利用钢筋混凝土厚板的抗弯刚度来增加轨道的刚度。其用于高速铁路路桥过渡段时，必须注意以下问题：

① 过渡段的范围较大，列车的质量很大，速度很快，而板底的支承条件不确定，结构受力情况非常复杂，一旦破损，更换将极为困难。

② 该处理方法对轨道刚度的增加较显著，但不能减小路堤地基的变形，必须配以其他处理措施才能有效地控制由此引起的轨面弯折。图 2.8 为过渡搭板法示意图，在桥台背后建造一个小桥台（亦可不设），并在桥台和小桥台之间设过渡搭板形成轨道刚度的过渡。

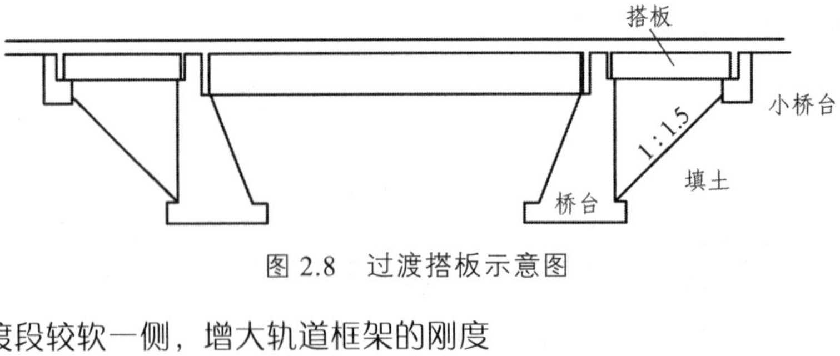

图 2.8　过渡搭板示意图

2. 在过渡段较软一侧，增大轨道框架的刚度

（1）通过调整轨枕的长度和间距来提高轨道的刚度。

在过渡段范围内，通过使用逐步增长的超长轨枕和减小轨枕的间距可实现轨道刚度的逐步过渡。

（2）通过增大轨排的抗弯模量来增加轨道的刚度。

德国在 ICE 高速铁路的 Muhlberg 隧道入口处采用了这种方法。该隧道内是板式结构，隧道外是有砟混凝土轨枕线路。过渡段长度约 30 m，由 4 根额外附加在轨枕上的钢轨组成，其中 2 根在运行轨之间，2 根在运行轨外侧。

（3）通过增加道床厚度来提高轨道的刚度。

道砟是一种强度高、变形小的硬质材料，道床的模量一般比路基基床大。在过渡段范围内逐渐增加道床的厚度，减小路基的高度，也可逐步提高轨道的刚度。

3. 在过渡段较硬的一侧，通过设置轨下、枕下、砟底橡胶垫块（板）来减小轨道的竖向刚度

对于桥梁和隧道等刚性结构物上的线路，可通过调整轨下垫板的刚度和设置枕下垫块（无砟）的方法，使轨道的刚度值与较软一侧轨道的刚度值相适应。垫板（块）的刚度参数可通过室内试验、计算及现场测试确定。对于有砟轨道结构，列车荷载的动力作用常使道砟发生磨损粉化。为了解决这个问题，日本在高速铁路的刚性结构与道砟间铺设了一层厚约 25 mm 的橡胶垫。该层橡胶垫可降低轨道的竖向刚度，减小路桥间轨道的刚度差。

2.5.2 过渡段的主要技术标准及设置

1. 路堤与梁桥过渡段的设置

《铁路路基设计规范》规定路堤与桥台过渡段宜采用沿线路纵向倒梯形过渡形式，如图 2.9；过渡段施工先于临近路基时，可采用沿线路纵向正梯形过渡形式，见图 2.10。

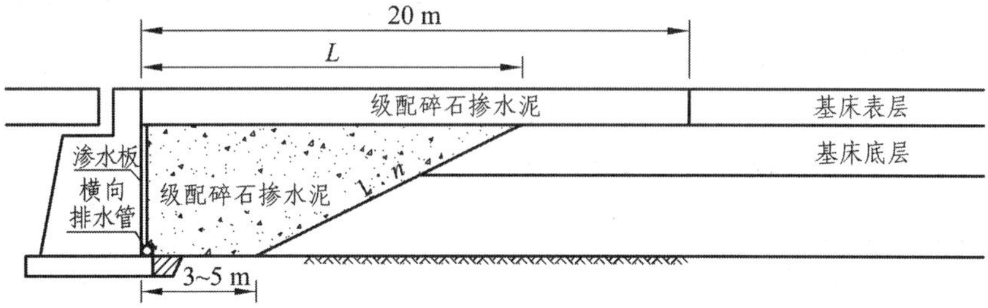

图 2.9 台尾倒梯形过渡段设置示意图

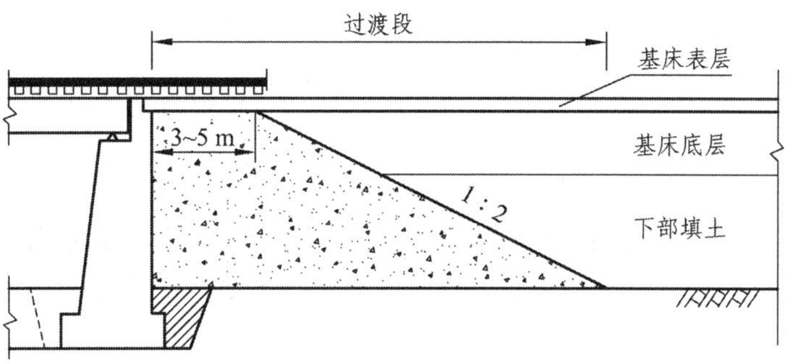

图 2.10 台尾正梯形过渡段设置示意图

《新建时速 300～350 公里客运专线铁路设计暂行规定》中要求路堤与桥台连接处应设置过渡段，可采用沿线路纵向倒梯形级配碎石过渡段（图 2.9）或二次过渡段形式（图 2.11），并应符合下列规定：

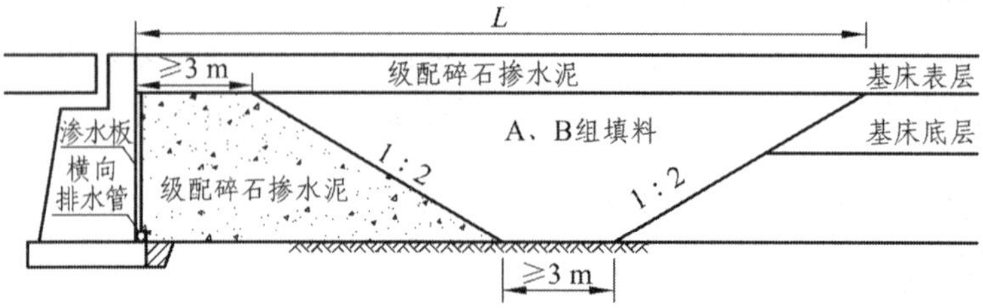

图 2.11　台尾路堤二次过渡段设置方式

（1）过渡段长度可按下式确定：

① 级配碎石倒梯形过渡段：

$$L = a + (H - h)\cdot n$$，且 L 一般不小于 20 m

式中　L——过渡段长度（m）；

H——台后路堤高度（m）；

h——基床表层厚度（m）；

a——常数，高速铁路、无砟轨道城际铁路、重载铁路、设计时速 200 km 的有砟轨道城际铁路和客货共线铁路取 3～5 m，设计时速 200 km 以下的有砟轨道城际铁路和客货共线铁路取 3；

n——常数，高速铁路、无砟轨道城际铁路、重载铁路、设计时速 200 km/h 的有砟轨道城际铁路和客货共线铁路取 2～5，设计时速 200 km/h 以下的有砟轨道城际铁路和客货共线铁路取 2。

② 二次过渡段：

$$L=4(H-h)+2a$$ 或≥20，两者中取大值

式中　L——过渡段长度（m）；

H——台后路堤高度（m）；

h——基床表层厚度（m）；

α——常数，同上。

（2）台尾过渡段可按以下方式设计。

过渡段路堤基床表层应满足前述要求，并在与桥台连接的 20 m 范围内基床表层的级配碎石内掺入适量的水泥。

表层以下的梯形部分的填料及填料压实应符合以下规定：

① 高速铁路、无砟轨道及设计时速 200 km 的有砟轨道城际铁路应分层填筑掺入不小于水泥质量 3% 的级配碎石，并分层填筑，压实标准应满足地基系数 $K_{30}\geq 150$ MPa/m、动态变形模量 $E_{vd}\geq 50$ MPa 和压实系数 $k\geq 0.95$。

② 设计时速 200 km 的客货共线铁路可采用分层填筑级配碎石，距离结构物 2.0 m 范围应掺入不小于 3% 水泥，压实标准应符合地基系数 $K_{30}\geq 150$ MPa/m、压实系数 $k\geq 0.95$。

③ 设计时速 200 km 以下的有砟轨道城际铁路和客货共线铁路应填筑 A 组填料，压实标准应符合 2.4 节中基床底层的相关规定。

④ 当采用二次过渡时，在正梯形级配碎石过渡段后设置倒梯形二次填料过渡段，采用 A、B 组填料填筑（图 2.11）。级配碎石的级配范围应符合表 2.8 的规定。

表 2.8　碎石级配范围

级配编号	通过筛孔（mm）质量百分率/%									
	50	40	30	25	20	10	5	2.5	0.5	0.075
1	100	95 ~ 100	—	—	60 ~ 90	—	30 ~ 65	20 ~ 50	10 ~ 30	2 ~ 10
2	—	100	95 ~ 100	—	60 ~ 90	—	30 ~ 65	20 ~ 50	10 ~ 30	2 ~ 10
3	—	—	100	95 ~ 100	—	50 ~ 80	30 ~ 65	20 ~ 50	10 ~ 30	2 ~ 10

（3）高速铁路、无砟轨道及设计时速 200 km 的有砟轨道城际铁路过渡段桥台基坑应以混凝土回填或以碎石、改良土分层填筑并用小型平板振动机压实。其他铁路过渡段桥台基坑应以碎石、改良土分层填筑。混凝土应满足设计强度要求，碎石、改良土填筑应满足 E_{vd}≥30 MPa/m。

（4）过渡段路堤应与其连接的路堤同时施工，并将过渡段与连接路堤的碾压面按大致相同的高度进行填筑。级配碎石中应掺入适量的水泥，充分振动碾压压实。

（5）过渡段地基加固应满足工后沉降控制要求，并应考虑与桥台及相邻路基地段变形协调，必要时可在台后设置钢筋混凝土搭板。

2. 路基与横向结构物过渡段

路基与横向结构物（立交框构、箱涵等）连接处，应根据地形、地质条件设置过渡段，宜采用沿线路纵向倒梯形过渡形式（图 2.12），过渡段施工先于邻近路基时，可采用沿线路纵向正梯形过渡形式（图 2.13）。

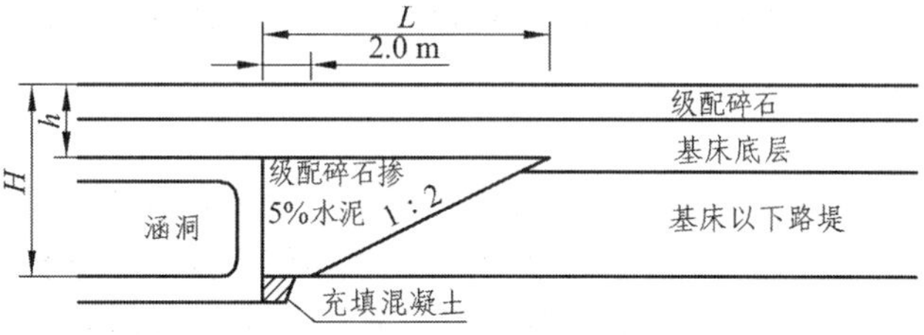

图 2.12　路基与横向结构物倒梯形过渡段示意图

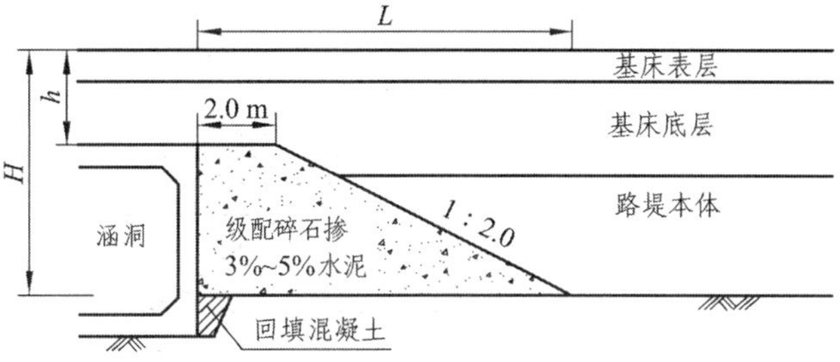

图 2.13　路基与横向结构物正梯形过渡段示意图

（1）横向结构物顶层及过渡段路基基床表层填料及压实要求应满足 2.4 节中的相关要求。

（2）路基与横向结构物过渡段填料、压实标准、基坑回填及施工要求同路桥过渡段。

（3）过渡段地基加固应满足工后沉降控制要求，横向结构物地基加固措施应与相邻路基地段地基加固措施协调。

（4）有砟轨道铁路横向结构物顶面填土高度大于 3 m，且大于路基高度的 2/3 时可不设过渡段。

横向结构物顶至轨底高度小于 1.5 m（采用无砟轨道时为 $h<2.0$ m）时，横向结构物顶面以上路堤以及两侧 20 m 范围内基床表层填筑级配碎石，并掺入适量水泥，级配碎石采用正梯形时在与正梯形级配碎石连接段后设置倒梯形过渡段，用 A、B 组填料填筑（图 2.14）。

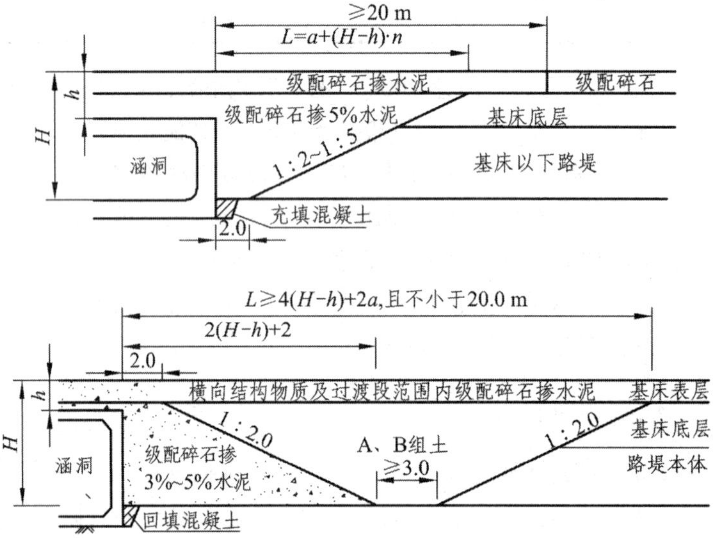

图 2.14　横向结构物顶至轨底高度小于 1.5 m
（采用无砟轨道时为 $h<2.0$ m）时路堤过渡段设置示意图

3. 路堤与路堑过渡段

路堤与路堑连接处应设置过渡段，过渡段可采用下列设置方式：

（1）当路堤与路堑连接处为硬质岩石路堑时，在路堑一侧顺原地面纵向开挖台阶，每级台阶宽度不应小于 1.0 m，并应在路堤一侧设置过渡段，如图 2.15 所示。过渡段填料应满足路桥过渡段的相关要求。

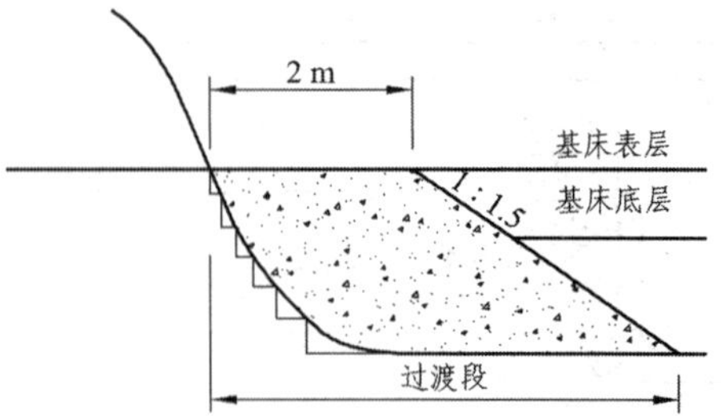

图 2.15　路堤与硬质岩石路堑过渡段设计图

（2）当路堤与路堑连接处为软质岩石或土质路堑时，应顺原地面纵向挖成 1∶2 的坡面，坡面上开挖台阶，每级台阶宽度不应小于 1.0 m，并应在路堤一侧设置过渡段，如图 2.16 所示。其开挖部分填筑要求应与路堤相同。

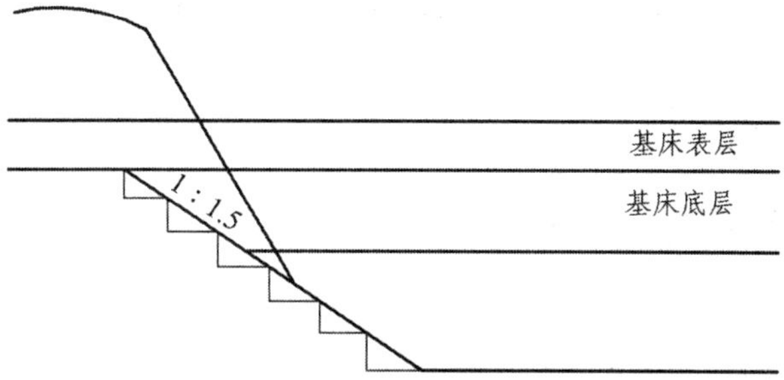

图 2.16　路堤与软质岩石、土质路堑过渡段设计图

4. 路堑与隧道过渡段

高速铁路、无砟轨道城际铁路、设计时速 200 km 的有砟轨道城际铁路及客货共线铁路土质、软质岩路堑与隧道连接地段，应设置过渡段，宜采用沿线路纵向倒梯形过渡段形式，如图 2.17，过渡段路基填料、压实标准同路桥过渡段。

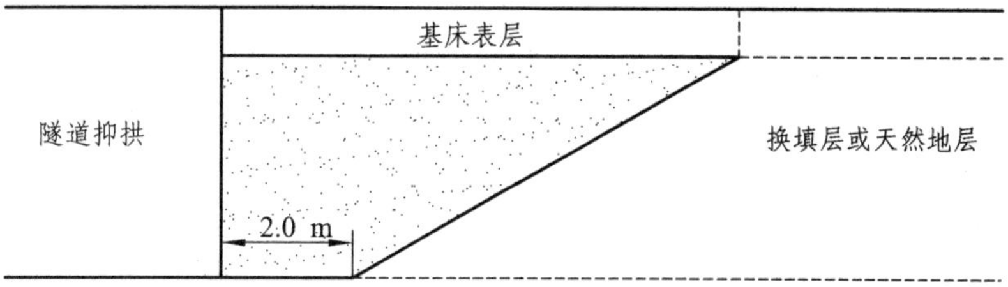

图 2.17　路堑与隧道过渡段示意图

复习思考题

1. 简述路基的压实机理及控制指标。
2. 简述影响路基压实的因素。
3. 简述最佳含水量的确定方法。
4. 简述路桥过渡段的处理方法。

第3章 铁路路基排水

路基排水分为排除地表水和排除地下水两类。

3.1 铁路路基表面排水

3.1.1 铁路路基表面排水设计的基本原则

（1）在设计排除地面水的设施时，应考虑到既有农田水利排灌设备，不能使农田失灌或冲毁农田。

（2）水沟的断面尺寸，应有足够的过水断面面积，以便通过全部计算流量并不得有水溢出水沟。《铁路路基设计规范》（TB 10001—2016）中规定的最小标准断面，其计算流量应采用1/25洪水频率的流量，为安全起见水沟顶面要高出沟中最高计算水位0.2 m。

（3）路基地面排水设备的平面布置应注意与附近桥涵、隧道和车站的排水设备相顺接，使水流畅通排出。

3.1.2 铁路路基地表排水设施构造及布置

1. 边 沟

边沟的作用是排除路面及边坡处汇集的地表水，以确保路基与边坡的稳定。一般设置在路堑及高度小于边沟深度的低填方地段。

其断面形状主要有以下几种，见图3.1。

梯形：最常见的横断面形式，主要设在土质或软石质边坡，底面及深度一般为0.4～0.6 m，少雨干旱地区可采用0.3 m，内侧边坡一般为1∶1～1∶1.5，外侧路堤段与内侧边坡相同，路堑段与挖方边坡一致。

矩形：主要设在石质边坡，内侧边坡一般为1∶0～1∶0.5。

三角形：主要是机械化施工采用，内侧边坡一般为1∶2～1∶3。

流线型（碟形）：为了整体的美观，而设置流线型。

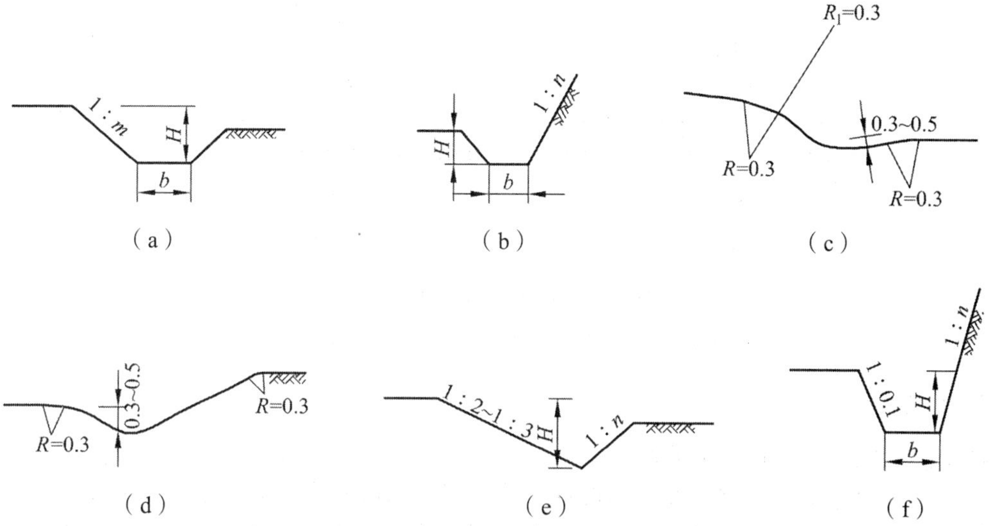

图 3.1　边沟横断面形式

边坡的高度与深度不小于 0.4 m。

边沟纵坡一般不应小于 0.5%，特殊困难路段亦不得小于 0.2%；当沟底纵坡较大时，为防止边沟冲刷，应采取加固措施。

边沟长度不宜过长，一般不宜超过 500 m，多雨地区不宜超过 300 m。三角形边沟长度一般不宜超过 200 m。

路堑路基变化处、回头曲线处、流向桥涵出水口处需对出水口进行处理。

2. 排水沟

排水沟的作用是引导路基范围内的各种水流至桥涵及路基范围以外的河流、洼地等。其断面形状是梯形，见图 3.2。（边坡 1 ∶ 1 ~ 1 ∶ 1.5，尺寸按设计流量计算，底宽、深度不小于 0.5 m。）

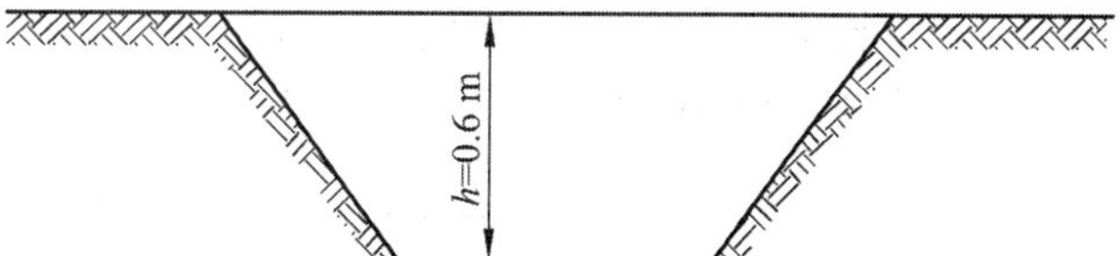

图 3.2　一般排水沟设计的标准尺寸

排水沟的位置，可根据需要并结合当地的地形等条件而定，离路基应尽可能远些（一般距路基坡脚不宜小于 3 m）。排水沟应尽量采用直线，需转折时应做成圆弧角或与原水道成不大于 45° 交角（图 3.3）。纵坡不应小于 2‰，平坦地面或反坡排水地段，在困难情况下可减小至 1‰。排水沟宜短不宜长，一般不超过 500 m，充分利用有利地形和自然水系，及时疏散，就近分流，出水口应尽量引至天然沟渠。

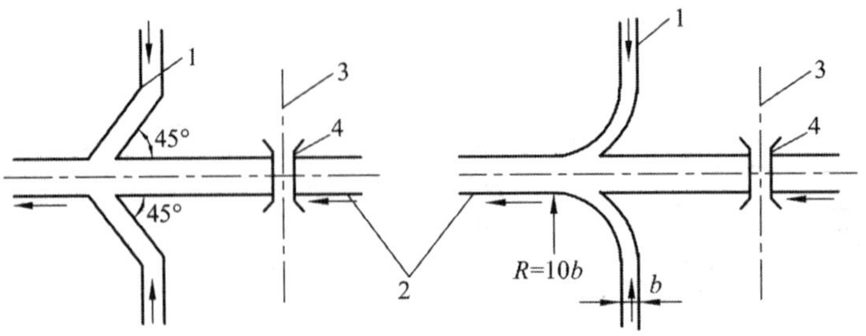

图 3.3　排水沟与原水道相交

1—排水沟；2—其他渠道；3—路基中心线；4—桥涵

3．截水沟

截水沟设置在挖方路基边坡坡顶以外，或山坡路堤边坡上方适当位置，当边坡较低、雨水较少时，比较稳定的石质边坡可不设置。其作用是拦截并排除路基上方流向路基的地表水流，保护挖方边坡和填方路堤坡脚不受水流破坏。其断面及布置见图 3.4 ~ 图 3.6 所示。

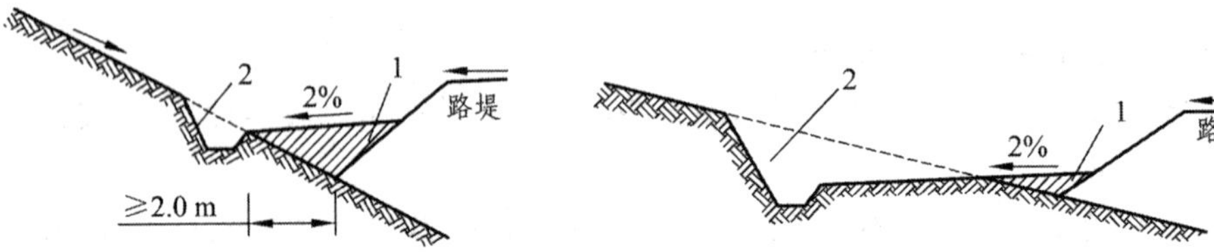

图 3.4　填方路段截水沟示意图

1—土台；2—截水沟

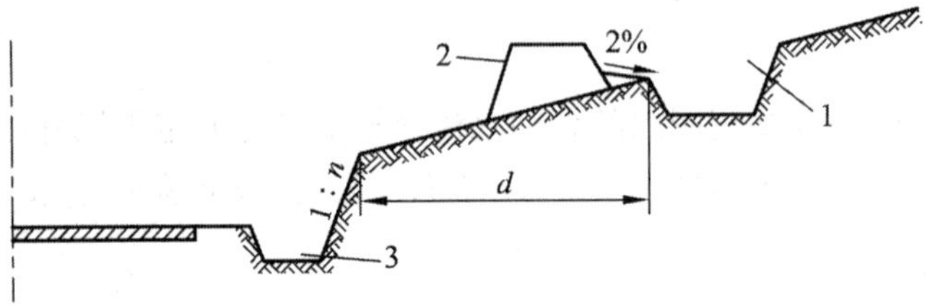

图 3.5　挖方路段截水沟示意图

1—截水沟；2—弃土堆；3—边沟

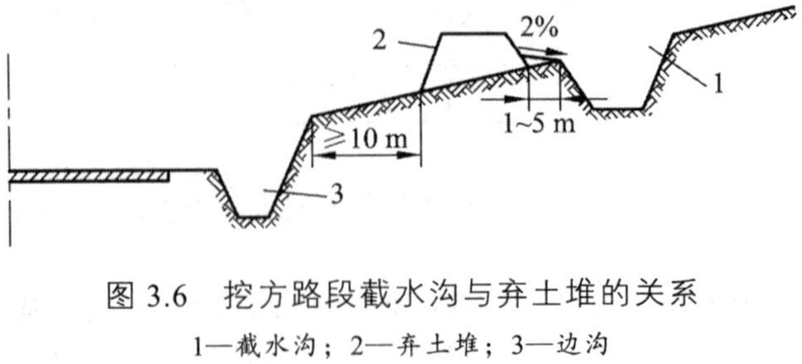

图 3.6　挖方路段截水沟与弃土堆的关系

1—截水沟；2—弃土堆；3—边沟

4．跌　水

设置在陡坡或深沟地段，沟底为阶梯，水流呈瀑布式跌落的沟槽称为跌水。其主要是为了短距离内降低水流速度，消减水的能量。根据其构造形式，跌水可以分为单级跌水和多级跌水，见图 3.7 和图 3.8。

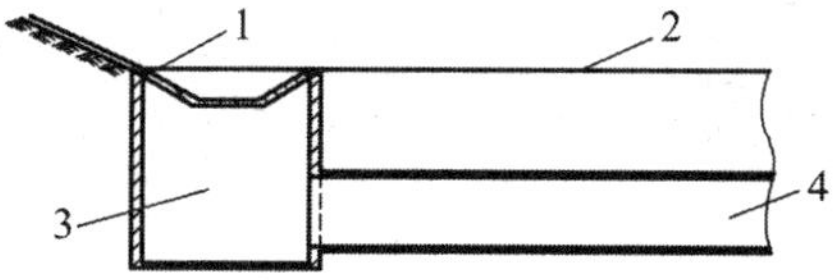

图 3.7　边沟与涵洞单级跌水连接图（窨井）

1—边沟；2—路基；3—跌水井；4—涵洞

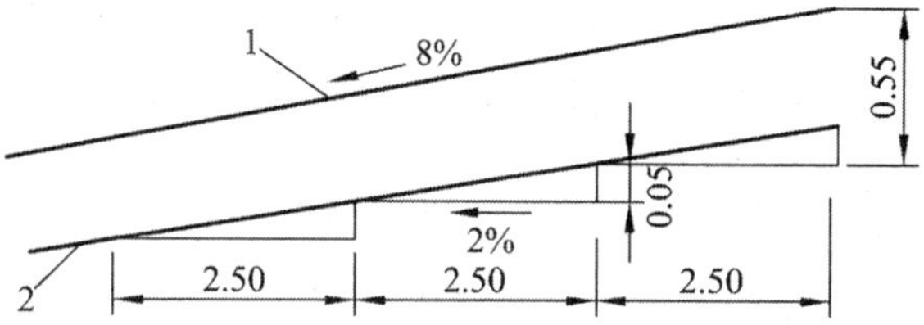

（a）多级跌水纵剖面图（单位：m）

1—沟顶线；2—沟底线

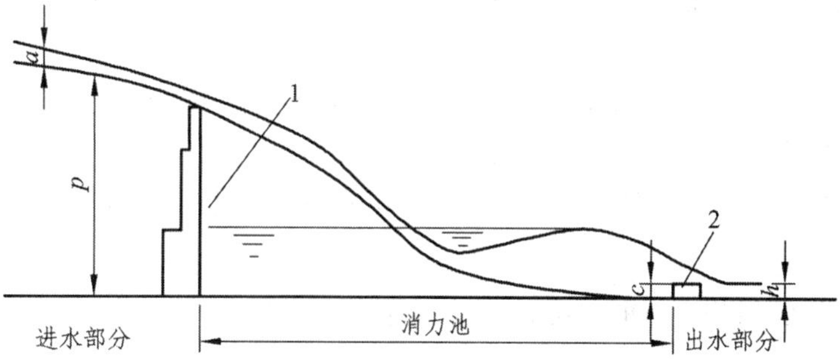

（b）跌水构造示意图

1—护墙；2—消力槛

图 3.8　多级跌水

跌水各部分组成尺寸，应依照水力计算确定，但一般当地质条件良好、地下水位较低、设计流量为 1.0 ~ 2.0 m^3/s 时，可参考以下数值。

护墙：一般的简易多级跌水 p 为 0.3 ~ 0.6 m，每阶台高与长度之比大致等于地面坡度；护墙用石砌（厚 0.25 ~ 0.4 m）或混凝土浇筑（厚 0.25 ~ 0.3 m），墙底埋置深度约为水深的 1.0 ~ 1.2 倍并不小于 1 m，且应深入冰冻线以下。

消力池：底部应有 1% ~ 2% 的纵坡，底厚 0.3 ~ 0.35 m，壁高至少要高出计算水深 0.2 m，厚度与护墙厚度相同。

消力坎：低于池内水深，为护墙高度的 1/5 ~ 1/4，一般取 c = 15 ~ 20 cm，消力坎顶部宽不小于 0.4 m，底部预留孔径为 5 ~ 10 cm 的泄水孔，间距 1 ~ 2 m。

5. 急流槽

设置在陡坡或深沟地段，坡度较陡，水流不离开槽底的沟槽称为急流槽。其构造见图 3.9。

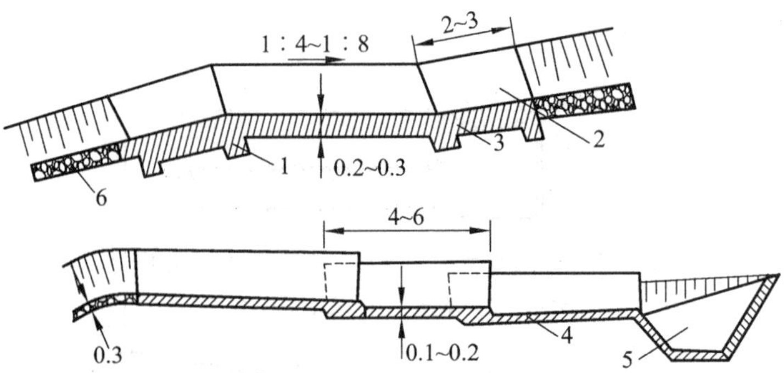

图 3.9　急流槽构造示意图（单位：m）

1—耳墙；2—消力池；3—混凝土槽底；4—钢筋混凝土槽底；
5—横向沟底；6—砌石护底

急流槽纵坡可在 1：1.5 以上，但不宜超过 1：1.2。

急流槽可用石砌或混凝土浇筑，也可在坚硬的岩石上开槽。

急流槽各部分尺寸应按照水力学计算而定，一般情况考参考以下数据：

侧壁：壁厚浆砌片石时为 0.3 ~ 0.4 m，混凝土为 0.2 ~ 0.3 m；壁高高出计算水深至少 0.2 m。

槽底：槽底厚度应为 0.2 ~ 0.4 m，且宜砌成粗糙面或嵌坚硬小块。

耳墙：为了基础稳定，应在其底部每隔 2.5 ~ 5 m 设置 0.3 ~ 0.5 m 深的耳墙。

急流槽很长时，应分段砌筑，每隔 5 ~ 10 m 设一道伸缩缝，用防水材料填筑。

3.1.3　铁路路基地表排水设备的加固

地表排水设备加固常采用的方法主要有以下几种，见图 3.10 所示。

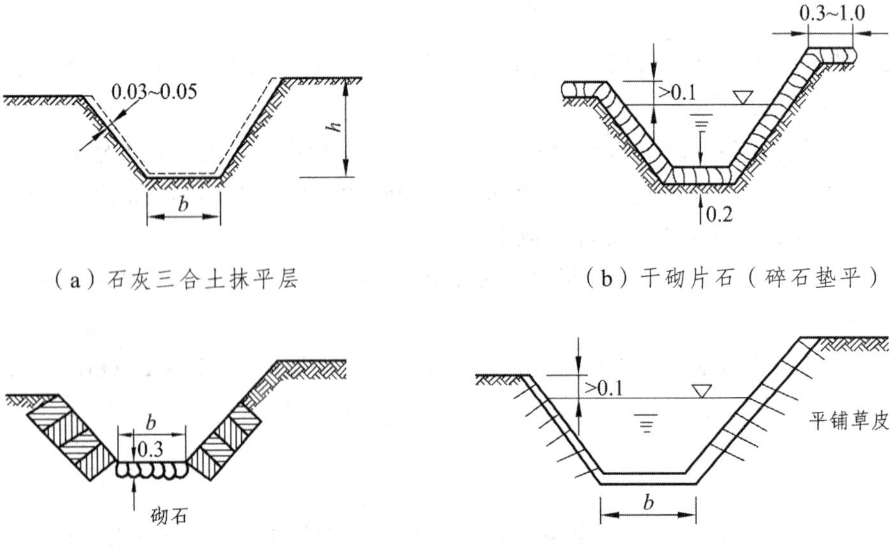

（a）石灰三合土抹平层　（b）干砌片石（碎石垫平）

（c）竖铺草皮，砌石底　（d）平铺草皮

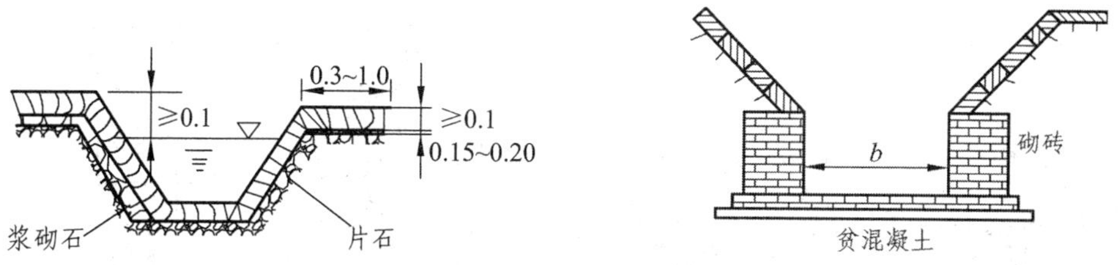

（e）浆砌片石（碎石垫平）　　（f）砖砌水槽

图 3.10　地表排水设备加固图

（1）石灰三合土抹平层，见图 3.10（a）。

（2）干砌片石，见图 3.10（b）。

（3）坪铺草皮，见图 3.10（c）、（d）。

（4）浆砌片石，见图 3.10（e）。

（5）砖砌水槽，见图 3.10（f）。

3.2　铁路路基地下排水

3.2.1　铁路路基地下水设施设计原则

地下排水建筑物的类型选择及其布置，应根据整治目的（即拦截、降低、引排或疏干）、地层及排水出口的情况研究确定。

除设置在路堑侧沟下的渗沟须依线路方向布置外，其他的排降地下水的建筑物的轴线宜布置成与地下水流方向相垂直，以发挥其最大效果。

在有多层含水层与隔水层相间组成的复杂地层内，宜用立式排水设备（如渗井或渗管）与其下的平式排水设备（如涵洞或平式排水钻孔）相配合，以集引和排除这种地层中的地下水。

3.2.2　铁路路基地下排水设施构造及布置

1. 明沟及排水槽

明沟和排水槽是兼排地表水和土体中的上层滞水或埋藏很浅的潜水的排水设备，常设在山坡比较平缓的斜坡地带及路基两侧。其结构见图 3.11。

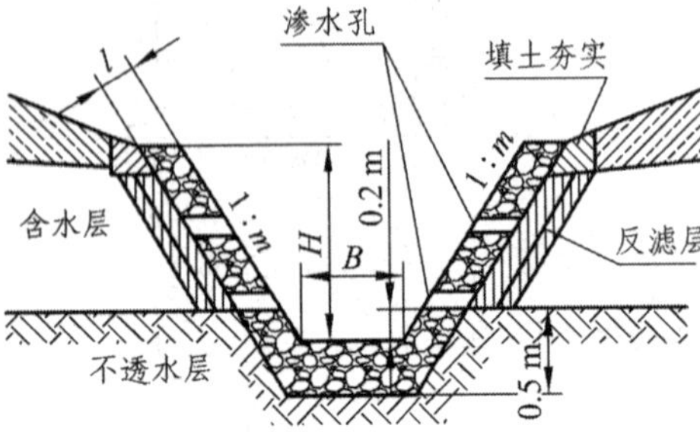

(a) 浆砌片石明沟

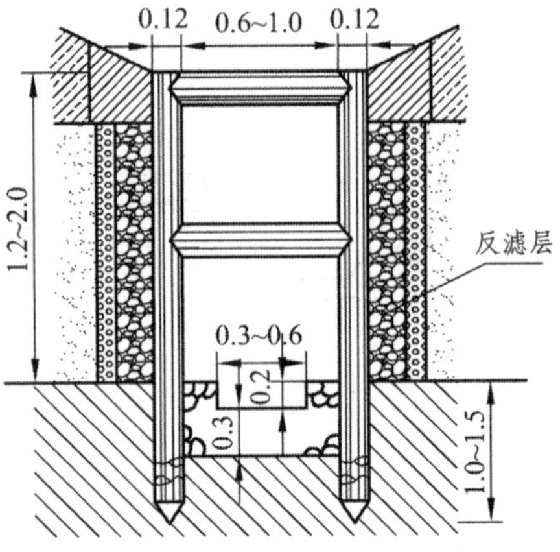

(b) 木结构排水槽

图 3.11 明沟和排水槽

2. 渗 沟

渗沟主要用来吸收降低地下水位，汇集和拦截流向路基的地下水，并将其排出路基范围之外，使路基土保持干燥，由封闭层、反滤层、排水层组成。封闭层主要采用反铺草皮、夯实黏土等。反滤层主要采用碎石、砾石、无砂混凝土、土工织物等。排水层主要采用粗砂、混凝土管等。

根据构造不同，渗沟分为填石渗沟（盲沟）、管式渗沟和洞式渗沟（图 3.12）。

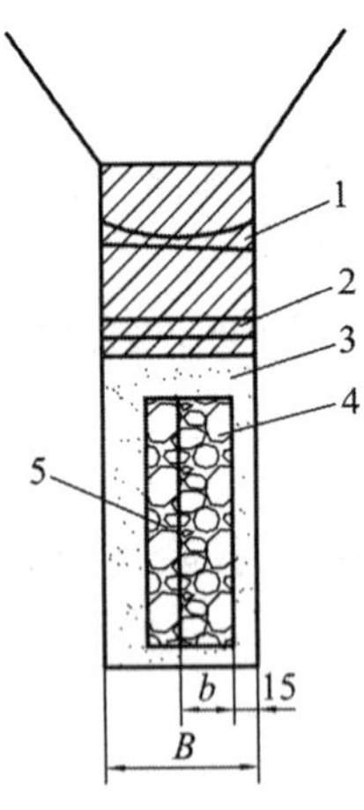

(a) 盲沟式

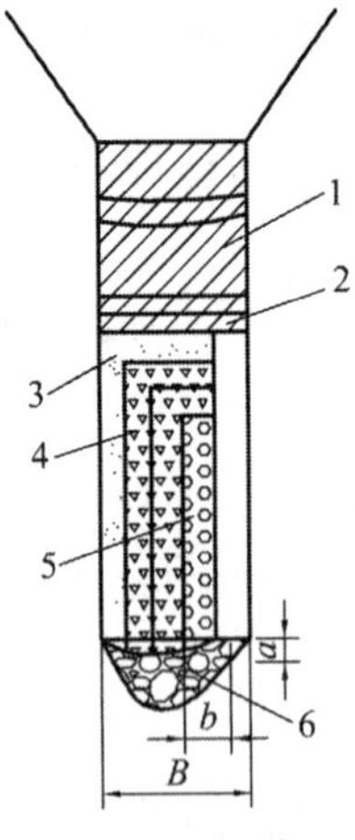

(b) 洞式

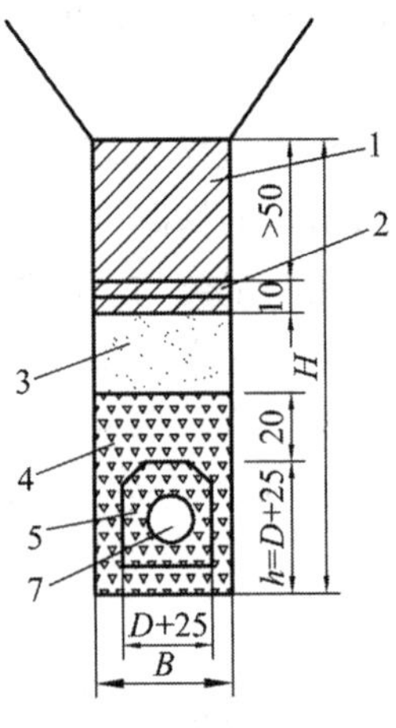

(c) 管式

图 3.12 渗沟结构图示

1—黏土夯实；2—双层反铺草皮；3—粗砂；4—石屑；5—碎石；
6—浆砌片石沟洞；7—预制混凝土管

根据位置不同，渗沟还可以分为边坡渗沟、支撑渗沟、截水及拦水渗沟、无砂混凝土渗沟、水平钻井、渗水隧洞等。

（1）边坡渗沟。

边坡渗沟的作用是疏干边坡，引排坡面滞水及泉水，并起支撑边坡的作用，适用于边坡不陡于 1∶1 的土质边坡及易发生表土塌滑的潮湿土质边坡。其结构见图 3.13。

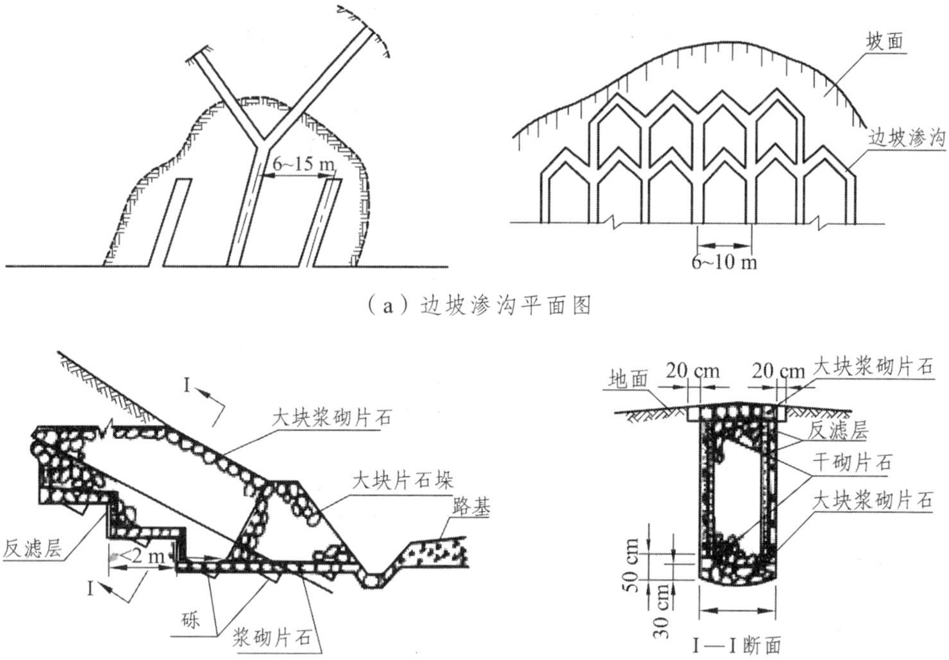

（a）边坡渗沟平面图

（b）边坡渗沟纵断面图　　（c）边坡渗沟横断面图

图 3.13　边坡渗沟

（2）支撑渗沟。

支撑渗沟的作用是支撑可能滑动的不稳定土体，排除滑动面附近的地下水，疏干潮湿的土体，常与抗滑挡土墙配合使用。其结构见图 3.14。

（3）截水及拦水渗沟。

截水及拦水渗沟的作用是引排低洼湿地及泉水渗漏或地下凹槽地层中的水。截水及拦水渗沟根据埋深可分为 2 ~ 6 m 的浅埋渗沟，以及大于 6 m 的深埋渗沟；根据底部是否设置排水通道分为有管渗沟和无管渗沟，结构见图 3.15、图 3.16。

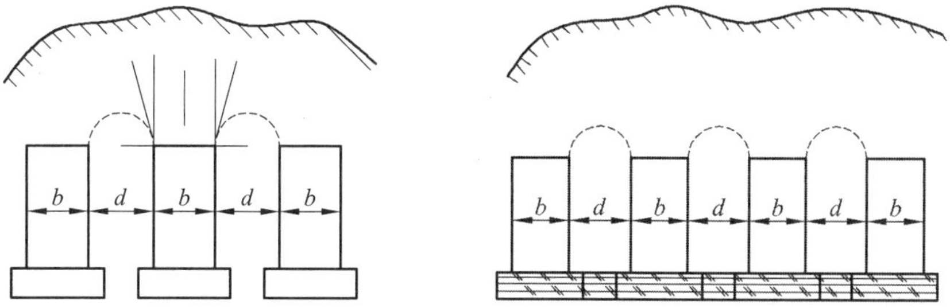

（a）支撑渗沟平面图

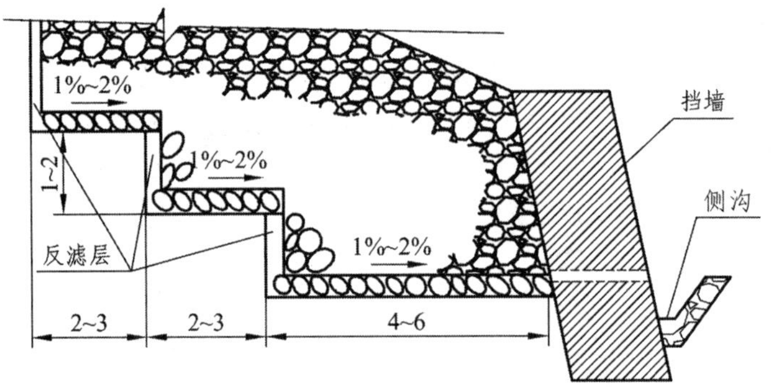

（b）支撑渗沟纵断面图

图 3.14　支撑渗沟

注：Ⅰ. 断面采用矩形，宽度为 2～3 m，间距为 8～15 m。
Ⅱ. 渗沟底应置于滑动面以下稳定岩层，做成阶梯形。
Ⅲ. 填充容重较大的石块，坡底顺着滑动面修筑。
Ⅳ. 泄水孔出口至少高于侧沟水位 0.2 m。

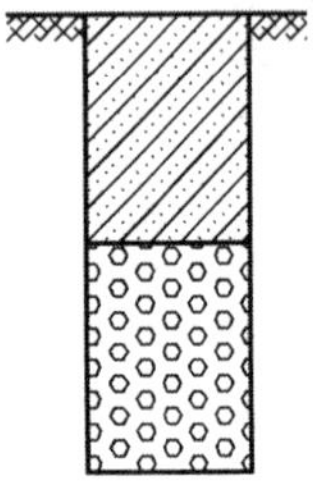

（a）无管渗沟

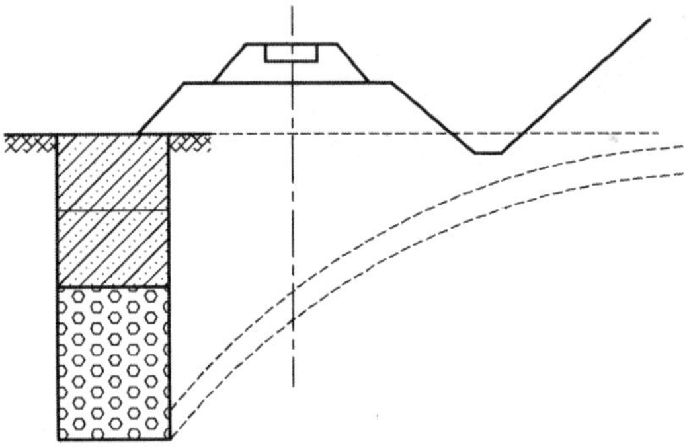

（b）圆管渗沟

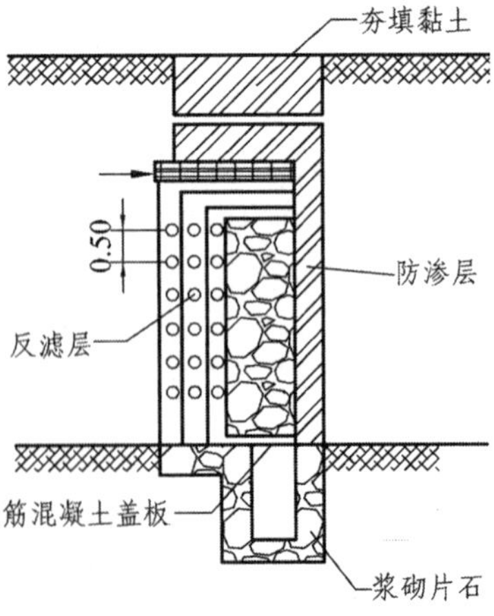

（c）矩形渗沟

图 3.15　截水及拦水渗沟

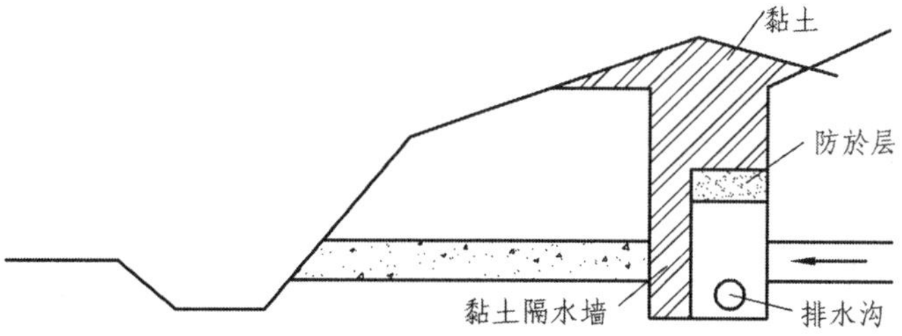

图 3.16　一侧地下排水横断面图

（4）无砂混凝土渗沟。

无砂混凝土渗沟由无砂混凝土壁板、钢筋混凝土横撑、钢筋混凝土盖板、普通混凝土基础组成，见图 3.17。

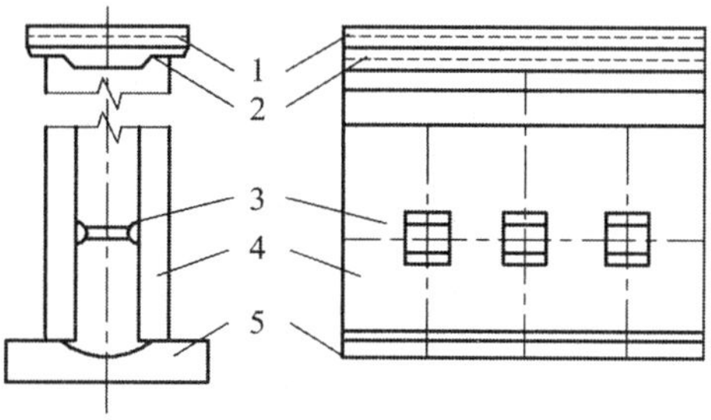

图 3.17　无砂混凝土渗沟横纵断面图

1—钢筋混凝土盖板；2—夯实黏土；3—钢筋混凝土横撑；
4—无砂混凝土壁板；5—普通混凝土基础

（5）渗水隧洞。

渗水隧洞的作用是截排或引排埋藏较深的地下水或与渗井配合使用，排除具有较多含水层的复杂地层中的地下水。其结构主要有直墙式和曲墙式，见图 3.18。其适用范围为：

直墙式：裂隙岩层、破碎岩层、较密实的碎石类土层。

曲墙式：松散的碎石类土层或有少量卵石、碎石的黏性土层。

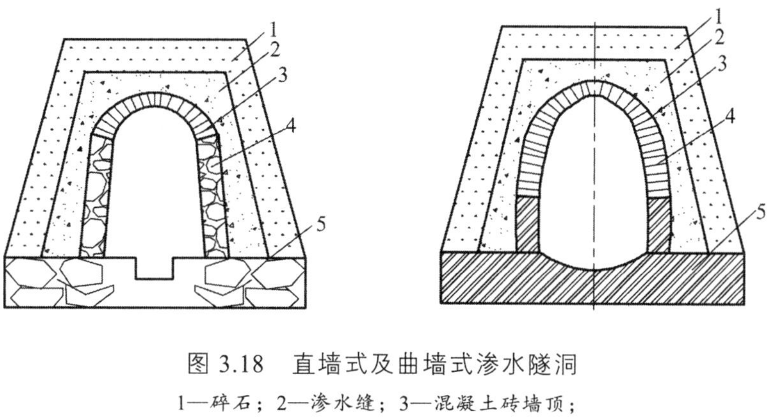

图 3.18　直墙式及曲墙式渗水隧洞

1—碎石；2—渗水缝；3—混凝土砖墙顶；
4—浆砌片石墙身；5—基础

（6）水平钻井。

水平钻井由集水管、排水管组成。

集水管采用镀锌钢材或硬质韧性料，上凿梅花形排列 12 mm 渗水孔，孔间距一般为 5 ~ 15 m。排水管一般无孔。

3. 渗　井

在平坦地区，当路基附近的地面水或浅层地下水无法排除时，可设置渗井，将地面水或地下水经渗井通过不透水层中的钻孔流入下层透水层中排除。其结构见图 3.19。

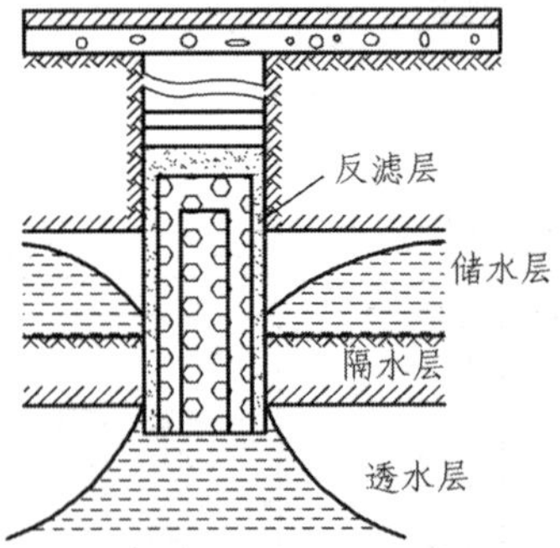

图 3.19　渗井

复习参考题

1. 路基表面排水设计的基本原则是什么？
2. 地表排水设施有哪些？其构造及布置是怎样的？
3. 地下水设施设计的原则是什么？

第4章　铁路路基边坡防护

铁路路基边坡防护主要有一般坡面防护和冲刷防护。

4.1　坡面防护

对受自然因素作用易产生破坏的边坡坡面，应根据边坡的土质、岩性、水文地质条件、边坡坡率与高度、环保、水保要求等，选用适宜的防护措施。

路基边坡坡面防护工程主要有植物防护和工程防护两种，当坡面适宜进行植物防护，且能保证边坡的稳定时，应优先采用植物防护。

4.1.1　植物防护

1. 种　草

种草适用边坡坡度不宜陡于 1∶1.25 的土质路基和风化严重的岩质路基边坡，坡面流速在 0.4 ~ 0.6 m/s，坡高在 6 m 以内。若土质不宜种植，可先铺一层种植土，厚 5 ~ 10 cm。其结构见图 4.1。

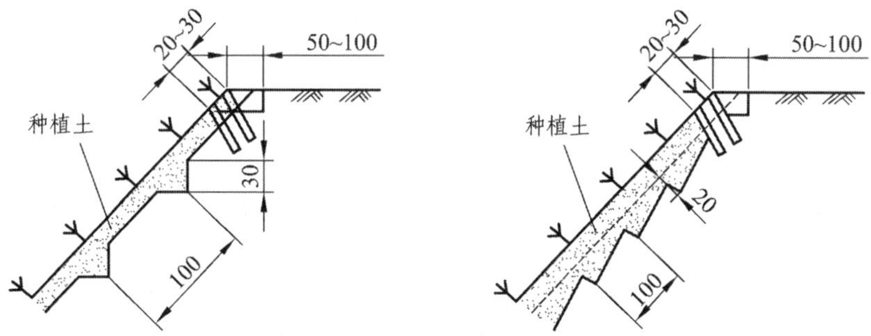

图 4.1　种草坡面结构图

2. 铺种草皮

铺种草皮是一种施工简单、造价低廉和效果较好的坡面防护措施。

草皮护坡适用于土质路基和风化严重的岩质路基边坡。边坡坡度不宜陡于 1∶1，局部坡面可用 1∶0.75。

草皮的草种，常用的有白茅草、毛鸭嘴、画眉草、假俭草、铁线草、绊根草等。草皮护坡的形式有平铺式、方格网式和叠砌式三种，见图 4.2。

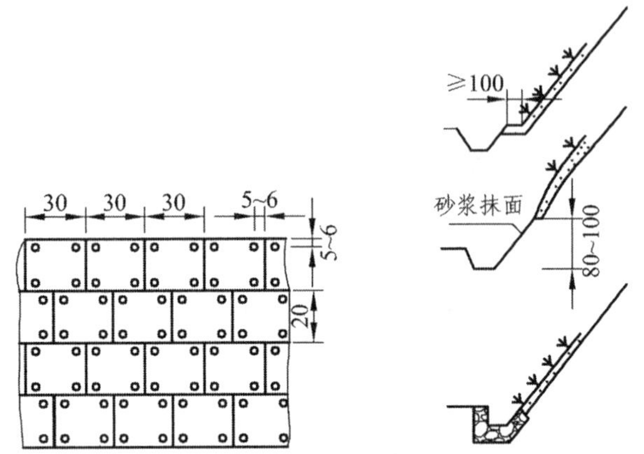

（a）平铺

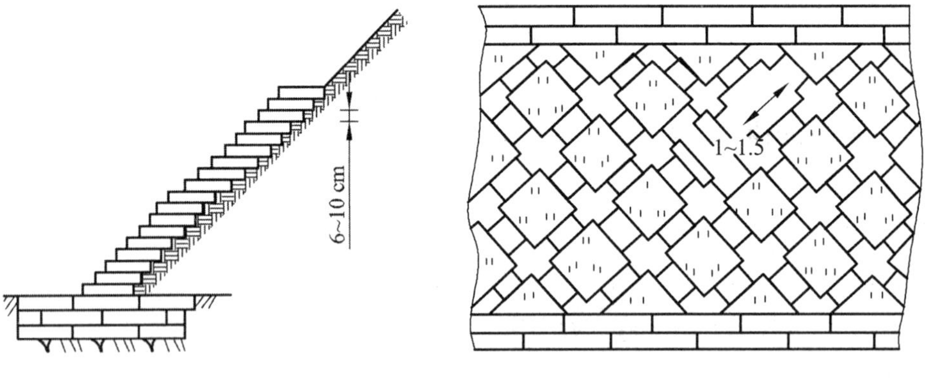

（b）平铺叠置

图 4.2　草皮铺设形式

平铺式：草皮块尺寸一般为 20 cm × 30 cm，厚为 10 ~ 15 cm。铺砌方法是从坡脚向上逐层错缝铺筑，用木槌拍紧，四角用木橛钉牢。

方格网式：将草皮在边坡上铺成与边坡边缘线成 45° 的斜方格，在方格内的坡面上种草，方格尺寸为 1.0 m × 1.0 m，或 1.5 m × 1.5 m，土质路堤用得较多。

叠砌式：叠砌式草皮护坡是将草皮逐层叠砌起来铺在边坡上，这种铺砌方式要比前两种铺砌的抗冲刷能力强，一般可用在边坡较陡并受雨水冲刷较严重的地带。

3. 植　树

在土质、软质岩和全风化的硬质岩石边坡，坡度不陡于 1∶1.5 可考虑采用种树防护。一般情况下树种应为根系发达、枝叶茂盛并适合当地气候、迅速生长的低矮灌木。

4.1.2 工程防护

1. 抹　面

抹面适用于易风化但尚未严重风化的岩质边坡，坡度不限，但坡面要干燥。

抹面是在边坡上抹一层灰浆。灰浆组合材料有水泥、石灰、砂子、炉渣、拉筋、速凝剂和沥青等。抹面按组合材料分为二合土（石灰炉渣）抹面、三合土（水泥、石灰、炉渣或水泥、砂子、炉渣）抹面、四合土（水泥、石灰、砂子、炉渣或石灰、黏土、砂子、炉渣）抹面及水泥砂浆抹面。

抹面施工要点如下：

（1）施工前清理坡面。

（2）坡面如有地下水，尽快排除。

（3）边坡较陡，挖承托灰泥平台。

（4）周围砌槽排水，防止地表水进入坡面。

（5）大面积铺设时，每 15 ~ 20 m 设置伸缩缝。

2. 捶　面

捶面适用于比较干燥，易受冲刷的土质边坡和易风化的石质边坡，坡度小于 1 : 0.5。边坡较低时一般采用等截面，厚 10 ~ 15 cm；边坡较高时，采用变截面（上薄下厚）。施工时的注意事项同抹面。

3. 喷　浆

喷浆适用于易风化但未遭强风化、全风化的岩石堑坡，坡率不陡于 1 : 0.5。喷浆是用喷射机将砂、水泥、石灰组成的灰浆喷射在坡面上，喷浆厚度一般大于等于 5 cm。

喷浆施工要点如下：

（1）清扫坡面。

（2）一般喷 2 ~ 3 次，厚 1 ~ 3 cm。

（3）喷射均匀，养生 2 ~ 3 h。

（4）封闭，以防表面水流入。

4. 灌浆、勾缝

勾缝适用于质地坚硬，不易风化但节理裂缝多而细的岩石边坡，以防水渗入岩层内造成病害。

灌浆是把水泥砂浆灌在岩石裂缝中，其目的是借水泥砂浆的黏结力把破碎的岩块黏结成一个整体，也防止了地表水进入岩体。灌浆适用于较坚硬、裂缝宽度小的石质路堑边坡。

5. 干砌片石护坡

干砌片石防护主要适用于土质路堤边坡、有少量地下水渗出的局部堑坡、局部土质堑坡嵌补，坡率不陡于 1∶1.25，具体设置见图 4.3。

如图 4.3 所示，片石厚一般不小于 0.25 m，片石与路基坡面间加设厚度不小于 0.1 m 的碎石或砾砂垫层。当护坡与侧沟相连时采用浆砌片石基础，不相连时采用大石块砌筑。其顶宽不小于 0.5 m，埋深应大于冲刷深度 0.5 m。基础应选用较大的石块，自下而上地进行栽砌；接缝要错开，缝隙要填满塞紧。

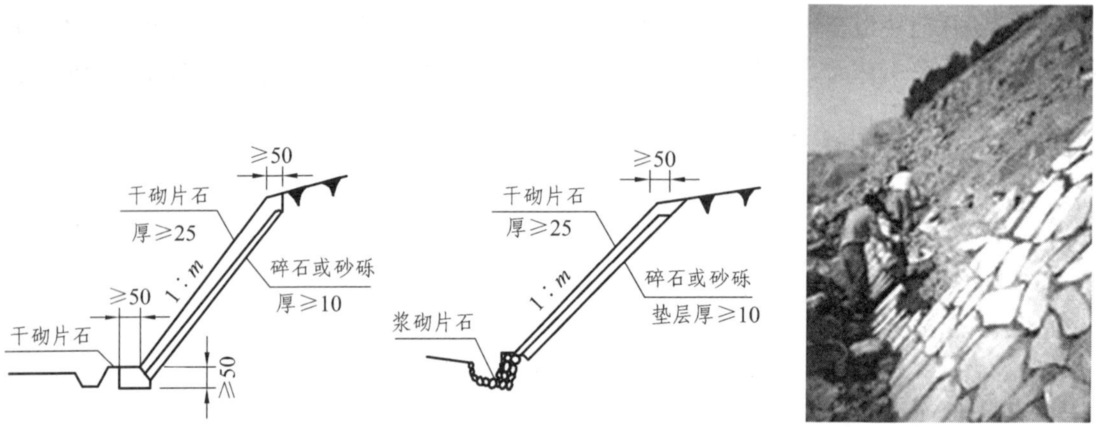

（a）干砌护坡干砌基础　（b）干砌护坡浆砌基础（基础与侧沟相连）　（c）干砌片石护坡施工图

图 4.3　干砌片石护坡

6. 浆砌片石护坡

浆砌片石护坡适用于边坡小于 1∶1 的土质或石质边坡，可防止边坡因风化剥落或地表水冲刷而发生冲沟、滑塌等。其平面图如图 4.4。

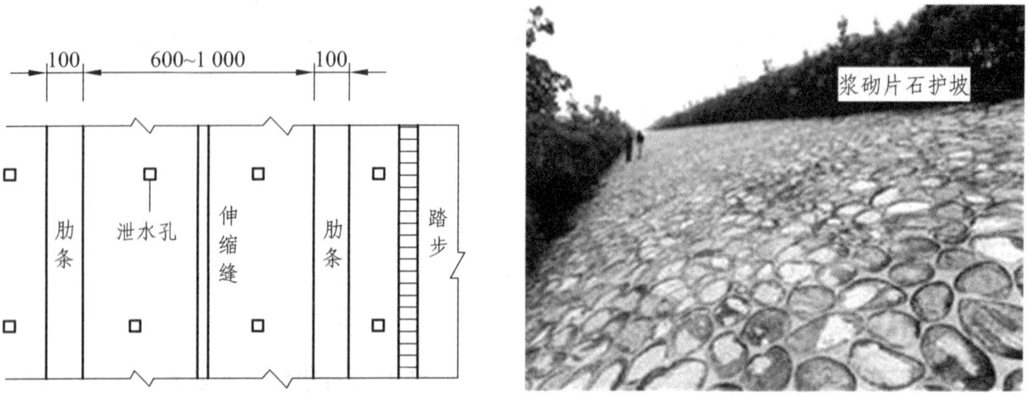

图 4.4　浆砌片石护坡展示图

如图 4.4 所示，浆砌片石护坡一般厚 30 ~ 40 cm，为了确保护坡的稳定，每隔 6 ~ 10 m 应设一道肋条，宽约 1 m；护坡较长时，间隔 10 ~ 20 m 设伸缩缝，缝宽 2 cm，填入沥青麻筋或沥青木板等弹性材料；为了检测方便，在适当的位置设踏步，宽约 60 cm；护坡的中、下部设矩形（10 cm × 10 cm）或圆形（半径 10 cm）的泄水孔，梅花形布置，间距 2 ~ 3 m，孔后 0.5 m 范围内设反滤层。

7. 锚固挂网喷混凝土（浆）

锚喷防护即为锚杆铁丝网或土工格栅喷混凝土或喷浆，适用于岩石边坡，当坡面岩体破碎时，为加强防护的稳定性可以考虑采用锚喷挂网，见图 4.5。

图 4.5 锚喷挂网

锚喷的锚固深度为 1.0 ~ 2.0 m，间距为 20 ~ 25 cm，锚孔深度应比锚固深度深 20 cm。

8. 混凝土骨架护坡

混凝土骨架护坡适用于冲刷较严重的土质边坡、风化严重的岩质边坡，坡度小于 1 : 0.5，或边坡潮湿，坡面溜塌、冲刷严重，靠单纯的植物或抹面之类的防护无法解决。

骨架宜用带排水槽的拱形骨架，也可采用人字形、方格形骨架，见图 4.6，内铺草皮、液压喷播植草或干砌片石等，多雨地区常采用带排水槽的拱形骨架，骨架埋深不小于 0.4 m。护坡四周需用浆砌片石或混凝土镶边，混凝土骨架视情况在节点处加锚杆。

（a）拱形护坡 （b）人字形护坡

图 4.6 混凝土骨架护坡

9. 浆砌片石护墙

浆砌片石护墙适用于各类土质边坡及易风化剥落的岩石边坡，为防止坡面变形，或路堑坡上有局部危石需要支撑。

浆砌片石护墙按级数分为单级、双级及多级等三种形式，按截面形式可分为等截面和变截面两种形式。等截面护墙高不宜超过 6 m，当坡度较缓时不宜超过 10 m。变截面护墙，单级不宜超过 12 m，超过时宜设平台，分级砌筑。

等截面护墙厚一般为 0.4 ~ 0.5 m，变截面护墙顶宽为 0.4 m，底宽等于顶宽加上高度的 1/10。

浆砌片石护墙按墙面形式分，常见有实体式、窗式、拱式。实体式主要适用于不陡于 1∶0.5 的土质及易风化的岩质边坡，或缓于 1∶0.3 的路堑边坡。具体设置情况见图 4.7。

墙帽厚约 25 cm，宽度要深入路基至少 20 cm；墙身厚约 30 cm，为了保持稳定，每隔 4 ~ 6 m 设一道耳墙做成反坡墙，高、宽约 0.5 m 或 1 m；基础一般设置反坡，坡度为 0.2∶1 ~ 0.1∶1；地基要求承载力大于等于 30 N/cm^2。

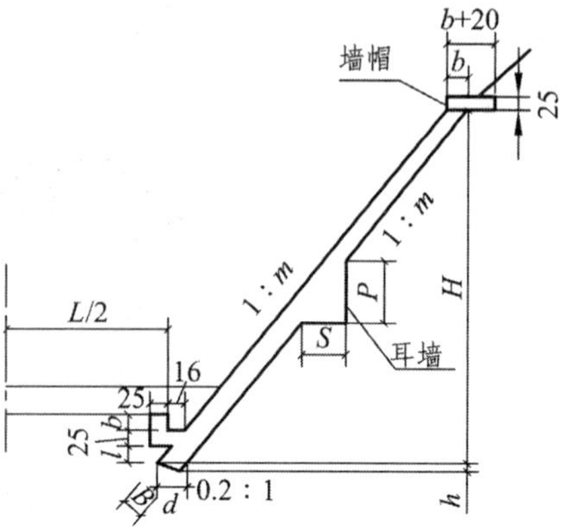

图 4.7　实体式浆砌片石护墙横截面图

窗式主要适用于坡度小于 1∶0.75 的土质或岩质边坡；拱式主要适用于下部岩石比较完整、上部岩石比较破碎的边坡。

4.2　冲刷防护

4.2.1　直接防护

1. 植物防护

（1）铺草皮。

铺草皮适用于流速为 1.2 ~ 1.8 m/s，水流方向与线路近乎平行，不受各种洪水主流冲刷的浅滩地段路堤边坡防护，铺设方法参照一般坡面防护。

（2）种植防护林、挂柳。

种植防护林、挂柳适用于流速为 1.2 ~ 1.8 m/s，有浅滩地段的河岸冲刷防护，铺设方法参照一般坡面防护。

2. 工程防护

（1）抛石防护。

抛石防护类似在坡脚处设置护脚，亦称抛石垛，如图 4.8 所示。

抛石主要应用于流速小于 3 m/s、水流方向较平顺、无严重局部冲刷的河段，已浸水的路堤边坡与河岸。抛石的边坡坡度，不应陡于抛石浸水后的天然休止角，边坡率一般为 1∶1.5 ~ 1∶2.0，石料粒径视流速与波浪大小而定，不宜小于 0.3 m，抛石厚度不应小于石块尺寸的两倍。

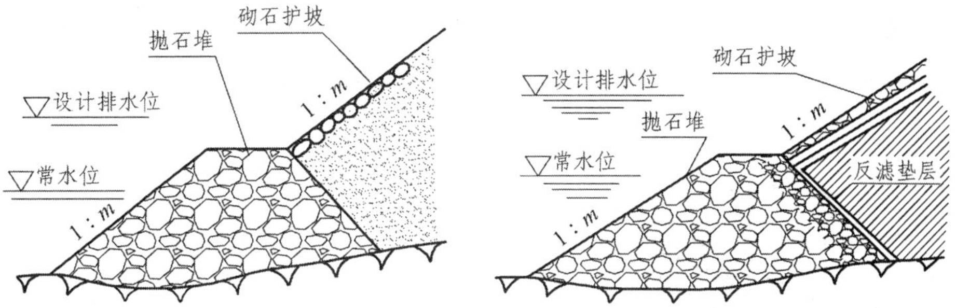

（a）新建路基抛石防护

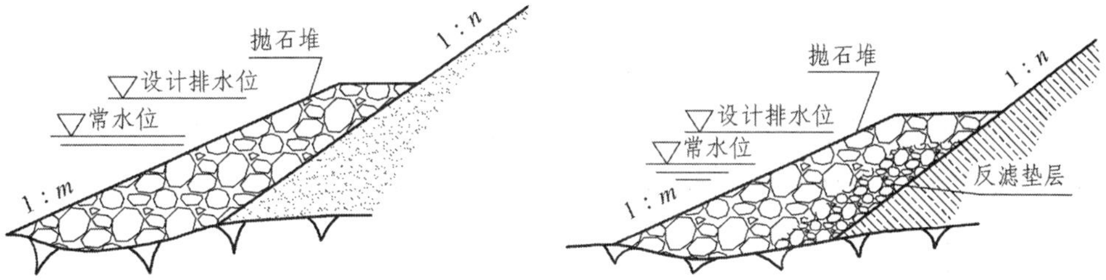

（b）已建路基抛石防护

图 4.8　抛石防护图

（2）片石防护。

① 干砌片石。

干砌片石防护适用于水流比较平顺的河滩，水流速度一般为 2 ~ 3 m/s，不受主流的周期性冲刷，容许浪高在 1 m 以内，有漂石等撞击时不能用。

冲刷深度小于 1 m 时采用墁石基础，冲刷深度大于 1 m 时采用浆砌片石基础，见图 4.9。基础回填片石，浆砌片石采用 M7.5 或 M10，在寒冷的地方采用 M10。

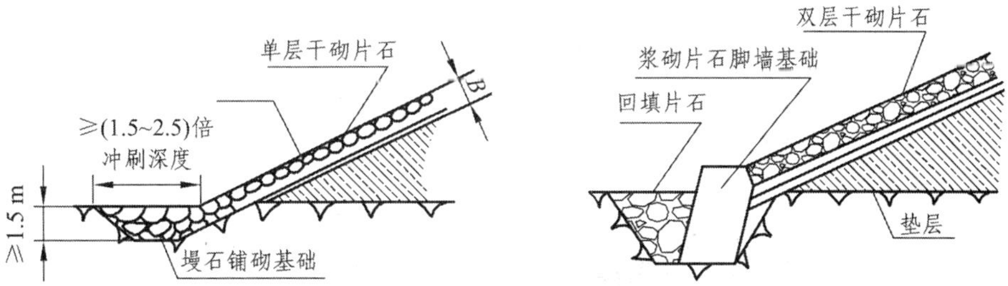

图 4.9　干砌片石护坡

干砌片石可以采用单层的，厚 30 cm；也可采用双层的，上层采用粒径较大的片石，厚 25 ~ 35 cm，下层采用粒径相对较小的片石，厚约为 25 cm。

片石护坡和路基之间填筑垫层，厚约 10 cm，常用材料有粗砂、碎石、砾石。

② 浆砌片石。

浆砌片石防护适用于周期性或长期浸水，受主流冲刷，水流速度一般为 4 ~ 8 m/s，容许浪高在 1.5 m 以内，波浪撞击强，有浮冰等的路基。冲刷深度小于 3.5 m 时采用浆砌片石基础，埋深在冲刷线以下 0.5 ~ 1 m，冻结线以下 0.25 m；冲刷深度大于 3.5 m 时采用浆砌片石基础，基础后回填片石，可埋于冲刷线以上，但是要采用柔性混凝土板等防淘措施，见图 4.10。

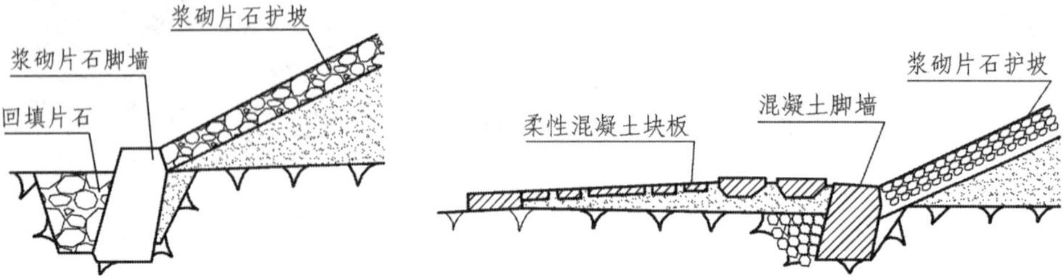

图 4.10　浆砌片石护坡

浆砌片石可以采用单层的，厚 35 cm，也可采用双层的，厚 60 cm，片石护坡和路基之间的填筑垫层，厚 15 ~ 25 cm，常用材料有粗砂、碎石、砾石。

（3）柔性混凝土板。

柔性混凝土板适用于流速在 5 ~ 8 m/s，受主流冲刷严重的河段，采用 C13 ~ C18 的水泥混凝土浇筑边长大于 1 m 的混凝土板，厚 8 ~ 20 cm，常与脚墙配合使用，结构见图 4.11。

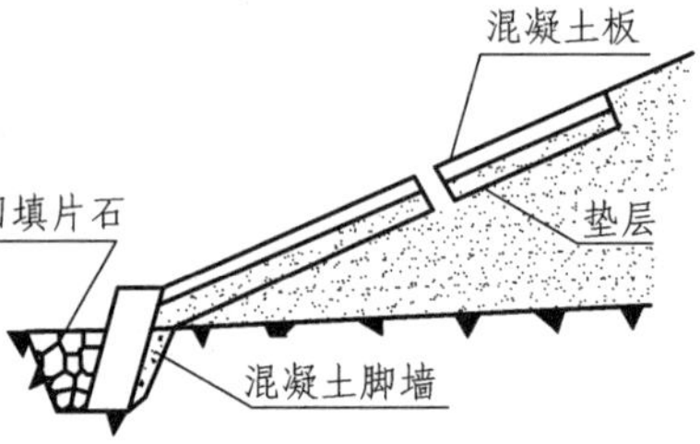

图 4.11　水泥混凝土板护坡

（4）石笼防护。

石笼防护适用于流速在 4 ~ 5 m/s，受洪水冲刷但无滚石河段和大石料缺少地区。

石笼的制作是用镀锌的铁丝或（在南方地区）采用竹子编织成箱形或柱形的笼，再填入粒径较小的石料（图 4.12）。

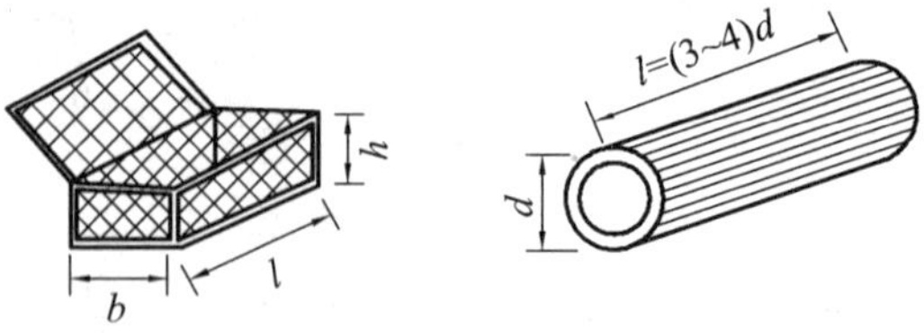

图 4.12　石笼

石笼一般采用叠铺（图 4.13），铺筑前先在底面垫 20 ~ 40 cm 的粗砂、碎石或砾石进行调平，为了保证其稳定性，可采用废弃的钢轨或 20 mm 的钢丝对最下面一层进行锚固，各石笼之间采用 6 mm 的铁丝进行绑扎。

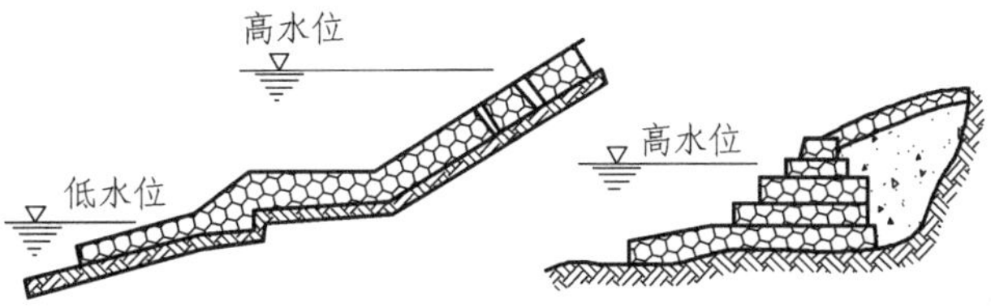

（a）平铺石笼　　（b）叠铺石笼

图 4.13　石笼铺设图

（5）浸水挡土墙。

浸水挡土墙适用于流速在 5 ~ 8 m/s、峡谷急流和水流冲刷严重的河段，挡土墙的设置具体见第 5 章。

4.2.2　间接防护

间接防护主要有改河道或修建导流结构物。常用的导流结构物主要有丁坝、顺坝、格坝。

1. 丁　坝

丁坝按照河水流向与丁坝交角的大小分为垂直、上挑、下挑三种布置形式，见图 4.14；根据坝身的长短可分为长丁坝、短丁坝。

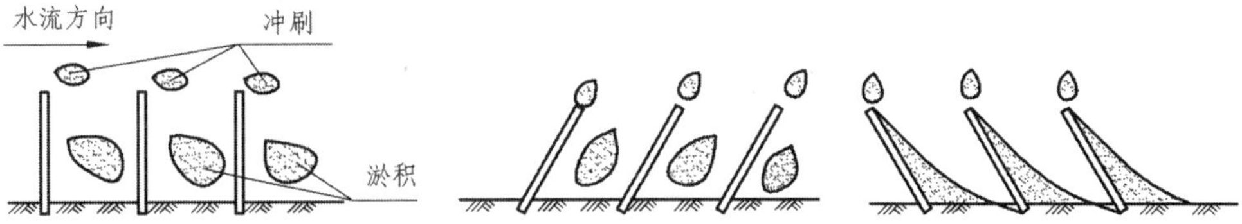

（a）垂直　　（b）上挑　　（c）下挑

图 4.14　丁坝示意图

2. 顺坝及格坝

顺坝是指一种纵向河道整治建筑物，一般与水流方向大致平行或有很小交角，沿治导线布置。

格坝设置于顺坝与堤岸之间，与顺坝配合使用，在平面上成网格状，可以促进泥沙淤积，防止边坡或河岸受冲刷。

顺坝及格坝设置形式见图 4.15。

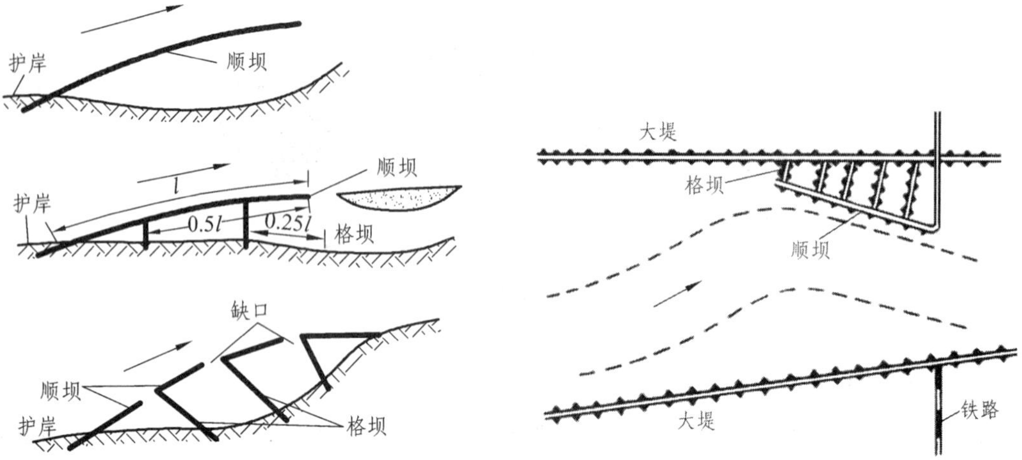

图 4.15　顺坝及格坝布置图

设置导流建筑物时，应根据河道的地貌、地质、水流性质、河道演变规律和防护要求等规划导流线，并应避免农田、村庄、道路和下游路基的冲刷加剧。

在山区河谷地段，不宜设置挑水导流建筑物。

遇有水流直冲威胁路基安全时，除应做好冲刷防护外，必要时可局部改移河道。改移河道应根据河流特性及其演变规律，因势利导，慎重对待。导治结构物综合布置如图 4.16。

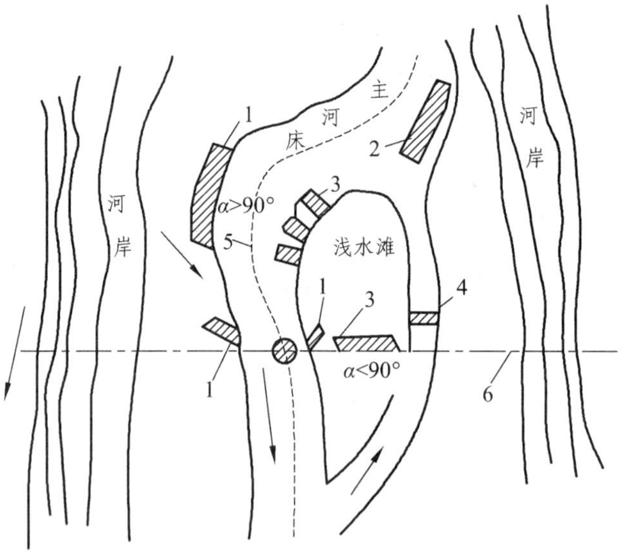

图 4.16　导治结构物综合布置图

1、2—顺坝；3—丁坝；4—格坝；5—主河床；6—路中线

复习思考题

1. 铁路路基一般坡面防护技术有哪些？植物防护适用于哪种形式的边坡？
2. 铁路路基冲刷防护有哪些？
3. 简述各种冲刷防护的适用条件。

第 5 章　铁路路基支挡结构及应用技术

为防止路基填土或山坡土体坍塌而修筑的承受土体侧压力的墙式构造物，称为挡土墙。在铁路工程中，它广泛用于支撑路堤填土或路堑边坡，以及桥台、隧道洞口和河流堤岸等处。

路基工程中，挡土墙的建筑费用较高，故路基设计时，应与其他可能的工程方案进行技术经济比较，择优选定。

工程中的挡土墙主要按下述几种方法进行分类。

（1）按照挡土墙设置的位置，挡土墙可分为路堑墙、路堤墙、路肩墙和山坡墙等类型，如图 5.1 所示。

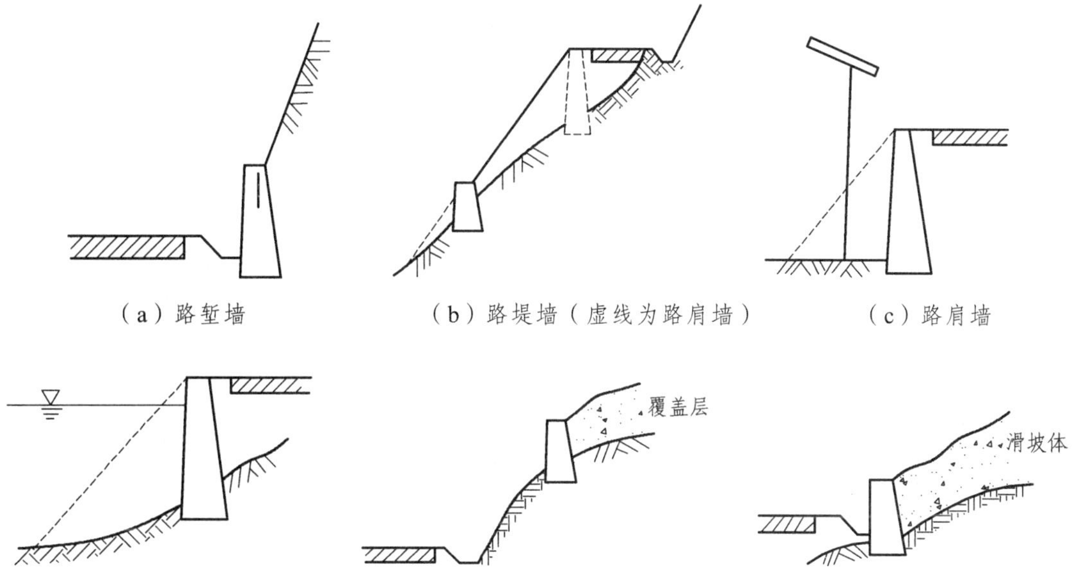

（a）路堑墙　（b）路堤墙（虚线为路肩墙）　（c）路肩墙

（d）浸水挡土墙　（e）山坡挡土墙　（f）抗滑挡土墙

图 5.1　挡土墙

路堑墙设置在路堑边坡底部，主要用于支撑开挖后不能自行稳定的山坡，同时可减少挖方数量，降低挖方边坡的高度（图 5.1a）。

路堤墙设置在高填土路提或陡坡路堤的下方，可以防止路堤边坡或路堤沿基底滑动，同时可以收缩路堤坡脚，减少填方数量，减少拆迁和占地面积（图 5.1b）。

路肩墙设置在路肩部位，墙顶是路肩的组成部分，其用途与路堤墙相同。它还可以保护临近路线的既有重要建筑物（图 5.1c）。沿河路堤，在傍水的一侧设置挡土墙，可以防止水流对路基的冲刷和侵蚀，也是减少压缩河床的有效措施（图 5.1d）。

山坡墙设置在路堑或路堤上方，用于支撑山坡上可能坍滑的覆盖层、破碎岩层或山体滑坡（图 5.1e、图 5.1f）。

（2）按照结构形式，挡土墙可分为：重力式挡土墙、薄壁式挡土墙、锚定式挡土墙、加筋土挡土墙等。具体性能见后续章节。

（3）按照墙体材料，挡土墙可分为：石砌挡土墙、混凝土挡土墙、钢筋混凝土挡土墙、钢板挡土墙等。

5.1 重力式挡土墙

重力式挡土墙依靠墙身自重支撑土压力来维持其稳定，一般多用片（块）石砌筑，在缺乏石料的地区有时也用混凝土修建。重力式挡土墙的形式简单，施工方便，可就地取材，适应性强，故应用广泛，但其圬工数量较大，对地基的承载要求较高。

5.1.1 重力式挡土墙结构组成

常用的重力式挡土墙，一般由墙身、基础、排水设施和沉降、伸缩缝等几部分组成。

1. 墙　身

挡土墙的墙身由墙背、墙面、墙顶和护栏组成，见图 5.2。

（1）墙背。

根据墙背倾斜方向的不同，墙身断面形式可分为仰斜、垂直、俯斜、凸形折线式和衡重式等几种，如图 5.3 所示。

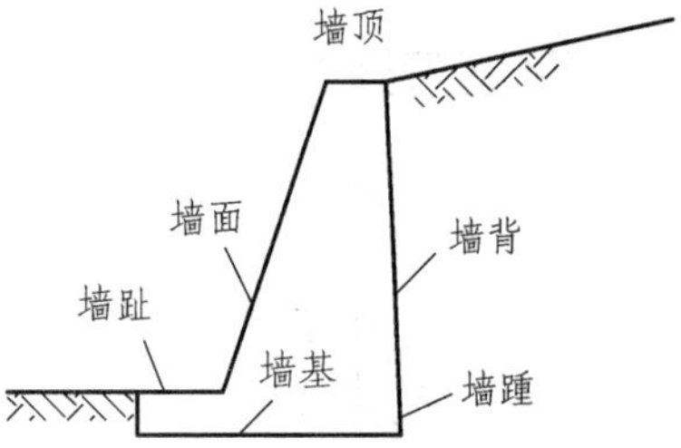

图 5.2　重力式挡土墙结构

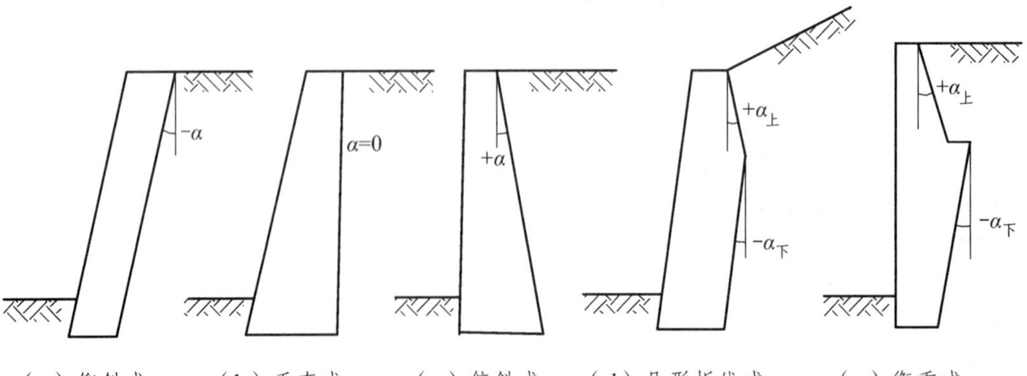

图 5.3　重力式挡土墙的断面形式

对仰斜、垂直和俯斜式三种不同的墙背所受的土压力进行分析可知，在墙高和墙后填料等条件相同时，仰斜墙背所受的土压力最小，垂直墙背次之，俯斜墙背较大，因此仰斜式的墙身断面较经济。用于路堑墙时，墙背与开挖的临时边坡较贴合，开挖量与回填量均较小。但当墙趾处地面横坡较陡时，采用仰斜式墙背会增加墙高，断面增大。故仰斜墙背适用于路堑墙及墙趾处地面平坦的路肩墙或路堤墙。仰斜墙背的坡度愈缓，所受的土压力愈小，但施工愈困难，故仰斜墙背的坡度不宜缓于 1∶0.3。

俯斜墙背所受的土压力较大，相对而言，俯斜墙背的断面比仰斜式要大。但当地面横坡较陡时，俯斜式挡土墙可采用陡直的墙面，从而减小墙高。俯斜墙背的坡度缓些固然对施工有利，但所受的土压力亦随之增加，致使断面增大，因此墙背坡度不宜过缓，通常控制 $\alpha<21°48'$（即 1∶0.4）。

垂直墙背的特点介于仰斜和俯斜墙背之间。

凸形折线墙背系将仰斜式挡土墙的上部墙背改为俯斜，以减小上部断面尺寸，故其断面较为经济，多用于路堑墙，也可用于路肩墙。

衡重式墙背可视为在凸形折线式的上下墙之间设一衡重台，并采用陡直的墙面。上墙俯斜墙背的坡度通常为 1∶0.25～1∶0.45，下墙仰斜墙背的坡度一般在 1∶0.25 左右，上下墙的墙高比一般为 2∶3。衡重式墙背适用于山区地形陡峻处的路肩墙和路堤墙，也可用于路堑墙。

（2）墙面。

墙面一般为平面，墙面坡度除应与墙背的坡度相协调外，还应考虑到墙趾处地面的横坡度（影响挡土墙的高度）。当地面横坡度较陡时，墙面可直立或外斜 1∶0.05～1∶0.20，以减少墙高；当地面横坡平缓时，一般采用 1∶0.20～1∶0.35 较为经济。

（3）墙顶。

重力式挡土墙可采用浆砌或干砌圬工。墙顶最小宽度，浆砌时应不小于 50 cm；干砌时应不小于 60 cm。干砌挡土墙的高度一般不宜大于 6 m。浆砌挡土墙墙顶应用 M5 砂浆抹平，或用较大石块砌筑，并勾缝。浆砌路肩墙墙顶宜采用粗料石或混凝土做成顶帽，厚度取 40 cm。干砌挡土墙顶部 50 cm 厚度内，宜用 M5 砂浆砌筑，以求稳定。

（4）护栏。

为增加驾驶员心理上的安全感，保证行车安全，在地形险峻地段的路肩墙，或墙顶高出地面 6 m 以上且连续长度大于 20 m 的路肩墙，或弯道处的路肩墙的墙顶应设置护栏等防护设施。护栏分墙式和柱式两种，所采用的材料，护栏高度、宽度，视实际需要而定。护栏内侧边缘距路面边缘的距离，应满足路肩最小宽度的要求。

2. 基　础

地基不良和基础处理不当，往往引起挡土墙的破坏，因此，应重视挡土墙的基础设计。基础设计的程序是：首先应对地基的地质条件作详细调查，必要时须做挖探或钻探，然后再来确定基础类型与埋置深度。

（1）基础类型（图 5.4）。

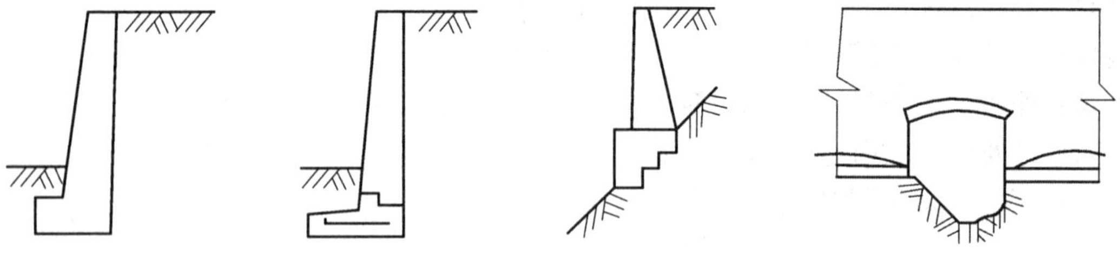

（a）扩大基础　（b）钢筋混凝土底板　（c）台阶形基础　（d）拱形基础（纵断面）

图 5.4　挡土墙的基础形式

当地基承载力不足且墙趾处地形平坦时，挡土墙大多数都是直接砌筑在天然地基上的浅基础。为减少基底应力和增加抗倾覆稳定性，常常采用扩大基础，如图 5.6（a）所示，将墙趾部分加宽成台阶，或墙趾墙踵同时加宽，以加大承压面积。加宽宽度视基底应力需要减少的程度和加宽后的合力偏心距的大小而定，一般不小于 20 cm。台阶高度按基础材料的刚性角的要求确定：对于砖、片石、块石、粗料石砌体，当用低于 M5 的砂浆砌筑时，刚性角应不大于 35°；对混凝土砌体，应大于 40°。

当土基压应力超过地基承载力过高时，需要的加宽值较大，可采用钢筋混凝土底板基础，如图 5.6（b）所示，其厚度由剪力和主拉应力控制。

当挡土墙修筑在陡坡上，而地基又为稳定、坚硬的岩石时，为节省圬工和减小基坑开挖数量，可采用台阶形基础，如图 5.6（c）所示。台阶的高宽比应不大于 2∶1，台阶宽度不宜小于 50 cm。最下一个台阶的宽度应满足偏心距的有关规定，并不宜小于 1.5 ~ 2.0 m。

如地基有短段缺口（如深沟等）或挖基困难（如局部地段地基软弱等），可采用拱形基础，如图 5.6（d）所示，以石砌拱圈跨过，再在其上砌筑墙身。但应注意土压力不宜过大，以免横向推力导致拱圈开裂。设计时应对拱圈予以验算。

当地基为软弱土层，如淤泥、软黏土等时，可采用砂砾、碎石、矿渣或石灰土等材料予以换填，以扩散基底压应力，使之均匀地传递到下卧软弱土层中。

（2）基础埋置深度。

挡土墙基础，应视地形、地质条件埋置足够的深度，以保证挡土墙的稳定性。设置在土质地基上的挡土墙，基底埋置深度应符合下列要求：

① 无冲刷时，一般应在天然地面下不小于 1.0 m。

② 有冲刷时，应在冲刷线下不小于 1.0 m。

③ 受冻胀影响时，应在冰冻线以下不小于 0.25 m。非冰胀土层中的基础，例如岩石、卵石、砾石、中砂或粗砂等，埋置深度可不受冻深的限制。

挡土墙基础设置在岩石上时，应清除表面风化层；当风化层较厚难以全部清除时，可根据地基的风化程度及其相应的容许承载力将基底埋在风化层中。当墙趾前地面横坡较大时，基础埋置深度用墙趾前的安全襟边宽度 l 来控制，以防地基剪切破坏。襟边宽度见表 5.1。

表 5.1　挡土墙安全襟边宽度

地质情况	安全襟边宽 l/m	基础埋深 h/m	示意图
轻风化的硬质岩石	0.25～0.6	0.25	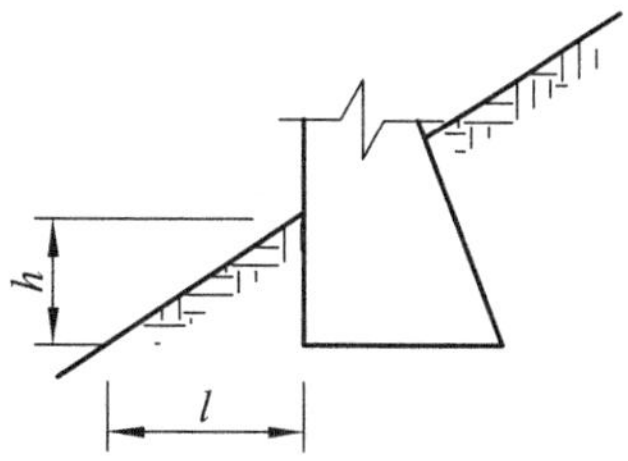
风化岩石或软质岩石	0.6～1.0	0.6	
坚实的粗粒土	1.0～2.0	1.0	

3. 排水设施

挡土墙的排水处理是否得当，直接影响到挡土墙的安全及使用效果。因此，挡土墙应设置排水设施，以疏干墙后坡料中的水分，防止地表水下渗造成墙后积水，从而使墙身免受额外的静水压力；消除黏性土填料因含水量增加产生的膨胀压力；减少季节性冰冻地区填料的冻胀压力。

挡土墙的排水设施通常由地面排水和墙身排水两部分组成。

地面排水可设置地面排水沟，引排地面水；夯实回填土顶面和地面松土，防止雨水和地面水下渗，必要时可加设铺砌；对路堑挡土墙墙趾前的边沟应予以铺砌加固，以防止边沟水渗入基础。

墙身排水主要是为了迅速排除墙后积水。浆砌挡土墙应根据渗水量在墙身的适当高度处布置泄水孔，如图 5.5 和 5.6 所示。泄水孔尺寸可视泄水量大小分别采用 5 cm × 10 cm、10 cm × 10 cm、15 cm × 20 cm 的方孔，或直径 5～10 cm 的圆孔。泄水孔间距一般为 2～3 m，上下交错设置。最下排泄水孔的底部应高出墙趾前地面 0.3 m；当为路堑墙时，出水口应高出边沟水位 0.3 m：若为浸水挡土墙，则应高出常水位以上 0.3 m，以避免墙外水流倒灌。为防止水分渗入地基，在最下一排泄水孔的底部应设置 30 cm 厚的黏土隔水层。在泄水孔进口处应设置粗粒料反滤层，以避免堵塞孔道。当墙背填土透水性不良或有冻胀可能时，应在墙后最低一排泄水孔到墙顶 0.5 m 之间设置厚度不小于 0.3 m 的砂、卵石排水层或采用土工布。

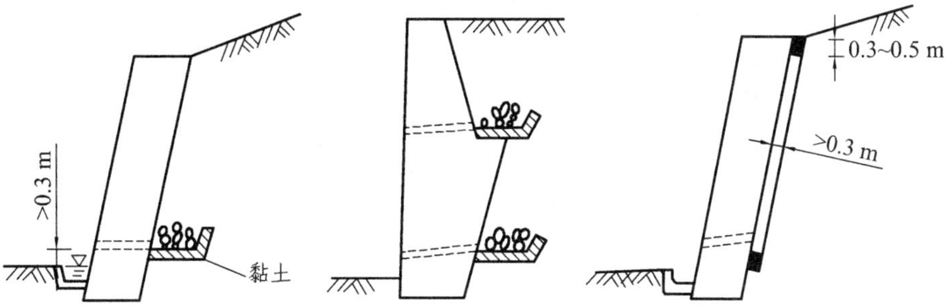

（a）　　（b）　　（c）

图 5.5　泄水孔布置示意图

图 5.6　挡墙泄水孔

干砌挡土墙墙身透水可不设泄水孔。

4. 沉降缝和伸缩缝

为了防止因地基不均匀沉陷而引起墙身开裂，应根据地基的地质条件及墙高、墙身断面的变化情况设置沉降缝，如图 5.7 所示；为了防止圬工砌体因砂浆硬化收缩和温度变化而产生裂缝，须设置伸缩缝。通常把沉降缝与伸缩缝合并在一起，统称为沉降伸缩缝或变形缝。沉降伸缩缝的间距按实际情况确定，对于非岩石地基，宜每隔 10 ~ 15 m 设置一道沉降伸缩缝；对于岩石地基，其沉降伸缩缝间距可适当增大。沉降伸缩缝的缝宽一般为 2 ~ 3 cm。浆砌挡土墙的沉降伸缩缝内可用胶泥填塞，但在渗水量大、冻害严重的地区，宜用沥青麻筋或沥青木板等材料，沿墙内、外顶三边填塞，填深不宜小于 15 m；当墙背为填石且冻害不严重时，可仅留空隙，不嵌填料。

对于干砌挡土墙，沉降伸缩缝两侧应选平整石料砌筑，使其形成垂直通缝。

图 5.7　沉降缝

5.1.2　重力式挡土墙构造要求

挡土墙的布置是挡土墙设计的一个重要内容，通常是在路基横断面图和墙趾纵断面图上进行，个别复杂的挡土墙尚应作平面布置。

1. 横向布置

横向布置主要是在路基横断面图上进行，其内容有：选择挡土墙的位置、确定断面形式、绘制挡土墙横断面图等。

（1）挡土墙的位置选择。

路堑挡土墙，大多设置在边沟的外侧。路肩墙应沿路基宽度布设。路堤墙应与路肩墙进行技术经济比较，以确定墙的合理位置。当路堤墙与路肩墙的墙高或圬工数量相近，其基础情况亦相仿时，宜做路肩，因为采用路肩墙可减少填方和占地；但当路堤墙的墙高或圬工数量比路肩墙显著降低，且基础可靠时，则宜做路堤墙。浸水挡土墙应结合河流情况布置，以保持水流顺畅，不致挤压河道而引起局部冲刷。山坡挡土墙应考虑设在基础可靠处，墙的高度应保证墙后墙顶以上边坡的稳定性。

（2）确定断面形式，绘制挡土墙横断面图。

不论是路堤墙，还是路肩墙，当地形陡峻时，可采用俯斜式或衡重式；地形平坦时，则可采用仰斜式。对路堑墙来说，宜采用仰斜式或折线式。

挡土墙横断面图的绘制，选择在起讫点、墙高最大处、墙身断面或基础形式变异处，以及其他必须桩号处的横断面图上进行。根据墙身形式、墙高和地基与填料的物理力学指标等设计资料，进行设计或套用标准图，确定墙身断面尺寸、基础形式和埋置深度，布置排水设施，指定墙背填料的类型等。

2. 纵向布置

纵向布置主要在墙趾纵断面图上进行，布置后绘制挡土墙正面图，如图 5.8 所示。

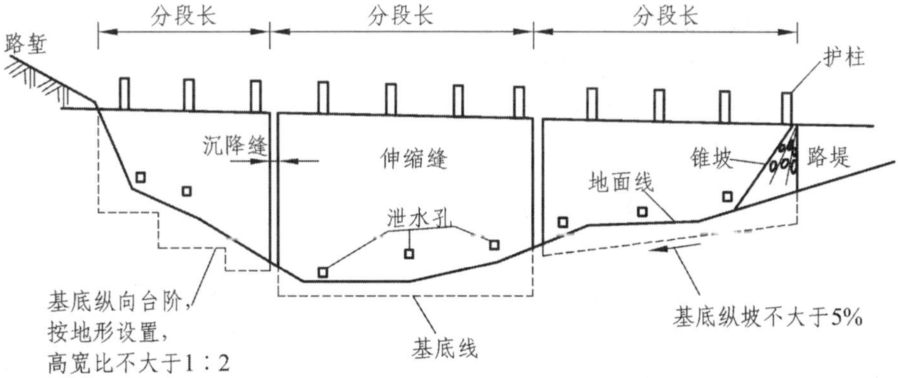

图 5.8　挡土墙正面图

（1）确定挡土墙的起讫点和墙长，选择挡土墙与路基或其他结构物的连接方式。

路肩墙与路堑连接应嵌入路堑中 2 ~ 3 m；与路堤连接采用锥坡和路堤衔接；与桥台连接时，为了防止墙后回填土从桥台尾端与挡土墙连接处的空隙中溜出，应在台尾与挡土墙之间设置隔墙及接头墙。

路堑挡土墙在隧道洞口应结合隧道洞门、翼墙的设置情况平顺衔接；与路堑边坡衔接时，一般将墙顶逐渐降低到 2 m 以下，使边坡坡脚不至于伸入边沟内，有时也可用横向端墙连接。

（2）按地基及地形情况进行分段，布置沉降伸缩缝的位置。

（3）布置各段挡土墙的基础。

沿挡土墙长度方向有纵坡时，挡土墙的纵向基底宜做成不大于 5% 的纵坡。当墙趾地面纵坡不超过 5% 时，基底可按此纵坡设置；若大于 5% 时，应在纵向挖成台阶，台阶的尺寸随地形而变化，但其高宽比不宜大于 1∶2。地基为岩石时，纵坡虽不大于 5%，为减少开挖，也可在纵向做成台阶。

（4）布置泄水孔和护栏（护桩或护墙）的位置，包括数量、尺寸和间距。

（5）标注各特征断面的桩号，及墙顶、基础、基底、冲刷线、冰冻线和设计洪水位的标高等。

3. 平面布置

对于个别复杂的挡土墙，如高的、长的沿河挡土墙和曲线路段的挡土墙，除了横、纵向布置外，还应作平面布置，并绘制平面布置图。

在平面图上，应标示挡土墙与路线平面位置的关系，与挡土墙有关的地物、地貌等情况，沿河挡土墙还应标示河道及水流方向，以及其他防护、加固工程等。

在挡土墙设计图纸上，应附有简要说明，说明选用挡土墙设计参数的依据、主要工程数量、对材料和施工的要求及注意事项等，以利指导施工。

（1）根据具体情况，通过技术和经济比较，确定墙趾位置。

（2）测绘墙趾处的纵向地面线，核对路基横断面图，收集墙趾处的地质和水文等资料。

（3）选择墙后填料，确定填料的物理力学计算参数和地基计算参数。

（4）进行挡土墙断面形式、构造和材料设计，确定有关计算参数。

（5）进行挡土墙的纵向布置。

（6）用计算法或套用标准图确定挡土墙的断面尺寸。

（7）绘制挡土墙立面、横断面和平面图。

5.1.3 重力式挡土墙稳定性验算

为保证挡土墙在土压力及外荷载作用下，有足够的强度及稳定性，在设计挡土墙时，应根据不同工况的荷载组合，按《铁路路基支挡结构设计规范》（TB 10025）进行稳定性检算，如顶部设有防护栏杆、接触网立柱或声屏障基础时，应考虑结构物顶部外力作用。

1. 抗滑动稳定性验算

如图 5.9 所示，在主动土压力（库仑土压力计算方法见《土力学与地基基础》）的水平分力 E_x 作用下，使挡土墙向外滑动，抵抗滑动的是基础底面与地基之间的摩阻力，抗滑力与滑动力的比值称为抗滑稳定系数，用 K_c 表示，在一

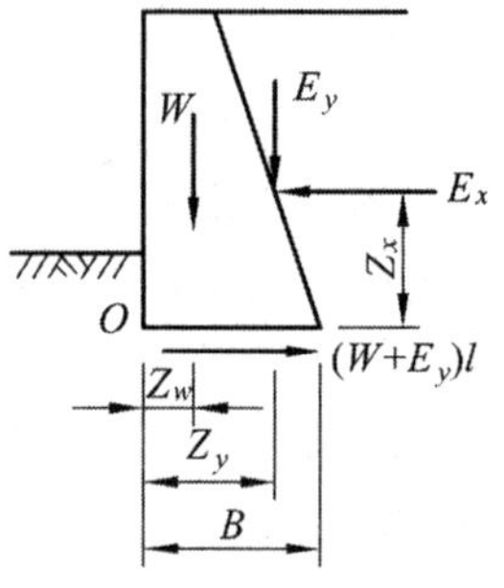

图 5.9　挡土墙的滑动与倾覆稳定

般情况下：

$$K_c = \frac{(W + E_y)}{E_x} \geqslant [K_c] \tag{5.1}$$

式中 W——挡土墙自重（kN）；

γ——主动土压力的水平与垂直分力（kN）；

f——基础底面（圬工）与地基土之间的摩擦系数，可通过现场试验确定，当无实测资料时，可参考表 5.2 选择；

$[K_c]$——容许的抗滑动稳定系数，不应小于 1.3，计入附加力时，不应小于 1.2，在架桥机等运架设备临时荷载作用下，不应小于 1.05。

表 5.2　基底与地基间的摩擦系数

地基类别	f	地基类别	f
硬塑黏土	0.25～0.30	碎（卵）石类土	0.40～0.50
粉质黏土、粉土、半干硬的黏土	0.30～0.40	软质岩石	0.40～0.60
砂类土	0.30～0.40	硬质岩石	0.60～0.70

当 $K_c < [K_c]$ 时，表明挡土墙的抗滑稳定性不足，可考虑采用下列措施，以增加其抗滑动稳定性：

（1）采用倾斜基底，设置向内倾斜的基底，可以增加抗滑力和减少滑动力，从而增加抗滑稳定性。基底倾角，对于土质地基不陡于 1∶5，对于岩石地基不陡于 1∶3。

（2）采用凸榫基础，在挡土墙基础底面设置混凝土凸榫，与基础连成整体，利用凸榫前土体所产生的被动土压力增加挡土墙的抗滑稳定性。

（3）更换基底土层，以增大基础底面与地基之间的摩擦系数。

（4）改变墙身断面形式和尺寸，以增大垂直力系，但单纯扩大断面尺寸，收效不大，也不经济。

2. 抗倾覆稳定性验算

墙趾总的稳定力矩与总的倾覆力矩之比称为抗倾覆稳定系数，用 K_0 表示。

$$K_0 = \frac{\sum M_y}{\sum M_0} = \frac{WZ_w + E_y Z_y}{E_x Z_x} \geqslant [K_0] \tag{5.2}$$

式中 $\sum M_y$——稳定力系对墙趾的稳定力矩（kN·m）；

$\sum M_0$——稳定力系对墙趾的倾覆力矩（kN·m）；

Z_x、Z_y——E_x、E_y 对墙趾的力臂（m）；

Z_w——墙重 W 对墙趾的力臂（m）；

$[K_0]$——容许的抗倾覆稳定性系数，不应小于 1.6，计入附加力时，不应小于 1.4，在架桥机等运架设备临时荷载作用下，不应小于 1.1。

当 $K_0 < [K_0]$ 时，表明挡土墙的抗倾覆稳定性不足，此时，可以考虑以下措施，以增加抗倾覆稳定性：

（1）加宽墙趾，即在墙趾处加宽基础，以增大力臂，但当墙趾前的横坡较陡时，会因加宽墙趾而使墙高增加。

（2）减缓墙面坡度，以增大力臂。

（3）改陡墙背坡度，以减小土压力。

（4）墙背设置衡重台，增加抗倾覆力矩。

3. 基底应力及偏心距的验算

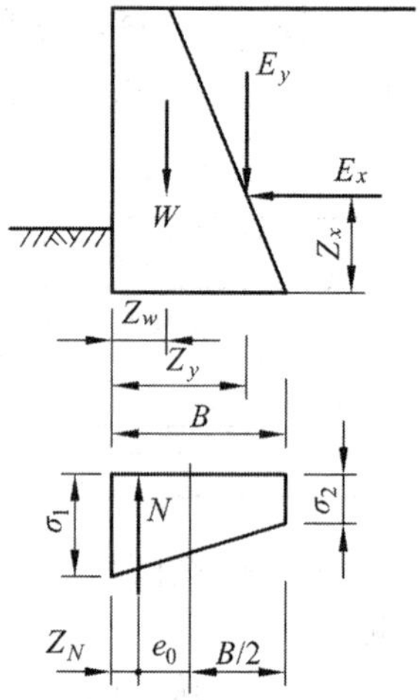

图 5.10　基底应力的偏心距

由图 5.10 可知，作用于基底的垂直力为 $N = W + E_y$，基底合力偏心距为 e_0，按力矩平衡原理来计算 N 对墙趾 O 的力臂 Z_N：

$$Z_N = \frac{WZ_w + E_y Z_y - E_x Z_x}{N} = \frac{WZ_w + E_y Z_y - E_x Z_x}{W + E_y} \tag{5.3}$$

合力的偏心距 e_0 按下式求得：

$$e_0 = \frac{B}{2} - Z_N = \frac{B}{2} - \frac{WZ_w + E_y Z_y - E_x Z_x}{W + E_y} \tag{5.4}$$

在偏心荷载作用下，基底的最大应力和最小应力为：

$$\left.\begin{matrix}\sigma_1\\ \sigma_2\end{matrix}\right. = \frac{N}{A} \pm \frac{\sum M}{W_0} = \frac{W + E_y}{B}\left(1 \pm \frac{6e_0}{B}\right) \leqslant [\sigma] \tag{5.5}$$

式中　N——基底合力垂直于基底面的分力（kN）；

$\sum M$——作用在挡土墙上的水平力和垂直力对基底重心的弯矩（kN · m）；

A——基础底面的面积（m^2）；

B——基底宽度（m）；

W_0——基础底面的截面抵抗距（m^3），$W_0 = \frac{1}{6}B^2$；

e_0——基底合力的偏心距（m）；

$[\sigma]$——地基容许承载力（kPa），按现行相关规范的规定采用。

当 $e_0 > \frac{B}{6}$ 时，σ_2 为负值，即基底墙踵一侧出现拉应力，这是不容许的，可仅按受压区计算基底最大压应力，不考虑基底承受拉应力，见图 5.11。其最大应力 σ_{max} 按下式计算：

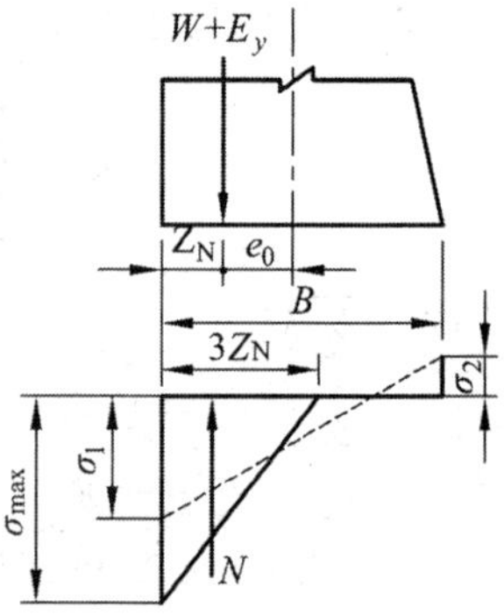

图 5.11　偏心距过大时的基底应力分布

$$\sigma_{max} = \frac{2}{3} \cdot \frac{N}{Z_N} = \frac{2}{3} \cdot \frac{W + E_y}{\frac{B}{2} - e_0} \leqslant [\sigma] \tag{5.6}$$

从上述分析可知，合力偏心距 e_0 直接影响到基底应力的大小和性质（拉或压），如 e_0 过大，即使基底应力小于地基容许承载力，但由于墙趾压应力 σ_1 与墙踵压应力 σ_2 相差过大，亦可能引起基础产生不均匀沉陷，从而导致墙身过分倾斜，为此应控制偏心距。偏心距 e_0 应符合下列要求：

土质地基：$e_0 \leqslant B/6$；石质较差的岩石地基：$e_0 \leqslant B/5$；坚硬的岩石地基：$e_0 \leqslant B/4$。

4. 墙身断面强度计算

重力式挡土墙一般均属于偏心受压，故截面强度应按偏心受压构件进行验算：通常选择一两个控制性断面进行墙身应力和偏心距验算，如墙身底部、二分之一墙高和断面形状突变处。

（1）法向应力验算。

如图 5.12 所示，断面 1—1 为验算截面。若截面以上墙背受的主动土压力为 E_1，其水平与垂直分力分别为 E_{1x}、E_{1y}，此截面以上的墙重为 W_1，这时作用于断面 1—1 的合力偏心距 e_1 为：

$$e_1 = \frac{B_1}{2} - Z_{1N} = \frac{B_1}{2} - \frac{W_1 Z_{1W} + E_{1y} Z_{1y} - E_{1x} Z_{1x}}{W + E_{1y}} \tag{5.7}$$

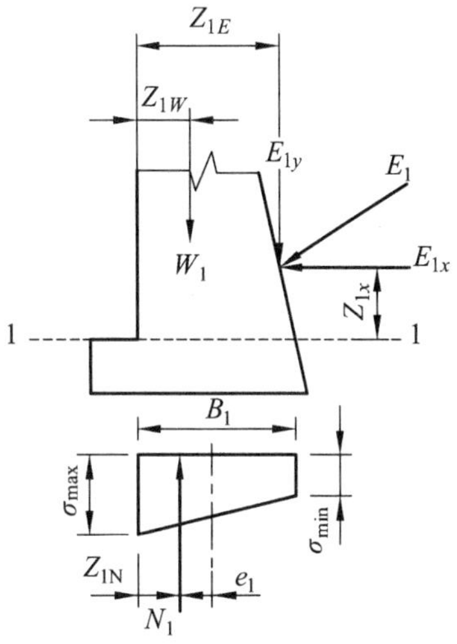

图 5.12 墙身断面强度计算

断面两边缘法向应力为：

$$\begin{matrix}\sigma_{max} \\ \sigma_{min}\end{matrix} = \frac{W + E_y}{B_1}\left(1 \pm \frac{6e_1}{B_1}\right) \leqslant [\sigma_0] \tag{5.8}$$

式中 B_1——断面 1—1 处墙身的宽度（m）；

σ_{max}、σ_{min}——验算断面的最大与最小法向应力（kPa）；

$[\sigma_0]$——圬工砌体的容许压应力（kPa）。

（2）切应力验算。

1—1 断面上的切应力为：

$$\tau_1 = \frac{E_{1x}}{B_1} \leqslant [\tau] \tag{5.9}$$

式中 $[\tau]$——圬工砌体的容许切应力（kPa），按有关规范采用。

当墙身断面出现拉应力时，应考虑裂缝对受剪面积的折减。一般情况下，由于墙身截面的切应力远小于其容许值，可不进行这方面的验算。

5.2 悬臂式和扶壁式挡土墙

悬臂式和扶壁式挡土墙的结构稳定性是依靠墙身自重和墙踵板上方填土的重力来保证的，而且墙趾板的设置也显著地增大了挡土墙的抗倾覆稳定性。它们的主要特点是构造简单，施工方便，墙身断面较小，自身质量轻，可以较好地发挥材料的强度性能，能适应承载力较低的地基。但是需耗用一定数量的钢材和水泥，特别是墙高较大时，钢材用量急剧增加，影响其经济性能。

5.2.1　悬臂式和扶壁式挡土墙结构组成

悬臂式挡土墙由立壁、墙趾板和墙踵板三个部分组成，呈倒“T”字形，具有三个悬臂，即立壁、墙趾板和墙踵板，如图 5.13（a）所示。扶壁式挡土墙由墙面板（立壁）、墙趾板、墙踵板及扶肋组成，如图 5.13（b）所示。扶肋把立壁同墙踵板连接起来，起加筋作用，以改善墙面板和墙踵板的受力条件，提高结构的刚度和整体性。

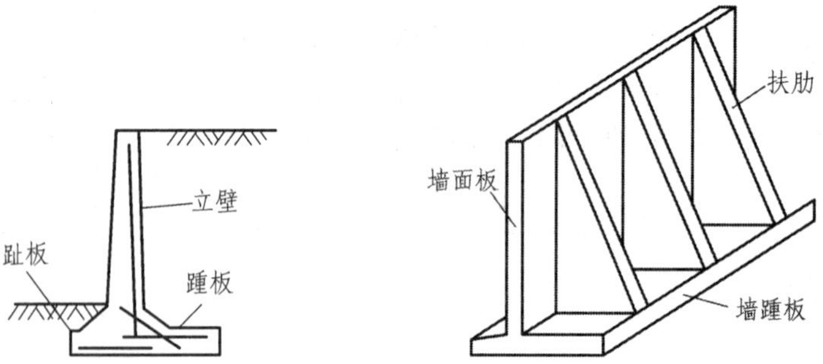

（a）悬臂式挡土墙　　（b）扶壁式挡土墙

图 5.13　薄壁式挡土墙

悬臂式和扶壁式挡土墙适用于缺乏材料的地区。由于受墙踵板的施工条件限制，它们一般仅用于填方路段做路肩墙或路堤墙使用。悬臂式挡土墙的高度不大于 6 m，当墙高大于 4 m 时，宜在墙面板加肋。扶壁式挡土墙宜整体灌注，也可以采用拼装，但拼装扶壁式挡土墙不宜在地质不良地段和地震烈度大于或等于Ⅷ度的地区使用。

5.2.2　悬臂式和扶壁式挡土墙构造要求

墙身混凝土强度等级不宜低于 C30，受力钢筋直径不应小于 12 mm。墙后填筑应在墙身混凝土强度达到设计强度的 70% 时进行。填料应分层开实，反滤层应在填筑过程中及时施工。

墙面板（悬臂式挡土墙为悬臂板）、扶壁的混凝土保护层厚度应满足现行《铁路混凝土结构耐久性设计规范》（TB 10005—2010）的有关要求。趾板和踵板钢筋的混凝土保护层厚度不宜小于 70 mm。

浇灌混凝土时，应一次完成浇灌。如有间断，第二次浇灌时，应保证新混凝土与已浇灌混凝土黏结牢固。

伸缩缝的间距不应大于 20 m，沉降缝、泄水孔的设置应符合《铁路混凝土结构耐久性设计规范》对重力式挡土墙的规定。

5.3 加筋土挡土墙

5.3.1 加筋土挡土墙结构组成

加筋土挡土墙是一种用加筋土技术修建的轻型支挡结构，是由墙面系、拉筋和填土共同组成的挡土结构，其结构形式如图 5.14。加筋土挡墙的原理是借助于拉筋与填土间的摩擦力来提高填土的抗剪强度，从而保证土体平衡。

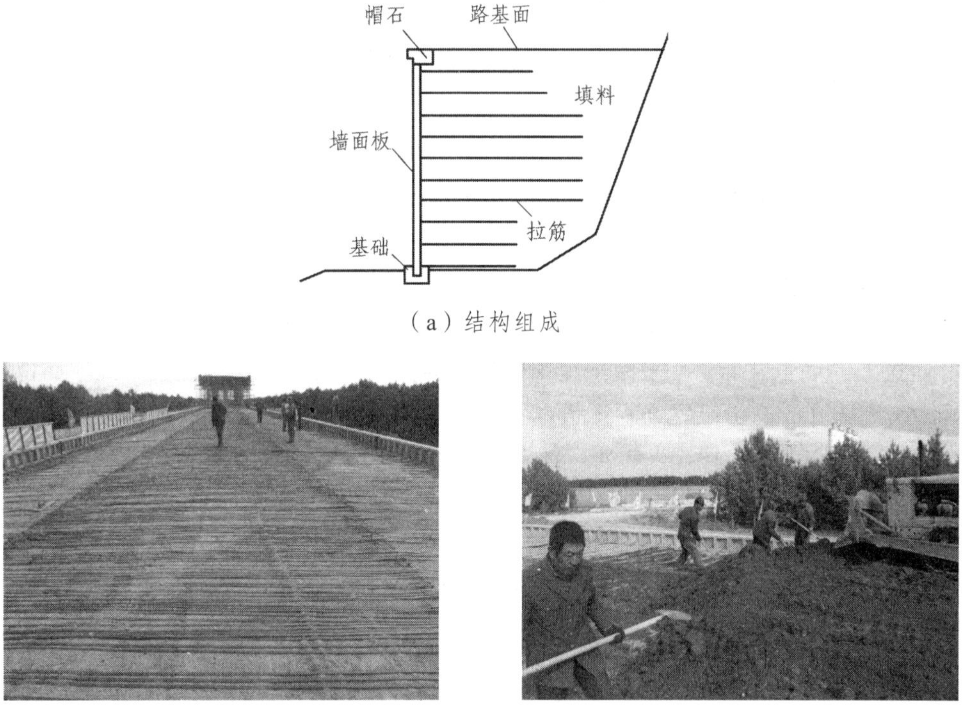

（a）结构组成

（b）施工布设

（c）施工布设

图 5.14 加筋土挡土墙

加筋土挡土墙适用于Ⅰ、Ⅱ级铁路一般地区、地震地区的路肩地段和路堤地段。加筋土挡土墙的单级高度不宜大于 10 m，当墙高大于 10 m 时应作特殊设计。加筋土路肩墙墙顶宜设在基床表层底面高程处，路堤墙墙顶应设平台，平台宽度不宜小于 1.0 m。

1. 填 料

填料是加筋土工程的主体材料，一般要求填料易压实；能与拉筋产生足够的摩擦力；满足化学和电化学标准；水稳定性好（浸水工程）。

加筋土挡土墙的填料应采用砂类土（粉砂、带砂除外）、砾石类土、碎石类土，也可选 C 组细粒土填料，不得采用块石类土。填料的物理力学指标应根据试验确定。当缺少试验数据时，可按《铁路路基支挡结构设计规范》（TB 10025）中第 3.2 节对重力式挡土墙填料的相关规定采用。

2. 筋　带

拉筋的主要作用是与填料产生摩擦力，并承受结构内部的拉力。因此，拉筋必须具有以下特性：具有较高的强度，受力后变形小；较好的柔性与韧性；表面粗糙，能与填料产生足够的摩擦力；抗腐蚀性和耐久性好；加工、接长和与面板的连接简单。

加筋土挡土墙的拉筋材料宜采用土工格栅、复合土工带或钢筋混凝土板条等。拉筋材料应具有下列性能：

（1）抗拉强度高、延伸率小和蠕变变形小。

（2）加筋土界面之间具有足够的摩擦力。

（3）有较好的耐腐蚀性和抗老化性。

（4）当采用土工合成材料拉筋时，尚应符合《铁路路基土工合成材料应用设计规范》（TB 10118）的有关规定。

3. 面　板

面板的主要作用是防止端部土体从拉筋间挤出。

（1）一般规定。

① 面板设计应满足坚固、美观、运输方便和易于安装等要求。

② 面板一般采用混凝土预制件，其强度等级不应低于 C18，厚度不应小于 8 cm。

③ 面板上的筋带结点，可采用预埋钢拉环、钢板锚头或预留穿筋孔等形式。钢拉环应采用直径不小于 10 mm 的Ⅰ级钢筋；钢板锚头应采用厚度不小于 3 mm 的钢板。露于混凝土外部的钢拉环、钢板锚头应做防锈处理，聚丙烯土工带与钢拉环的接触面应做隔离处理。

④ 面板四周应设企口和相互连接的装置。当采用插销连接装置时，插销直径不应小于 10 mm。

（2）混凝土面板的外形。

混凝土面板的外形可选用十字形、槽形、六角形、L 形和矩形等，一般尺寸见表 5.3。墙顶和角隅处可采用异形面板和角隅面板。

表 5.3　面板尺寸

类型	简图	高度/mm	长度/mm	厚度/mm
十字形	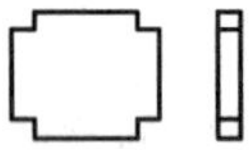	50 ~ 150	50 ~ 150	8 ~ 22
槽形	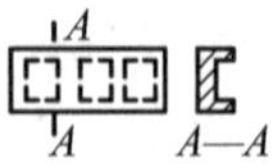	30 ~ 75	100 ~ 120	14 ~ 20
六角形		60 ~ 120	70　~ 180	8 ~ 22
L 形	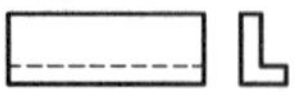	30 ~ 50	100 ~ 200	8 ~ 12
矩形		50 ~ 100	100 ~ 200	8 ~ 22

注：1. L 形面板下缘宽度一般采用 20 ~ 25 mm，厚 8 ~ 12 mm；
　　2. 槽形面板的底板和翼板厚度不应小于 5 cm。

5.3.2 加筋土挡土墙构造要求

加筋土挡土墙一般由加筋体、基础、排水设施和沉降伸缩缝等几部分构成。

1. 加筋体

帽石应采用 C15 混凝土现场灌筑，分段长度可取 2～4 块墙面板宽度，且不应大于 4.0 m，厚度不应小于 0.5 m。当设栏杆时，应在帽石内预埋 U 形螺栓。

墙面的平面线形可采用直线、折线和曲线。直立墙墙面板安装施工时，面板应适当后仰，倾斜度宜为 20∶1。相邻墙面的内夹角不宜小于 70°。墙面板应设榫口或连接件与周边墙面板间相互密贴。包裹式挡土墙墙面板宜采用在加筋体中预埋钢筋的方法与墙面板进行连接，钢筋埋入加筋体中的锚固长度不宜小于 3.0 m，钢筋直径一般为 16～22 mm。墙面板上的金属连接件及金属拉筋应进行防锈处理，受力钢构件应预留 2 mm 的防锈蚀厚度。

加筋区填料应分层填筑压实，填料压实标准应符合现行《铁路路基设计规范》（TB 10001—2006）的规定。填料与筋带直接接触部分不应含有尖锐棱角的块体，填料中最大粒径不应大于 10 cm，且不宜大于单层填料压实厚度的 1/3。加筋区内填砂黏土、砂粉土时，路基顶面应设置柔性封闭层，墙面板内侧应设 30 cm 厚的砂卵石反滤层。

拉筋应平直铺设于密实填土上，底部应与填土密贴。拉筋竖向间距不宜大于 1.0 m。采用复合土工带或钢筋混凝土板条作拉筋时，其水平向间距亦不宜大于 1.0 m。采用钢板条拉筋时，截面内应设置必要的防裂钢筋，其所有连接部分应采用沥青砂浆封闭。拉筋长度在满足稳定条件下尚应按下列原则确定：

（1）土工格栅的拉筋长度不应小于 0.6 倍墙高，且不应小于 4.0 m。

（2）钢筋混凝土板条拉筋长度不应小于 0.8 倍墙高，且不应小于 5.0 m。

（3）当墙高小于 3.0 m 时，拉筋长度不应小于 4.0 m，且应采用等长拉筋。当采用不等长的拉筋时，同长度拉筋的墙段高度不应小于 3.0 m，且同长度拉筋的截面也应相同。相邻不等长拉筋的长度差不宜小于 1.0 m。

（4）当采用钢筋混凝土板条拉筋时，每段钢筋混凝土板条长度不宜大于 2 m。

包裹式加筋土挡土墙拉筋应采用统一的水平回折包裹长度，其长度应大于计算值，且不宜小于 2.0 m。加筋土体最上部 1、2 层拉筋的回折长度应适当加长。

拉筋顶面填土时，严禁沿拉筋方向推土和施工车辆直接碾压拉筋，碾压前拉筋顶面的填土厚度不应小于 0.2 m。

筋材之间连接或筋材与墙面板连接时，连接强度不得低于设计强度。墙面板与土工格栅及复合土工带拉筋之间应采用连接棒或其他连接方式等强度连接；墙面板与钢筋混凝土板条拉筋之间以及钢筋混凝土板条拉筋段之间应采用电焊等强度连接。

2. 基 础

墙面板下应设置厚度不小于 0.4 m 的 C15 混凝土条形基础。但属下列情况之一者可不设：

（1）面板筑于石砌圬工或混凝土之上。

（2）地基为基岩。

对土质地基和风化层较厚难全部清除的岩石地基，基础的埋置深度不应小于 0.6 m。浸水地区和冰冻地区的基础埋置深度要求同重力式挡土墙。

软弱地基上的加筋土挡土墙，当地基承载力不能满足要求时，应进行地基处理。加筋土挡土墙的基底可做成水平或结合地形做成台阶形。

3. 排水设施

对可能危害加筋体的地面水和地下水，应擦去适当的排水或防水措施。当加筋体背后有地下水渗入时，应设置通向加筋体的排水层，如图 5.15 所示。排水层采用砂砾，其厚度不小于 0.5 m。

当加筋体顶面有渗水可能时，应采用防渗封闭措施。

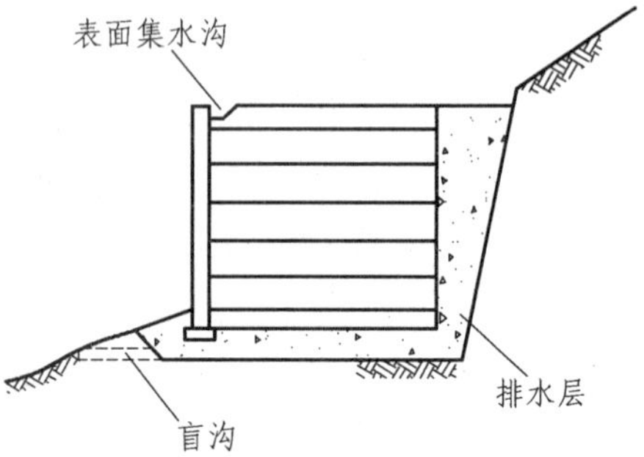

图 5.15　排水层示意图

4. 沉降缝和伸缩缝

沿墙每隔 20 ~ 30 m 或基底地层变化处应设置 2 cm 宽的沉降缝，并在面板内侧沿整个墙高设置宽 20 cm 的反滤层。

沉降缝、伸缩缝宽度一般为 1 ~ 2 cm，可采用沥青板、软木板或沥青麻絮等填塞。

5.4　锚杆挡土墙

锚杆式挡土墙墙后侧向土压力由挡土板传给立柱，由锚杆与稳定岩层或上层之间的锚固力，使墙获得稳定。它适用于墙高较大、缺乏石料或挖基困难地区具有锚固条件的路堑挡土墙。

5.4.1　锚杆挡土墙结构组成

锚杆挡土墙由预制的钢筋混凝土立柱、挡土板构成墙面，与水平或倾斜的钢锚杆联合组成，见图 5.16。锚杆的一端与立柱连接，另一端被锚固在山坡深处的稳定岩层或土层中。

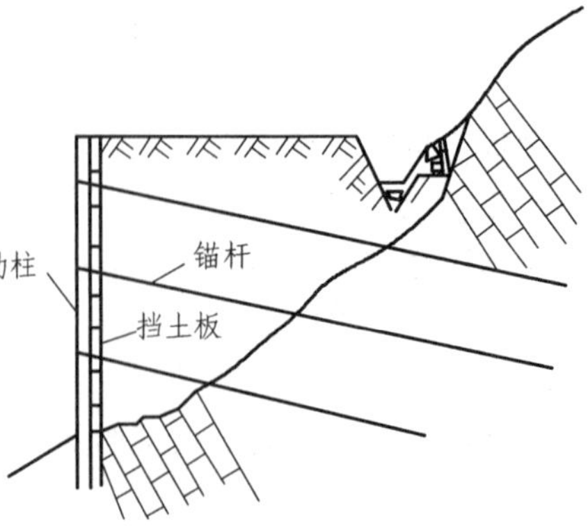

（a）结构组成

（b）施工布设

图 5.16　锚杆挡土墙

锚杆挡土墙根据地质及工程具体情况，可选用肋柱式、板肋式、无肋柱式或格构式等结构形式。

肋柱式锚杆挡土墙，根据地形可采用单级或多级，在多级墙上、下两级墙之间应设置平台，平台宽度不宜小于 2.0 m。每级墙高度不宜大于 8 m，可根据地质和施工条件确定，总高度不宜大于 18 m。

肋柱式锚杆挡土墙肋柱间距宜为 2 ~ 3 m，板肋式锚杆挡土墙肋柱的间距宜为 3 ~ 6 m，格构式锚杆挡土墙的肋柱间距宜为 3 ~ 5 m。肋柱可采用预制单根整柱，亦可采用分段拼装或就地灌筑。每级肋柱上的锚杆可设计为双层或多层。

锚杆可按弯矩相等或支点反力相等的原则布置，向下倾斜，每层锚杆与水平面的夹角不应大于 45°，宜为 15° ~ 25°，间距不应小于 2.0 m。

5.4.2　锚杆挡土墙构造要求

肋柱和墙面板的混凝土强度等级宜为 C30。肋柱和墙面板钢筋的混凝土保护层厚度应满足铁路混凝土结构耐久性设计的有关要求。

锚杆钢筋宜选用带肋钢筋或高强精轧螺纹钢筋，不宜采用镀锌钢材，其直径宜为 18 ~ 32 mm。钢筋每孔不宜多于 3 根。锚杆未锚入地层部分应进行防锈处理。腐蚀环境下，钢筋表面可采用环氧涂层等处理措施。

锚孔应严格执行灌浆施工工艺要求。当采用水冲洗影响锚杆的抗拔强度时，应采用高压风吹净。锚孔直径应根据锚杆的布置、灌浆管尺寸及钢筋支架位置确定。锚孔注浆材料应采用水泥砂浆，其强度等级不应低于 M30。注浆采用孔底注浆法。安装肋柱或墙面板应待锚孔砂浆达到设计强度的 70% 方可进行。

肋柱的基础应采用 C20 混凝土。各分级挡土墙之间的平台顶面，宜用 C20 混凝土封闭，其厚度宜为 15 cm，并设 2% 横向向外排水坡。

5.5 锚定板挡土墙

5.5.1 锚定板挡土墙结构组成

锚定板式挡土墙是由钢筋混凝土墙面、钢拉杆、锚定板以及其间的填土共同形成的一种组合挡土结构，见图 5.17。在这个整体结构的内部，存在着作用于墙面上的土压力，拉杆的拉力和锚定板的抗拔力等相互作用的内力，这些内力必须相互平衡，才能保证结构内部的稳定。同时，在锚定板挡土墙的周围边界上，还存在着从边界外部传来的土压力、活载以及结构自重所产生的作用力和摩擦力，这些外力也必须互相平衡。锚定板式挡土墙的特点在于构件断面小，工程量省，不受地基承载力的限制，构件可顶制，有利于实现结构轻型化和施工机械化。它适用于缺乏石料地区的路肩墙或路堤墙。

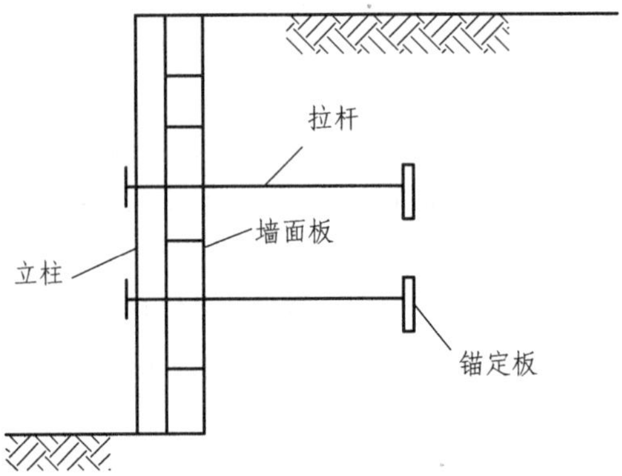

图 5.17　锚定板式挡土墙

锚定板挡土墙按墙面结构形式可分为肋柱式和无肋柱式两种。肋柱式挡土墙的墙面由肋柱与挡土板拼装而成，根据运输和吊装能力可采用单根肋柱，也可以分段拼接，上下肋柱之间用榫连接。按肋柱上的拉杆层数还可分为单层拉杆、双层拉杆和多层拉杆锚定板式挡土墙。无肋柱式挡土墙的墙面板（壁面板）可采用矩形或十字形板拼装而成，墙面板直接用拉杆与锚定板连接。锚定板式挡土墙可根据地形采用单级或多级，单级锚定板式挡土墙的高度通常不大于 6 m，双级墙的总高度不宜大于 10 m。分级设计时，上、下两级墙之间应设置平台，平台宽度一般不小于 2 m。为了减少因上级墙肋柱下沉对下级墙拉杆的影响，上级墙肋柱与下级墙肋柱沿路线方向的位置应该相互错开。

5.5.2 锚定板挡土墙构造要求

锚定板挡土墙的墙面板、肋柱及锚定板等钢筋混凝土构件的强度等级不应小于 C30。

锚定板挡土墙肋柱不得前倾，应适当向填土一侧倾斜，其仰斜度宜为 20∶1。肋柱吊装时，应在肋柱基础的杯座槽内铺垫沥青砂浆。

锚定板挡土墙拉杆、螺丝端杆宜选用可焊性和延伸性良好的钢材，也可采用 45SiMnV 精轧螺纹钢材作为拉杆，埋于土中部分的拉杆，应进行防锈处理。肋柱与锚定板均应预留拉杆孔洞。锚定板、肋柱与螺丝端杆连接处，在填土前宜用沥青砂浆充填，并用沥青麻筋塞缝，外露的端杆和部件应在填土下沉基本稳定后，再用水泥砂浆封填。

拉杆及锚定板埋设时，应在填土夯填至拉杆高度以上 20 cm 后再挖槽就位。锚定板前方超挖部分应用混凝土或灰土回填夯实。挖槽时，宜使锚定板比设计位置抬高 3 ~ 5 cm，不得直接碾压拉杆或锚定板。

锚定板挡土墙墙后填料应采用砂类土（粉砂、黏砂除外）、砾石类土、碎石类土，也可采用符合规定的细粒土；不得采用膨胀土、盐渍土，严禁采用有腐蚀作用的酸性土和有机质土。当墙后填料为细粒土时，路基顶面应采取防排水措施，设置柔性封闭层。墙后填料应分层填筑压实，并应符合《铁路路基设计规范》（TB 10001—2016）的有关规定。

锚定板挡土墙应在墙背底部至墙顶以下 0.5 m 范围内，填筑不小于 0.3 m 厚的渗水性材料或用无砂混凝土板、土工织物作为反滤层，并应采取排水措施。

锚定板墙基础应采用 C20 混凝土。分级墙之间的平台顶面宜用 C15 混凝土封闭，其厚度宜为 15 cm，并设 2% 向外横向排水的坡度。

5.6 土钉墙

5.6.1 土钉墙结构组成

土钉墙是一种原位土体加筋技术，是用由钢筋制成的土钉对基坑边坡进行加固，在边坡表面铺设一道钢筋网，再喷射一层混凝土面层和土方边坡相结合的边坡加固型支护施工方法。其构造为设置在坡体中的加筋杆件（即土钉或锚杆）与其周围土体牢固黏结形成的复合体，以及面层所构成的类似重力挡土墙的支护结构，结构形式见图 5.18（a）。

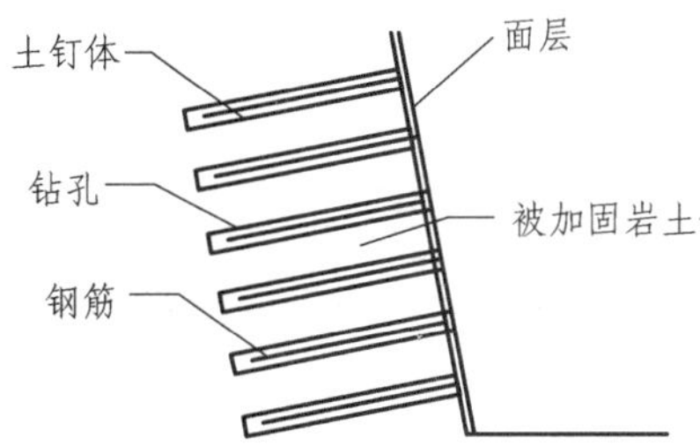

（a）结构组成

（b）施工布设

图 5.18　土钉墙

土钉墙适用于一般地区土质及破碎软弱岩质路堑地段。在腐蚀性地层、膨胀土地段及地下水较发育或边坡土质松散时，不宜采用土钉墙。

土质边坡土钉墙总高度不应大于 10 m，岩质边坡土钉墙总高度不应大于 18 m，单级土钉墙高度宜控制在 10 m 以内。土钉墙墙面胸坡坡度宜为 1：0.1～1：0.4。根据地形地质条件，边坡较高时宜设多级。多级墙上、下两级之间应设置平台，平台宽度不宜小于 2 m，每级墙高不宜大于 10 m。

土钉的长度应为墙高的 0.5～1.0 倍，间距宜为 0.75～2 m，与水平面夹角宜为 5°～20°。土钉墙分层开挖高度，土层宜为 0.5～2 m，岩层宜为 1.0～4.0 m。

5.6.2 土钉墙构造要求

土钉墙面层喷射混凝土厚度宜为 120～200 mm，不应小于 80 mm。喷射混凝土强度等级不宜低于 C20。喷射混凝土面层应配置钢筋网，钢筋直径宜为 6～10 mm，间距宜为 150～300 mm，钢筋网搭接宜采用焊接。喷射混凝土面层中间夹钢筋网时，钢筋网应与面层有效连接，土钉外端与钢垫板或加强钢筋应通过螺丝端杆锚具或焊接进行连接。

面层应设泄水孔，泄水孔后应设土工合成材料、无砂混凝土板反滤层。边坡渗水严重时应设置仰斜 5°～10° 的排水孔，排水孔长度较土钉略长，孔内应设置透水管或凿孔的聚乙烯管，并充填粗砂（图 5.18b）。

土钉钉材可采用 HRB 400 钢或 HRB 335 钢，土钉直径为 16～32 mm，钻孔直径宜为 70～130 mm。土钉钢筋应设定位支架。腐蚀环境下可采用钢筋表面环氧涂层等措施。钉孔注浆材料宜采用水泥浆或水泥砂浆，其强度宜为 M30，不应低于 20 MPa。边坡渗水较严重时，宜添加膨胀剂。注浆应采用孔底注浆法，注浆压力宜为 0.2 MPa。

土钉墙设计与施工均应遵循"保住中部、稳定坡脚"的原则。边坡中部的土钉宜适当加密、加长，坡脚用混凝土脚墙加固，并使之与土钉墙连成一个整体。

5.7 桩板式挡土墙

5.7.1 桩板式挡土墙结构组成

桩板式挡土墙是指利用板桩挡土，靠自身锚固力或设帽梁、拉杆及固定在可靠基础上的锚板维持稳定的挡土墙结构，见图 5.19，适用于一般地区、漫水地区和地震区的路堑和路堤，也可用于滑坡等特殊路基的支挡结构设计。

桩板式挡土墙的桩间距、桩长和截面尺寸应综合考虑确定。桩的自由悬臂长度不宜大于 15 m，桩的截面尺寸不宜小于 1.25 m，截面形式可采用矩形或 T 形。桩间距宜为 5～8 m。桩板墙顶位移应小于桩悬臂端长度的 1/100，且不宜大于 10 cm。

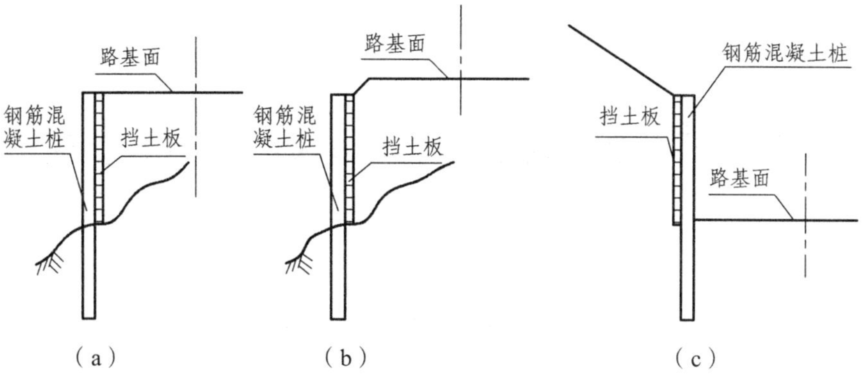

图 5.19　桩板式挡土墙

5.7.2　桩板式挡土墙构造要求

锚固桩和挡土板的混凝土强度等级不宜低于 C30，桩身中主筋宜采用 HRB 400，箍筋和挡土板中的主筋可采用 HRB 335 钢或 HRB 400 钢。

锚固桩纵向受力钢筋直径不应小于 16 mm。净距不宜小于 120 mm，困难情况下可适当减小，但不得小于 80 mm，当用束筋时，每束不宜多于 3 根。当配置单排钢筋有困难时，可设置 2 排或 3 排。受力钢筋的混凝土保护层厚度不应小于 70 mm。

锚固桩内不宜设置斜筋，可采用调整箍筋的直径、间距和桩身截面尺寸等措施，满足斜截面的抗剪强度。箍筋宜采用封闭式，肢数不宜多于 4 肢，其直径不宜小于 14 mm，间距不应大于 400 mm。

锚固桩的两侧和受压边，应适当配置纵向构造钢筋，其间距不应大于 300 mm，直径不宜小于 12 mm。桩的受压边两侧，应配置架立钢筋，其直径不宜小于 16 mm。当桩身较长时，纵向构造钢筋和架立钢筋的直径应增大。

桩上设置钢筋锚杆时，一根锚杆不宜多于 3 根钢筋，钢筋直径不宜大于 32 mm。灌注锚索（杆）孔的水泥（砂）浆强度等级不宜低于 M30。

设牛腿的锚固桩，牛腿的高度不宜小于 40 cm，宽度不宜小于 30 cm。

当采用拱形挡土板时，不宜采用素混凝土，应沿径向和环向配置一定数量的构造钢筋，构造钢筋间距不宜大于 250 mm，直径不宜小于 10 mm。

复习思考题

1. 挡土墙的类型有哪些？其各具有什么特点？
2. 重力式挡土墙的构造要求有哪些？其验算项目有什么？
3. 挡土墙稳定性验算的步骤有哪些？
4. 加筋土挡土墙的组成及各结构的作用？
5. 悬臂式挡土墙的组成及各结构的作用？
6. 挡土墙施工要求及注意事项有哪些？

第 6 章　特殊土地区的路基施工与养护技术

6.1　软土地区路基

我国幅员辽阔，地形、地质等复杂，尤其是南方地区软土地基成为铁路路基面临的巨大问题，所以以下就软土地区路基加固及施工问题进行详细介绍。

6.1.1　软土工程特征

从广义上说，软土是指强度低、压缩性高的软弱土层，可将其分为软黏性土、淤泥质土、淤泥、泥炭质土及泥炭 5 种类型，习惯上把前 3 种总称为软土。软土主要分布在我国滨海平原、河口三角洲、湖盆地周围及山涧谷地。其主要工程特性为：天然含水量高、孔隙比大、透水性差、压缩性高、灵敏度高、抗剪强度低、流变性显著。所以，在软弱路基设计和施工处理过程中，必须通过直剪、无侧限压缩、三轴压缩、十字板剪切等试验对其进行详细的研究，掌握软土的性质和土层特征（特别是软土的强度和变形动态变化规律），采取合适的工程施工方法，才能保证软弱路基在施工期间的稳定并控制铁路的工后沉降。

6.1.2　软土路基处理方法

1. 改变路堤本身的结构，对地基不做处理

（1）反压护道。

反压护道即在路堤的两侧（或一侧）填筑适当高度与适当宽度的反压平台（护道），在护道荷载重的作用下，形成反向力矩来平衡路堤填土的滑动力矩，从而保证路堤的稳定，结构见图 6.1。

图 6.1　反压护道图

其适用于在路堤高度不大于 2 倍的极限高度的非耕作区。反压护道的填筑高度应小于（1/3 ~ 1/2）的路基高度且应小于填筑临界高度，宽度应根据滑动圆弧法确定。

反压护道应与路堤全宽度同时填筑上升，不得先填筑路堤，后筑护道，以免引起塌方，以保证堤坝的稳定性。当未能同时填筑时，也应在路堤填至极限高度前将反压护道填筑好。反压护道的压实度应达到重型击实标准的 90%。当地基过分软弱时，有时地基在反压护道的重力作用下破坏，反压护道的高度也不应大于土的临界高度，所以在不得已情况下或堤身过高时，用一级反压平台不能满足要求，常常用多级反压法使地基稳定。当软土层较薄且其下卧岩层面具有明显的横向坡度时，应采用两侧不同宽度的反压护道，横坡下方的护道应较横坡上方的护道宽一些。

反压护道还可以与其他处理地基的方法配合使用，从而增大加固效果、节约建材和少占耕地。例如，将反压护道与砂垫层并用，可节约材料和加快软土固结；也可配合齿墙（侧向约束），防止地基侧向变形，这对软土层较薄的情况尤其适用。

（2）土工织物铺垫。

在软土地基表层铺设一层或多层土工织物，可以减少路堤填筑后的地基不均匀沉降，又可以提高地基的承载能力，同时也不影响排水。对于淤泥类高含水量的超软弱地基，在采用砂井及其他深层加固法之前，土工织物铺垫可作为前期处理，以提高施工的可能性。

2. 排水固结

（1）排水砂井。

砂井是利用各种打桩机具击入钢管，或用高压射水、爆破等方法在地基中获得按一定规律排列的孔眼并灌入中、粗砂形成砂柱。

砂井顶面应铺设垫层或砂沟，以构成完整的地基排水系统。

砂井适用于软土层厚度大于 5 m 时；路堤高度为（1/3 ~ 1/2）H，或路堤高度小于 $H/3$，但四周为种植土路基的地基加固。

砂井一般为梅花形布置，井间距为 2 ~ 4 m，井直径为 30 ~ 40 cm，井长视软土深度及滑动面而定，最大有效处理深度为 18 m。

（2）袋装砂井。

井径对固结时间的影响没有井距那样敏感。但一般砂井如果井径太小，既无法施工，也无法防止因地基变形而断开失效。因此，现在广泛采用网状织物袋装砂井。

袋装砂井直径仅 8 cm 左右，比一般砂井要省料得多，造价比一般砂井低廉，且不会因施工操作上的误差或地基发生水平和垂直变形而丧失其连续性。最大有效处理深度为 18 m。

袋装砂井施工注意事项：

① 砂袋的技术指标应符合设计要求。砂料应采用风干的中、粗砂，不应含草根、垃圾等杂质，含泥量不得大于 3%。

② 砂袋要有足够的强度、耐腐蚀性能、抗风化性能等。

③ 注意施工时不能刮破砂袋。

袋装砂井施工流程如图 6.2。

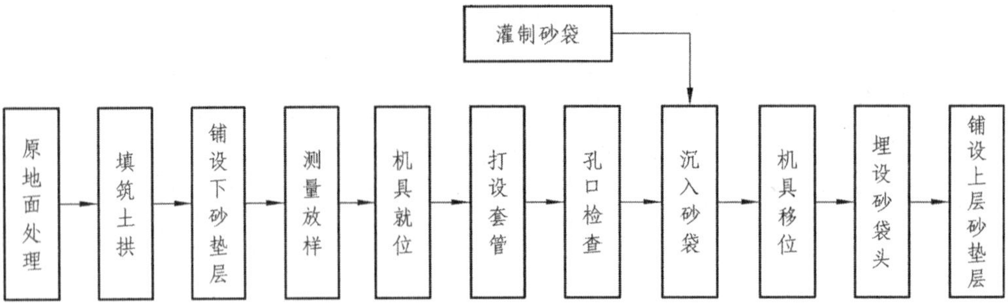

图 6.2 袋装砂井施工流程图

施工所用机械、过程及效果图如图 6.3 所示。

图 6.3 施工效果图

（3）塑料排水板。

塑料排水板是带有孔道的板状物体，插入土中形成竖向排水通道。因其施工简单、快捷，应用较为广泛。

塑料排水板由滤膜及芯板组成，常见的芯板有槽形或直接填入无纺织物等，排水板厚约 40 cm，一般由插板机插入地基，最大有效处理深度为 18 m。

施工注意事项：

① 排水板与桩尖连接应牢固，桩尖平端与导管靴配合要适当，避免错缝。

② 打设后排水板一般外露 20 cm，外露部分不得遭污染，应及时清除排水板周围带出的泥土并用砂子回填密实。

③ 安装及打设过程中塑料排水板不得被扭曲，透水膜不得被撕破和污染，并防止泥土等杂物进入排水板滤膜内。

④ 塑料排水盘带进场后应妥善存放，禁止长时间在阳光下暴晒。

⑤ 塑料排水板不得接长使用，在特殊情况下需要接长时，必须拨开滤膜，芯板搭接 20 cm，且不得超过 1%。

⑥ 塑料排水板打入深度应符合设计要求，当拔导管将塑料排水板带出长度大于 0.5m 时，必须重新补打。

施工流程见图 6.4。

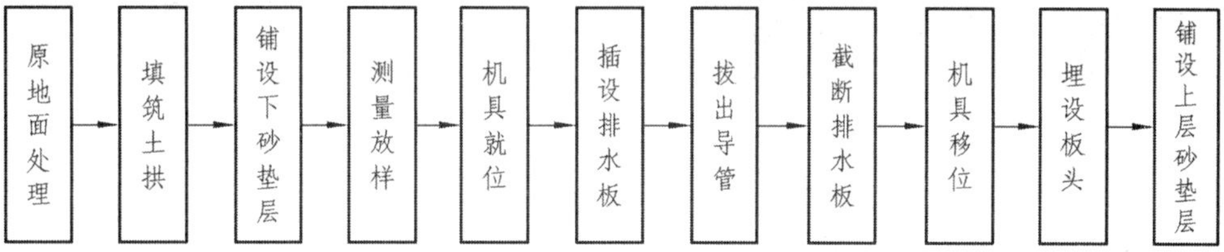

图 6.4　塑料排水板施工流程图

施工所用机械、过程及效果图如图 6.5 所示。

图 6.5　塑料排水板施工现场图

（4）砂（碎石）垫层。

砂（碎石）垫层即在地基和路堤直接铺筑一层砂（碎石）层，一般和土工材料、排水砂井、袋装砂井或排水塑料板联合使用。在砂料缺乏的地方也可以采用砂沟。图 6.6、图 6.7 是砂垫层及砂垫层和土工格栅联合使用的施工图。

图 6.6　砂垫层+土工格栅

图 6.7　砂垫层

砂（碎石）垫层施工注意事项：

① 砂垫层应采用中、粗、砾砂，不含草根、垃圾等杂质，其含泥量不得大于 5%；当用作排水固结时，其含泥量不得大于 3%。

② 碎石垫层应采用级配良好且未风化的砾石或碎石，其最大粒径不得大于 50 mm，含泥量不得大于 5%，且不含草根、垃圾等杂质。

③ 砂（碎石）垫层厚度约 60 cm。

④ 砂（碎石）垫层填筑完后必须及时完成两侧干砌片石护坡，并同时做好反滤层。

砂（碎石）垫层施工流程见图 6.8。

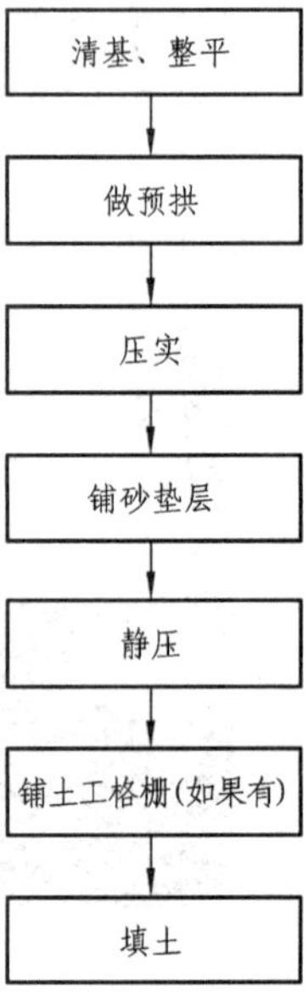

图 6.8　砂（碎石）垫层施工流程图

（5）真空预压。

真空预压法是在地基表面铺设密封膜，通过特制的真空设备抽真空，使密封膜下砂垫层内和土体中垂直排水通道内形成负压，加速空隙排出水，从而使土体固结、强度提高的软土地基加固方法。其适用于加固淤泥、淤泥质土及其他能够排水固结而且能形成负超净水压力边界条件的软黏土。

真空预压法原理图如图 6.9 所示。

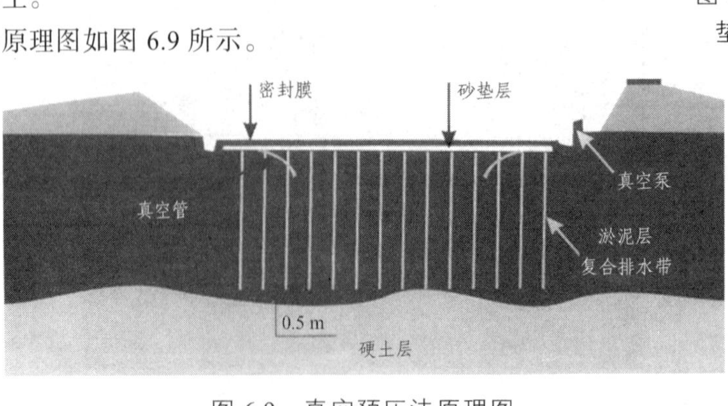

图 6.9　真空预压法原理图

真空预压法施工流程见图 6.10。

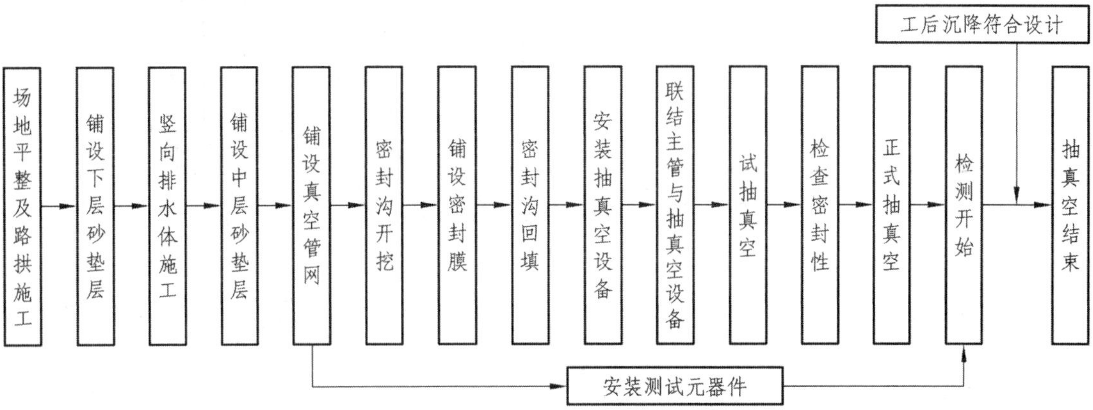

图 6.10　真空预压施工流程图

真空预压法施工控制要点：

① 密封膜、排水滤管的种类、规格及性能应符合设计要求。

② 密封膜应黏结牢固，热合加工的搭接长度不得小于 15 mm；铺设时密封膜要适当放松，表面不得损坏。

③ 抽真空作业前应按设计要求检查真空预压装置的布设及密封程度。

④ 做好真空度、地面沉降、侧向位移等观测和施工记录。

⑤ 当真空预压时间和沉降量达到设计要求时，应根据观测资料和工后沉降推算结果，由建设单位组织设计、监理、施工单位共同研究确定卸载时间。

3. 人工地基

（1）换填。

采用人工或机械挖除路堤下全部软土，换填强度较高的黏性土或砂、砾、卵石、片石等渗水性材料。

换填可以采用多种方式，比如人工挖出、机械挖出或抛石挤出等，最大有效处理深度约 3 m。当采用抛石挤出时，一般从中间向两边挤出，如有明显坡度时，从坡度高处向坡度低处挤出。

施工注意事项：

① 换填范围及深度应符合设计要求，施工中应对需换填土层范围及深度进行核实。

② 当采用机械挖除需换填土时，应预留 30 ~ 50 cm 厚的土层由人工清理。

③ 所用填料及压实标准应符合规定，对填料应定期进行抽样检验。

（2）砂桩、碎石桩。

砂桩、碎石桩是以冲击或震动的方法强力将砂、石等材料挤入软土地基中，形成较大的密实柱体，提高软土地基的整体抗剪强度，减少沉降。

挤密桩直径约为 50 cm，间距 2 ~ 4 m，梅花形布置，最大有效处理深度为 20 m。

砂桩、碎石桩施工流程如图 6.11。

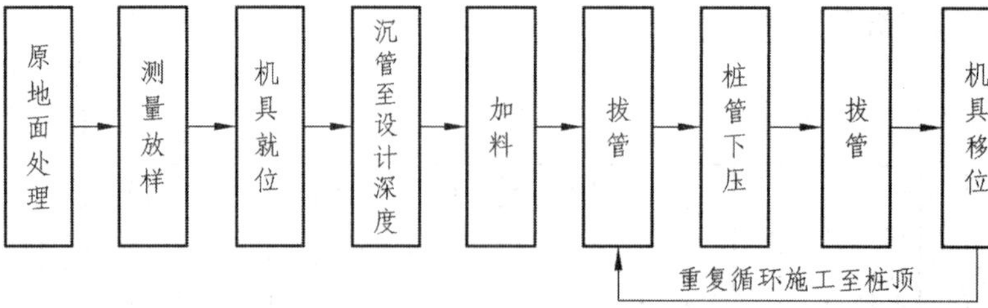

图 6.11　砂桩、碎石桩施工流程图

砂桩、碎石桩施工注意事项：

① 施工前应进行成桩试验，确定施工工艺和参数，试桩数量应符合设计要求且不得少于 2 根。

② 砂桩桩体用砂应选用一定级配的中、粗、砾砂，含泥量不得大于 5%；碎石桩桩体应选用一定级配且未风化的碎石或砾石，粒径宜为 20 ~ 50 mm，含泥量不得大于 5%。

③ 施工中应选用适宜的桩尖结构。当选用活瓣桩靴时，砂性土地基宜采用尖锥形，黏性土地基宜采用平底型。

④ 当实际灌砂（或碎石）量没有达到设计要求时，应在原位将桩打入，补充灌砂（或碎石）后复打一次，或在旁边补桩。

⑤ 砂（或碎石）桩施工时，砂性土地基应从外围或两侧向中间进行，以挤密为主的桩宜隔排施工。软弱黏性土地基宜从中间向外围或隔排施工。

⑥ 质量检测应在施工结束后间隔一定时间进行。饱和黏性土宜为 2 周，其他土为 3 ~ 5 d。

（3）粉体喷射搅拌桩。

利用搅拌机将加固浆液与土体搅拌均匀，形成桩体。

粉体喷射搅拌施工流程见图 6.12。

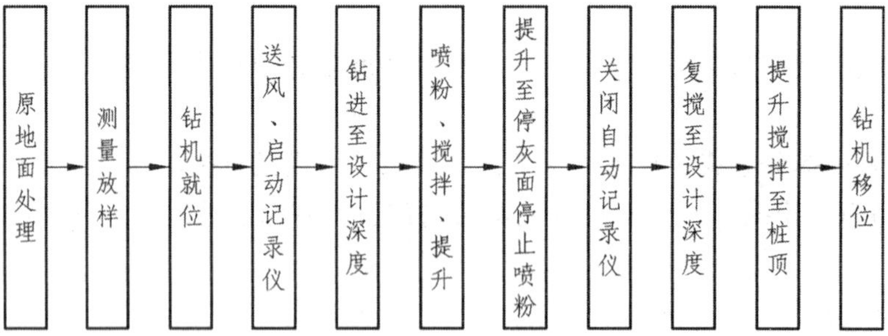

图 6.12　粉体喷射搅拌桩施工流程图

粉体喷射搅拌桩施工注意事项：

① 严禁在没有喷粉的情况下进行提升钻头作业，严格控制钻进速度、提升速度、喷粉量及空气压力，确保成桩质量。

② 控制下钻深度、喷粉高程及停灰面。桩头应原位搅拌约 2 min。

③ 当成桩过程中因故停工时，第二次喷粉必须重叠接桩，接桩长度不得小于 1 m。

④ 随时检查加固料用量、桩长、复搅长度，评定成桩质量。如有不合格桩或异常情况，应及时采取补桩或其他处理措施。

⑤ 搅拌钻头直径磨耗量不得大于 10 mm。

⑥ 钻机成孔和喷粉过程中，应将废弃物回收处理，防止污染环境。

（4）旋喷桩。

利用工程钻机，将旋喷注浆管置入预定的地基加固深度，通过钻杆旋转，徐徐上升，将预先配制好的浆液，以一定的压力从喷嘴喷出，冲击土体，使土和浆液搅拌成混合体，形成具有一定强度的人工地基。

旋喷桩施工流程见图 6.13。

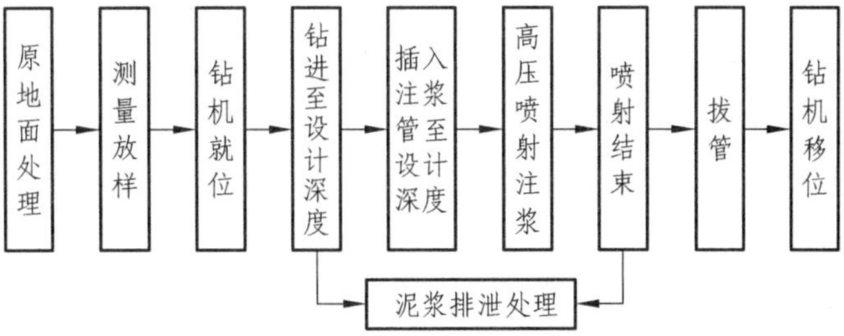

图 6.13　高压旋喷桩施工流程图

旋喷桩施工注意事项：

① 机械就位应平稳，立轴、转盘与孔位对正，高压设备与管路系统应符合设计及安全要求，防止管路堵塞，密封良好。

② 喷射注浆应注意设备开动顺序。二重管、三重管的水、气、浆供应应有序进行，衔接紧密。

③ 对深层长桩应根据地质条件，分层选择适宜的喷射参数，保证成桩均匀一致。

④ 在高压喷射注浆过程中，当出现压力突增或突降、大量冒浆或完全不冒浆时，应查明原因，采取相应措施。

⑤ 注浆完毕应迅速拔出注浆管，桩顶凹坑应及时以水灰比为 0.6 的水泥浆补灌。

⑥ 高压旋喷桩桩体无侧限抗压强度、桩长及成桩均匀性应符合设计要求。

⑦ 高压旋喷桩处理后的复合地基承载力应符合设计要求。

⑧ 钻机成孔和喷浆过程中，应将废弃的加固料及冒浆回收处理，防止环境污染。

（5）水泥、粉煤灰及碎石混合（CFG）桩。

CFG 桩是近年来的新兴工艺，应用较广泛，在京津、郑西、哈大等客运专线中也得到充分应用，一般采用振动沉管灌注或长螺旋钻管内泵压混合料灌注施工。其施工工艺流程见图 6.14。

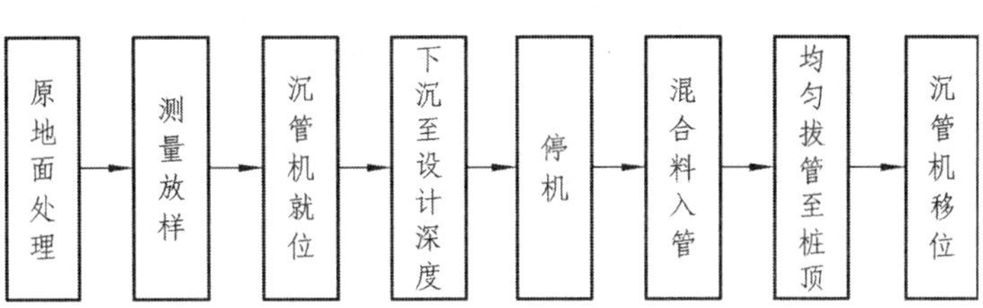

（a）CFG 桩振动沉管灌注施工流程图

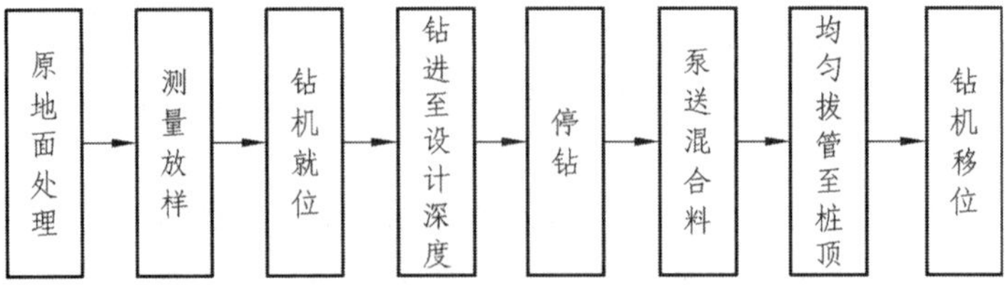

（b）CFG 桩长螺旋钻管内泵压混合料灌注施工流程图

图 6.14　CFG 桩施工工艺流程

（6）夯实。

对于非黏土、松散的杂填土及地表松散土，采用压实功能较大的振动压实法效果良好，振动压实效果因土质及振动时间而异，一般是振动时间较长，效果较好，但时间过长对压实无明显效果。对于由矿渣、碎砖等为主的建筑垃圾，时间以 1 min 为宜；对细颗粒土，振动时间一般为 3 ~ 5 min。

重锤夯实是用钢筋混凝土制成截头圆锥体，锤底部垫钢板，直径 1 ~ 1.5 m，质量 1.5 t，夯实时提升重锤高 2.5 ~ 4.5 m，自由落下，夯实地基。夯实次数以最后两次的平均夯实沉降量不超过规定值来控制，对一般黏性土和湿陷性黄土为 1 ~ 2 cm，砂土为 0.5 ~ 1.0 cm。一般锤击 8 ~ 12 遍。

强夯法是在重锤夯实法的基础上发展起来的，它是以 8 ~ 12 t 的重锤，自由落差 8 ~ 20 m，利用冲击波和动应力，对地基进行强夯实。

施工要点：

① 将夯锤起吊到预定高度，夯锤脱钩自由下落，完成一次夯击。若发现因坑底倾斜而造成夯锤歪斜时，应及时将坑底整平。

② 在满夯时搭接面积不小于 1/4。

③ 在每遍夯击前，应对夯点放线进行复核，夯完后检查夯坑位置，发现偏差或漏夯应及时纠正。

④ 强夯加固地基的承载力以及强夯处理的实际有效深度应符合设计要求。

4. 新工艺

近年来，高速铁路的飞速发展，对地基的要求更高，所以在既有路基加固方法的基础上，各设计、施工单位日益创新，出现了汲取各加固方法之长处，进行复合加固的方法，如武广高铁中采用的预应力管桩 +土工格室复合地基加固技术，其施工流程如图 6.15。

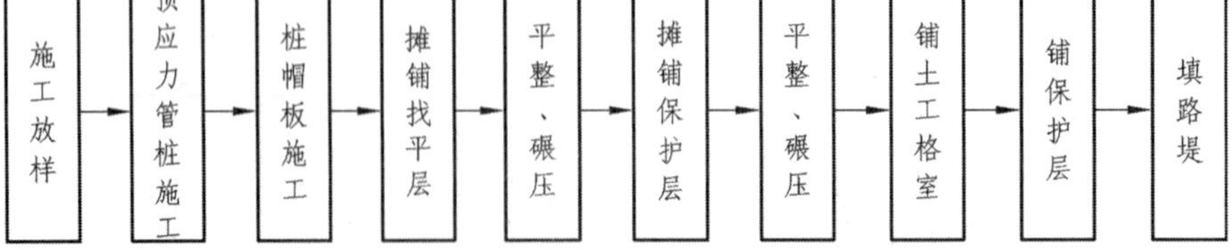

图 6.15　预应力管桩+土工格室复合地基施工流程

针对软土地基要因地制宜，注重环保，采用合理的加固方式，控制路基的沉降，满足路基强度要求，提高工程质量。

6.2 膨胀土地区路基

在我国的广西、云南、湖北、安徽、四川等 20 多个省（区、市），膨胀土的分布十分广泛，而膨胀土区一直以来是“逢堑必滑，有堤必坍”，所以怎样通过设计及施工保证膨胀土地区的铁路路基质量成为我们面临的严峻考验之一。

6.2.1 膨胀土工程特征

膨胀土是一种吸水膨胀、失水收缩开裂的特种黏性土。其矿物成分以强亲水性矿物蒙脱石和伊利石为主。在自然条件下，膨胀土多呈硬塑或坚硬状态，裂隙较发育，常见光滑面和擦痕，裂缝随气候变化张开和闭合，并具有反复胀缩的特性；多出露于二级及二级以上的阶地，山前丘陵和盆地边缘，地形坡度平缓，无明显自然陡坎。其主要特征有胀缩性、裂隙性和超固结性。其性质决定它会对工程造成不良影响。膨胀土区的路基更易发生剥落冲蚀、泥流、溜塌、坍滑、滑坡、沉陷、纵裂、坍肩等病害。

6.2.2 膨胀土路基处理方法

1. 膨胀土区路堑处理方法

膨胀土地区挖方地段，由于路堑开挖，其上部或侧向荷载卸除以后，土体内部应力逐渐释放，孔隙水压力相应变小，再加上边坡开挖以后，增大了土体与大气的接触面，地表水很容易渗入，再被蒸发，形成反复胀缩作用，使土体强度衰退，从而造成边坡溜塌或滑坡等变形；即使施工期间及运营初期不发生变形破坏，经过几个雨季的反复作用，其土体强度大幅下降，仍会产生变形破坏。所以说，膨胀土路堑边坡的处理不是简单的坡比设计，或常规的稳定性验算就能解决问题的，在处理时需要充分了解膨胀土的特性、工程地质条件、大气风化作用层深度及土体的结构性能，才能得出满意的处理方案。

（1）一般原则。

路堑施工应尽量选在旱季进行，并遵循先排水后主体、集中力量、连续快速开挖、及时防护、自上而下、分层逐级施工的原则。为预防雨水冲蚀边坡，在路堑正式开挖前，应先开挖截水沟、天沟或吊沟，以截流路堑坡顶的表面径流，使坡顶汇积的雨水排离两边，并与涵管连通。同时，对所有排水沟渠均应进行铺砌。

（2）膨胀土地区路堑开挖方法。

① 挖方边坡不要一次挖到设计线，沿山坡预留 30 ~ 50 cm 一层，待路堑挖完时，再削去边坡预留部分，并立即采取浆砌护坡封闭。

② 膨胀土地区的路堑应超挖，并立即用粒料或非膨胀土分层回填或用改性膨胀土回填，按规定压实。

③ 膨胀土边坡宜采用台阶形，这样把高边坡降低为矮边坡的组合形式，不仅减轻了高边坡土体对坡脚的压力，而且，减弱了地面水对坡面的冲蚀，同时，平台对坡脚有一定支撑作用。

④ 沿线弃土堆应设置在路堑顶部 10 m 以外，弃土堆可堆成梯形横断面，边坡不应陡于 1∶1.5。

（3）边坡坡度的选择。

由于膨胀土工程性质极为复杂，环境条件影响很大，很难确定边坡坡度和破坏位置。膨胀土边坡坡度并不是越缓越好，坡越缓，水分越容易渗入边坡，越不利于防水防风化，而且坡越缓，边坡开挖与防护的工程量越大。所以，对于弱膨胀土挖方边坡，按设计坡比或以 1∶1.5 的坡比修整即可。对于中—强膨胀土边坡坡度，以工程地质比拟法为主，以 1∶2 的自然坡度为主，坡度的变化范围在 1∶1.5 ~ 1∶2.5，视土质状况及坡体地质结构具体而定。如为中—强膨胀土软弱结构薄层，坡度可稍陡；如坡体整体为强膨胀土，则坡度应缓。若一个边坡需几种不同的坡比，则可设计为折线形边坡。

（4）零填及路堑路床的处理与压实。

膨胀土地区的零填及路堑路床挖到设计高程后，应超挖 1 ~ 1.2 m，随即用粒料、非膨胀土或改性土回填，并按规定压实。

（5）防渗排水设施。

① 所有排水设施均应精心设计，以使危害路基稳定的地面水、地下水能顺畅排走，防止积水浸泡路基、地下水侵入路基为目的。

② 边沟应比一般地区适当加宽、加深。路堑的边沟深度不得小于 80cm，外侧应设平台，以保护坡脚免遭水浸，并且防止边坡剥落物堵塞边沟。

③ 堑顶设截水沟，以防水流冲蚀坡面和渗入坡体。

④ 台阶式高边坡，应在每一级平台内侧设截水沟，以截排上部坡面水，并宜在截水沟与坡脚之间设一定宽度的平台，以利坡脚稳定。

（6）路堑边坡防护与加固。

膨胀土素有“逢堑必滑，无堤不塌”之说，防治膨胀土滑坡必须坚持“先发制坡，以防为主”及“治坡先治水，防滑先防水”的原则。膨胀土路堑边坡防护与加固，一是为了预防可能产生的边坡变形破坏，二是对已产生变形破坏的边坡进行治理。因此，边坡防护与加固措施的选择，应根据影响膨胀土边坡稳定性的工程地质与环境地质条件、地区气候条件以及边坡变形破坏类型，通过技术经济比较，合理选择。

① 边坡防护原则。

针对膨胀土的工程特性，结合路堑边坡稳定的必要条件，提出以下防护原则：

a. 为保持边坡土体天然含水状态的相对稳定，应防止地面水与地下水渗入路堑边坡，同时防止土中水分被蒸发，以免边坡土体产生湿胀干缩变形。

b. 为保持边坡土体结构的相对完整性，应防止土体的风化作用，尽可能减小大气风化营力（降雨、蒸发与蒸腾、日照、地温与气温等）对土体的影响。

c. 为保持边坡土体足够的抗剪强度，应防止土体强度衰减。

d. 边坡土体若分布有强膨胀土夹层，或遇土层中风化界面清晰完整时，常在界面或层面产生边坡滑动，应适当加固以防滑动产生。

e. 防护工程应能适应边坡膨胀土体可能产生的胀缩变形与膨胀力，而不遭受破坏。因此，以柔性结构为宜，切不可盲目采用刚性结构。

② 边坡防护加固措施。

膨胀土路堑边坡防护与加固的措施，在铁路沿线使用比较普通。

表水防护：设置各种排水沟，建立地表排水网系，截排坡面水流，使地表水不致渗入土体和冲蚀坡面。

③ 坡面防护加固：由于膨胀土风化、胀缩变形而引起的边坡变形危害，比其他任何土质边坡都表现得更加普通而严重。因此，对膨胀土坡面的防护加固显得特别重要。目前，常用的主要措施如下。

a. 铺植草皮：适用于边坡高度不高的土质边坡，草皮对边坡的隔热保湿、保温、防止土体的干缩湿胀有一定作用，但草皮固着深度有限，在暴雨季节易被冲刷，因此，宜设置一些支撑土体的浆砌片石骨架，效果会更好。

b. 三合土抹面：适用于任何坡度的边坡坡面防护，可以防止降雨和表水对坡面的冲蚀，同时亦可防止地表水渗入土体引起膨胀变形。但是，三合土或四合土对温度的调节作用差，在热梯度变化下同样可以引起坡面表土的湿度变化，同时，边坡全部封闭后，对土中水分排出不利，均有可能产生局部的胀缩变形，使用时应予以考虑。

c. 混凝土预制块封闭：适用性与防护作用基本同三合土与四合土，但混凝土块自身有一定质量，对于坡面表土膨胀可以起到一定的抑制作用，且施工也较方便。

d. 骨架防护：广泛用于各类膨胀土中任何坡度的边坡，其作用主要是对强风化层土体起支撑稳固作用，实际上是将长大坡面分割为若干由骨架支撑的小块土坡，常用：

• 方格骨架护坡，方格大小有 2 m × 2 m、2.5 m × 2.5 m、3 m × 3 m 三种，可根据边坡具体情况选用，虽然受力条件与支撑作用不如拱形骨架，但施工较方便。

• 拱形骨架护坡。拱形骨架对边坡坡面强风化土体的支撑稳固作用，较之方格骨架具有明显的优点，但施工较方格骨架困难。

e. 挡土墙及抗滑桩：用于膨胀土路堑边坡，挡土墙埋深在 1.5 m 以下，墙背设较厚反滤层，墙顶宽可取高一半，应用较广泛。

f. 片石护坡：用于边坡土体产生局部塌滑后的整治加固，也适用于新线路堑预防边坡破坏发生。片石有单层和双层之分，利用其自重可对边坡土体起到反压和抑制膨胀的双重作用，同时，对已受破坏牵动的土体，片石嵌护后有一定支护作用。通常使用的片石护坡有以下两种。

• 干砌片石护坡：用于调整坡面表土胀缩变形，可以承受一定变形。但是自重有限，一旦坡面局部破坏，则将引起相邻片石护坡连续破坏，故在长大坡面应慎用。

• 浆砌片石护坡：整体强度高，自重较大，对于防止边坡土体继续风化，抑制膨胀效果较佳，但不能承受土体不均匀胀缩变形，应视具体条件选用。

（7）“土钉”加固土坡：“土钉”是用有规则排列的金属杆体使土在原位得到加固，它由面板（或挂网砂浆）、金属杆件、砂浆和土体所组成，共同形成一个“挡土墙”。工程施工自上而下、分层进行，边开挖边加固，等到开挖一旦完成，加固也立即结束，故土体中膨胀还来不及发挥或不能充分发挥，“土钉”就对土体进行锁固，于是，整个堑坡的稳定性就易得到保障，但它只适用于干坡，且要注意坡内排水，对经常浸水或地下水位较高、经常有水流渗出的膨胀土坡不宜使用。

2. 膨胀土路堤处理方法

由于膨胀土的工程特性导致膨胀土地区的路堤相对一般地区的路基更易出现沉陷、滑坡等破坏，所以在路堤高度、边坡坡度、施工方法、填料的选择及处理等方面要进行统筹安排，以确保路堤的质量。

（1）路堤基底处理。

① 在填筑路堤前应将路堤范围内的树根、灌木全部挖除，把坑穴填平夯实，排除积水，挖除淤泥，切断或降低地下水，清除草皮，清除深度一般不小于 30 cm，彻底清理后，对基底进行压实。

② 原地基的承载力不足时，应考虑挖去原土层，换填砂砾土、砾石土、石渣或将土翻开，掺入石灰或 NCS 固化材料进行改良，回填压实。

③ 地面横坡为 1∶5～1∶2.5 时，原地面应挖成台阶，台阶宽度不小于 1 m，当地面横坡陡于 1∶2.5 时，为防止路堤沿基底滑动，可先将基底分段挖成不陡于 1∶2.5 的缓坡，再在缓坡上挖宽 1～2 m 的台阶。

④ 半填半挖路基，必须在山坡上从填方坡脚起向上挖成向内倾斜的台阶，台阶宽度不小于 1m，其中挖方一侧，在行车范围之内的宽度不足一个行车道宽度时，应挖够一个行车道宽度，其上路床深度之内的原地面土应予挖除、换填，并按路床填方的要求施工。

（2）路堤填筑高度。

膨胀土填筑后，受大气物理风化作用与湿胀干缩效应，土块逐渐崩解，土的强度逐渐衰减，在行车荷载作用下，产生压缩下沉。膨胀土高路堤后期下沉量大，易形成下沉外挤，从而产生很大的沉陷量。因此，膨胀土路堤不宜过高，一般宜控制在 3m 以内，如超过 3 m 则须考虑沉降稳定问题，如超过 6 m 还须考虑预留沉降量和路基加宽。

当填土高度小于 1 m，基底为强膨胀土或中等膨胀土时，宜挖除地表 30～60 cm 的膨胀土，将基床换填为非膨胀土或将土翻松，进行改良，并随即压实。

（3）路堤填料施工。

膨胀土一般情况下不适合作路堤填筑材料，但是，由于铁路所经膨胀土地区时，路线长，膨胀土分布范围广，当找不到非膨胀土填料时，除强膨胀土外，中、弱膨胀土也可用于路堤填料，但必须采取相应的治理措施，增加其稳定性。

① 在有多层膨胀土分布的地区，应选择膨胀性最弱的土层用作填料。蒙脱石含量高的白色、灰绿色膨胀土，由于土的亲水性特强，极易风化，强度衰减很快，不能用作填料。

② 在有砾石层出露或膨胀土中有结核层分布的地区，应尽可能选用砾石料或结核料填筑路基。

③ 地表经过风化、流水淋滤和搬运的土，或已被耕种的表层土，一般膨胀性较弱，可用作路堤填料。但只用于路基下层，而不用于基床。

④ 中等膨胀土应经改性处理之后方可作为填料。限于条件，必须直接使用中、弱膨胀土填筑路堤时，路堤填成后，应立即做浆砌护坡封闭边坡；当填至基床底面时，应停止填筑，改用非膨胀土或用改性处理的膨胀土填至基床顶面设计高程并压实。

⑤ 一般情况下，作为上基床填料应进行改性处理，如不得已全用膨胀土填筑时，可将膨胀性强的土填在最下面，膨胀性弱的土填在上面，同一种土填在同一层上，且厚度要均匀，以免引起不均匀变形。

（4）膨胀土改性处理。

目前，我国对于膨胀土的改良一般是掺加石灰，石灰的剂量一般控制在 6% ~ 10%（质量比），掺灰的最佳剂量，应根据对路基不同部位压实度及填料最小强度的要求通过反复试验确定，经改性处理后，以其胀缩总率不超过 0.7，自由膨胀率不大于 40% 为宜。

（5）路堤填筑与压实要点。

① 路堤填筑要求连续施工，每一段施工段（长度视实际情况酌定）中间施工不暂停。对于已发生的暂停施工，恢复施工时，应采用刮除松层、晾晒、复压等措施，经压实检验合格，再填上层土。如果施工间隔时间较长，不采取防范措施，任其风吹日晒，土基水分蒸发，将产生干缩现象，易产生裂缝，影响路堤密实度和整体强度。

② 路堤与路堑分界处即填挖交界处，两者土内的含水量不一定相同，原有的密实程度也不相同，压实时应达到压实均匀、紧密，避免发生不均匀沉陷。因此，填挖交界处 2m 范围内的挖方地基表面应挖台阶翻松，并检查其含水量是否与填土接近，采用适当的压路机具，压实到规定的密实度。

③ 施工机械与压实工艺。一般以重型履带式铲运机或推土机，清除表层膨胀土，推土机可带松土器，进行翻松、晾晒，平地机整平。采用三轮静力式压路机（18 ~ 21 t）先进行碾压基底，达到规定压实度。

为使土块中水分易于蒸发，减少土块本身的膨胀率，有利于提高压实效率，土块应打碎至粒径 5 mm 以下，压实土层松铺厚度不大于 30 cm。

自由膨胀率越大的土应采用越重的压实机具。因此，分层建筑填平后，配合振动压路机分层碾压，并逐层检查压实度。

④ 压实度不足路段的补强。部分路基由于涨缩循环的影响，或者间隔一段时间再行填筑，而又未能进行复压处理，造成密实度不足的夹层，可用夯击板进行夯实，或用履带式吊车将重 1 ~ 3 t 的钢板或钢筋混凝土块，吊高 1 ~ 3 m 进行击实，使其达到规定的压实度。

3. 路堤排水

路堤排水对于膨胀土地区的路基路面的稳定具有特殊的重要意义。可使地面径流形成良好的排水网系，防止地面径流冲蚀路基，则可消除膨胀土湿胀干缩的有害影响。对所有的排水工程都要采取浆砌加固。

4. 路堤边坡防护

膨胀土路堤边坡的防护，经改性处理或用非膨胀土外包封闭的可按一般路基防护处理。路堤的边坡防护通常采用植被防护和砌石防护。

膨胀土地区的路基边坡更易出现滑坡等破坏，所以在修筑路基的同时要重视边坡的综合治理，而边坡的综合治理包括表水治理、坡面防护及支挡工程，关于这三方面的内容参照前面的章节，不做详细介绍。

6.3 黄土地区路基

6.3.1 黄土工程特征

黄土是一种第四纪以来在干旱和半干旱地区，由不同的动力作用沉积的，以粉粒为主，呈棕黄、灰黄或黄褐色，富含钙质的蒙古性土。黄土的成因作用一般存在两种观点，即风成作用和水成作用。风成作用即为风的动力作用下的产物；水成作用则为水的搬运、沉积作用形成的。

黄土在世界范围内的分布很广，在我国主要分布在松辽平原、黄河中下游平原、青海高原、甘肃的河西走廊、新疆的准噶尔盆地和塔里木盆地等地区，即自北纬 33°～47° 的气候干燥、降水量小的大陆干旱及半干旱地区。我国黄土分布的总面积约占国土总面积的 6%。

黄土的主要特征有：

（1）颜色以黄色、褐黄色为主，有时呈微红、棕红、灰黄色等。

（2）颗粒组成以粉粒（0.05～0.005 mm）为主，含量一般在 60%以上，几乎没有粒径大于 0.25 mm 的颗粒。

（3）具有多孔隙性，孔隙比一般大于 0.8，有时存在肉眼可见的大孔隙，直径一般为 0.5～1.0 mm。

（4）天然含水量小，一般为 3%～25%，呈干硬或半干硬状态，遇水后易崩解、冲蚀，有的黄土具有湿陷性。

（5）富含碳酸钙盐类（$CaCO_3$）。

（6）垂直节理发育，在天然状态下能经常保持垂直边坡。

6.3.2 黄土路基处理方法

湿陷性黄土是在一定的压力下受水浸湿，土结构迅速破坏，并产生显著附加下沉的黄土。黄土问题一般有以下处理方法：

1. 挖除换填法

挖除换填法即换土垫层法，是将基础底面以下一定范围内软弱土局部或全部挖去，换填低压缩高频强度的素土、石灰土、粉煤灰、砂、碎石、干渣及其他性能稳定、无蚀性的材料，经分层夯实、振实、碾压密实作为地基持力层的浅层处理方法。

2. 重夯法

用大吨位的起重机，将巨型锤提至空中从 8～25 m 的空中自由落下，形成巨大的冲击能和冲击波，强制压实和振密地基。在夯击中所产生的冲击波和应力，可提高土的强度，降低土的压缩性，改善土的震动液化条件，消除湿陷性，同时还能提高土层的均匀程度，减少工后的不均匀沉降。实践表明：此法处理质量好，工期短，造价低，具有显著的技术经济效果。

3. 复合地基法

复合地基是指多种深层加固方法形成的桩和被挤密的桩间土构成的地基，它不同于未处理的地基，也不同于一般的桩基。复合地基有如下分类：按处理方法有化学处理和物理处理；按所使用的材料有碎石桩和石灰桩等；按桩强度有柔性桩（散体材料桩）、半柔性桩（水泥桩）和刚性桩（水泥混凝土预制桩）；按地基处理原理有固结、挤密、置换和化学加固。在工程中要充分利用复合地基效应（即状体效应、垫层效应、排水效应和挤密效应），同时避免各种破坏形式，其中，挤密桩法属于深层加固地基的一种方法，它利用沉管方法在地基中形成桩孔，通过在孔内填充灰土、素土、粉煤灰等材料来挤密加固地基。

4. 预浸水法

在工程构造物之前预先对湿陷性黄土场地大面积浸水，让黄土在饱和自重压力作用下产生湿陷和压密，以消除全部黄土湿陷性和深层黄土的外荷湿陷性。

5. 化学加固法

化学加固法指利用水泥浆液、黏土浆液和其他化学浆液，通过气压、液压和电化学原理，采用压入灌注、高压喷射和深层搅拌使浆液和土颗粒结合，以改善地基土的物理和力学性质。在化学加固法中，灌浆法发展最早，应用也最广泛，但成本较高。

6. 混合搅拌法

混合搅拌法包括高压喷射注浆法和深层搅拌法两种。前者利用高压射水切削地基土，通过注浆管喷射浆液，将土和浆液进行搅拌混合；后者通过特制的深层搅拌机械，在地基深部对黏土和水泥浆进行强制拌和，使软黏土硬结成具有整体稳定性和足够强度的地基土。

7. 重夯施工法

重夯施工以其处理质量好、工期短、造价低，具有显著的技术经济效果而被广泛应用，下面以重夯施工为例来说明黄土处理的方法。

重夯施工的目的是消除地表以下一定范围内土体的湿陷性。重夯施工前必须进行现场夯实试验，并依据试验确定具体的重夯施工参数，得出最佳的施工技术参数和施工工艺。重夯施工中关键是通过现场夯实试验取得详细的施工参数，结合总体施工计划制订切实可行的施工方案，在施工过程中严格履行“三检制”，严格进行质量检测及检验，确保重夯施工安全、保质有序地进行。

（1）重夯施工。

① 施工前准备。

重夯施工前，要进行场地清理，对重夯施工区域进行清理整平，查明场地内范围的地下构筑物和各种地下管线的位置及标高等，并采取必要的措施，以免因重夯施工而造成破坏。

② 重夯施工步骤。

• 清理并平整施工场地。

• 标出第一遍夯点位置，并测量场地高程。

• 起重机就位，使夯锤对准夯点位置。

• 测量夯前锤顶高程。

• 将夯锤起吊到预定高度，待夯锤脱钩自由下落后，放下吊钩，测量锤顶高程，若发现因坑底倾斜而造成夯锤歪斜时，应及时将坑底整平。

• 夯击 4 击，完成一个夯点的夯击。

• 用推土机将夯坑填平，并测量场地高程。

• 在 3 d 的时间间隔后，按上述步骤逐次完成全部夯击遍数，最后用低能量满夯，将场地表层松土夯实，并测量夯后场地高程。

③ 夯击施工。

根据工程实际布置夯点。在已经整平的场地上标出第一遍夯点位置，并用石灰标出夯锤底面外围轮廓线，夯点按照行列式布置。履带式起重机就位后，夯锤对准夯点位置，夯击时每一次的夯锤，提升高度都必须达到 6 m，当夯锤即将提升到预定高度时，稍停一下，使锤不摆动，然后继续提升，直至脱钩落下。每次夯击时的落锤要平稳，如夯锤落在夯坑中有倾斜，且当其倾角超过 30° 时，需用土将夯坑填平，方能进行下一次的夯击。按照规定次数及控制标准，完成第一遍全部夯点的夯击，根据预先选定的 3 个夯点及周围布置的测量点，测量夯坑及周围土体的高程以确定夯沉量和地面隆起量，然后用推土机将夯坑填平，测量夯击后场地高程。

④ 夯击结束标准。

达到规定的夯击遍数后，最后两击的相对平均夯沉量小于 20 mm；夯坑周围地面不应发生过大的隆起；当监理工程师检查认可后，进行夯坑的回填、场平工作。用推土机将夯坑周围的土体推至坑内，最后采用振动碾碾压表层松土，直到表面平整、稳定，无明显轮迹为止，然后测量夯后场地高程。夯击次序为一夯挨一夯进行，当夯点的夯击次数较多时，必须控制每一次夯击的锤印重叠，其偏差不得大于 10 cm。

（2）施工检测。

① 夯击施工过程中设专人负责下列检测工作：

• 开夯前检查夯锤重和落距，以确保单击夯击能量符合设计要求。

• 在每遍夯击前，对夯点放线进行复核，夯完后检查夯坑位置，发现偏差和漏夯应及时纠正。

• 按要求检查每个夯点的夯击次数和夯沉量。

• 施工过程中对各项参数及施工情况进行详细记录。

② 质量检验和验收。

• 重夯施工开始前，会同监理人复核重夯点位的现场放样成果，经监理人签认后，方可开始重夯。

• 重夯施工过程中，会同监理人按试验确定的施工参数，定时进行下列项目的检查：重夯点位偏移值、夯击次数、夯锤落距、每个夯点的最后两击夯沉量、夯锤倾斜度。

• 检查重夯施工过程中的各项测试数据和施工记录，不符合设计要求时应补夯和采取其他有效措施。

• 质量检验的方法，根据土性选用原位测试和室内土工试验。

• 施工完成后 3 d，从夯面起至其下 3 m 深度范围内每隔 1 m 取样进行室内试验，测定土的干密度、含水率和湿陷系数。

• 重夯处理质量检验合格标准为：重夯施工结束后，3m 处理深度范围内土层的湿陷系数小于 0.015。

③ 成品保护。

• 做好场地周边排水设施，防止已重锤夯实的场地被水淹泡。

• 夯实完毕后，立即进行下道工序施工，如有间歇，预留 200 ~ 300 mm 厚土层，基础施工时再挖除，防止扰动。

（3）重夯施工中应注意的问题。

① 重夯开始应检验夯锤起吊点是否处于重心，若有偏心，应采取锤边焊钢板或增减混凝土等办法使其起吊点处与重心重合，以使夯锤起吊或下落时保持平衡。

② 夯击时落锤应保持平稳，夯位正确。如错位或坑底倾斜过大，应及时用壤土将坑底整平重新夯击。

③ 夯击次数可按试夯后最后两击的平均沉降量在 10 ~ 20 mm 的夯击次数进行控制。夯击土坑下陷深度应用水准仪测量控制。

④ 重夯应尽量避免雨雪天施工，以防止重夯场地积水，否则土质含水量增加，土质变软，会产生挤出现象，降低重夯效果。

⑤ 保证每个夯点达到规定的夯击次数，详细记录试验过程中的各项参数和施工情况，确保对重夯试验效果有正确的评价。

8. 湿陷性黄土处理方法的适用范围

（1）换填挖除法是一种以土治土处理湿陷性黄土的传统方法，这种方法施工方便，效果显著，是一种常用的路基浅层处理和部分湿陷性处理的方法，其处理厚度为 1.0 ~ 3.0 m，且处理厚度一般为地下水位以上。

（2）采用重夯法处理黄土路基时，地下水位应低于需处理深度以下 0.5 ~ 1.0 m，且湿陷性黄土的深度一般不超过 6.0 m。重夯法适用面广，节省材料并具有快速、效果显著的优点。但由于强夯法夯击路基时产生的冲击波会对周围环境产生不利的影响，因此，采用重夯法时要注意与周围建筑物的安全距离或采用隔振沟来降低重夯对建筑物的影响。

（3）灰土挤密桩是处理地下水位以上深层湿陷性黄土的一种常用路基加固方法，其处理深度一般是 5 ~ 15 m，该类桩可以土治土、就地取材，工期短、费用低，可以消除浅层和深层部分或全部湿陷性黄土。

（4）混合搅拌法也广泛应用于加固黄土路基，在设计和施工中必须采取有效措施来保证搅拌桩复合路基参数达到各自的设计值，否则设计的可靠度会降低。施工中为达到强度要求，有必要进行复拌，这样能改善桩体的均匀性，同时，使桩截面的均匀性得到改善。

6.4 冻土地区路基

6.4.1 冻土工程特征

冻土是指温度等于或低于 0 °C 并含有冰晶的土。根据冻结状态持续时间的不同，冻土有季节性冻土和多年冻土之分。季节性冻土是受季节气候的影响，冬季冻结、夏季全部融化而呈周期性冻结融化，冻结状态持续时间小于一年的土。季节性冻土在我国的华北、西北和东北地区均有分布，因其周期性的冻结融化对地基土的稳定性影响较大。

多年冻土是指冻结状态持续时间多于两年的土。多年冻土常存在地面下的一定深度，其上接近地表部分，往往也受季节性影响，冬冻夏融，此部分常称为季节融冻层。我国多年冻土分布较集中的地区是东北大小兴安岭和青藏高原。前者是古代冰川沉积残留物，目前处于退化阶段，具有不稳定性的特点；后者是高海拔的近代大陆性气候的产物，至今仍在发展。

6.4.2 冻土路基处理方法

1. 季节性冻土的冻害防治措施

当地基土体具有始冻负温和更低的持续负温，且具备下列条件之一时，可按产生季节性冻胀的情况进行路基设计，并采取相应的冻害防治措施：第一，路基的土质为冻胀土或强冻胀土；第二，饱和度 $S_r > 0.8$ 的粗粒土、蒙古性土及天然含水量明显大于塑限含水量 ω_p 的粉质黏土。

季节性冻土的冻害防治主要措施有：

（1）在季节性冻土地带，路堤的设计应满足要求。若不能满足，可采取引排地面积水或降低地下水位、在基底设置毛细水隔断层以及在有害冻胀深度范围内以弱冻胀土作填料，采用聚苯乙烯泡沫塑料板隔温层等措施。

（2）对于路堑的设计，当其基床顶面至地下水水位的距离小于最小高度时，应采取降低地下水位的措施；若有困难则可在有害冻胀深度范围内换填弱冻胀土的做法。

（3）当改建既有线和整治路基冻害时，可采取的措施有：

① 当取土方便且施工便利时，宜抬高路堤以保证不产生冻害的最小高度。

② 若有炉渣可以利用，宜结合线路提坡，在有害冻胀深度范围内加设炉渣保温层。

③ 当既有线路堤偏低，线路又难以抬坡时，在有害冻胀深度范围内换填弱冻胀土。

④ 对道砟囊宜增设横向渗沟，引排囊中积水。

⑤ 当路堑基床因地下水而形成冻害时，应增设纵向渗沟引排地下水或在有害冻胀深度范围内换填弱冻胀土。

2. 多年冻土路基冻害防治措施

（1）多年冻土地区路基的不良地质现象及主要病害。

多年冻土地区路基不良地质现象：

① 冰丘、冰锥：在寒季流出封冻地表或封冻冰面的地下水或河水，冻结后呈现丘状隆起的冰体称为冰锥；在寒季地面冻结，地下水受地面和下部多年冻土的遏阻，冻结膨胀在薄弱地带将地表抬起形成丘状隆起的土丘称为冰丘。

② 热融坍滑：自然营力或人为活动破坏了有地下冰分布的斜坡（一般横坡大于 3°）的热平衡状态后，地表土体在重力作用下沿融冻界面呈牵引式位移而形成的滑坍。

③ 热融沉陷和热融湖（塘）：自然营力或人为活动破坏了多年冻土（或地下冰）的热平衡状态后，使地表下沉（一般地面横坡小于 3°）所形成的凹地或积水凹地。

④ 冻土沼泽：多年冻土层地表因受积雪及地表水的影响，在平坦与低洼地形成沼泽，此种现象在东北较多，在青藏高原地区也有分布于缓山坡的低洼处。因沼泽中多长有喜水植物（如东北的塔头草）及覆盖有泥炭层，保护了多年冻土，因而上限浅，形成了隔水层，使地表长期积水或处于潮湿状态。

在多年冻土地区不良地质地带，发生的主要病害有：

① 融沉病害。融沉是多年冻土地区路基主要病害之一，一般多发生在含冰量大的蒙古性土地段。当路基基底的多年冻土或路堑边坡上分布有较厚的地下冰层时，由于地下冰层埋藏较浅，在施工及运营过程中各种人为因素的影响下，多年冻土局部融化，上覆土层在土体自重和外力作用下产生沉陷，造成路基的严重变形，如路基下沉，路堤向阳侧路肩及边坡开裂、下滑，路堑边坡溜坍等。

② 冻胀病害。冻胀病害是寒区铁路特有的主要病害之一，在季节冻结深度较大地区及多年冻土地区均有发生，尤以多年冻土地区严重，主要是地基土及填土中水冻结时体积膨胀所造成。形成路基冻胀病害的基本原因有以下几种情况：路基基床面不平整，积水冻结膨胀形成冻胀病害；碎石道床及垫层不洁，污染严重，混入泥土量较多，遇积水产生冻胀；地表水或地下水（或浅层潜水）对路基土的不均匀浸湿以及路基不同朝向形成的不均匀冻胀等。

③ 冰害。冰害主要是指在路堤上方出露地表的泉水，或开挖路堑后地下水自边坡流出，在隆冬季节随流随冻，形成积冰掩盖路基面或边坡挂冰、堑内积水等病害。对于路基工程来讲，路堑地段较路堤地段冰害要多，尤其发生在浅层地下冰发育的低填浅挖地段的冰害，危害程度更大。对有一定填土高度的路堤，危害程度相对较小。

（2）多年冻土地区基坑开挖基本原则。

① 按保持冻结原则设计的基础，摸清规律掌握好开挖的时机与时间，在人工开挖的条件下，对厚层地下冰、地表沼泽化或径流量大的地段基坑开挖尽量在天气较为寒冷的季节施工；若在暖季施工，则采取遮阳、防晒措施，选择在气温较低的时段内快速施工。在饱冰冻土、含土冰层地段施工时，可在暖寒季交替期施工，视天气情况采取遮阳和防晒措施，能够保持冻土的稳定。

② 按容许融化原则设计的基础，设计要求进行基底换填的按设计进行换填，设计未要求的，铺设厚不小于 30 cm 的碎石垫层。对于在暖季施工融化地下水比较多的基坑，需要采取抽水排水措施，为防止坑壁坍塌应采取挡土板、钢筒或混凝土护壁措施。

③ 基坑一般采用爆破方式进行开挖，爆破作业采用松动爆破或预裂爆破。基坑从开挖到下桩（浇制）要连续，必须突出“快”字。

④ 桩基础开挖视地质情况采取人工掏挖和机械旋挖相结合的方式。

（3）多年冻土地区基础施工的关键工作。

① 基坑开挖：

• 按地基土冻结状态设计的基础关键是保持土壤冻结状态，减少人为扰动。

• 按地基土融化状态设计的基础关键是做好遮阳防雨措施以保持坑壁的稳定，并采取必要的抽水排水工作。

• 管桩基础桩孔的成型和孔壁稳定。

② 基础工程：

• 现浇基础混凝土配合比设计、浇制、养护。

• 预制管桩基础的安装、回填。

• 基础辅助措施如热棒的施工技术及工艺。

（4）多年冻土地区基坑开挖技术措施。

① 各类基础基坑开挖主要施工方法（表 6.1）。

② 基坑开挖的一般要求：

• 按保持冻结原则设计的基础，在厚层地下冰、地表沼泽化或径流量大的地段，基坑开挖尽量在寒季施工；在暖季施工时应采取遮阳防雨措施，选择在气温较低的时段快速施工。

• 按容许融化原则设计的基础，也尽量选择在寒季开挖，对于不可避免的需在暖季施工的基坑，在做好遮阳防雨措施的同时，必要时还要做好抽水排水，以及防止坑壁坍塌的防护措施。

• 人工挖掘预制装配式基础时可采用小炮松动爆破和风镐联合的方式进行基坑开挖。在寒冷的冬季也可用牛粪（或煤砖）在坑中心围火局部融化的方式进行开挖。

• 人工大开挖基础也可采用松动爆破和风镐联合的方式进行基坑开挖，药量按冻土爆破设计原则控制。炮孔可用人工打钎成孔和麻花钻机械成孔。炸药可使用黑色炸药、硝铵炸药，严禁使用甘油类炸药。基坑开挖宜分段进行，开挖作业要连续，必须突出“快”字。

• 基坑开挖预留 300 mm 以上防冻层，待浇筑前基坑抄平时再挖至设计深度，以避免气温上升冻土解冻后造成不均匀下沉。

• 基坑开挖后，若不能及时浇筑则在坑底铺盖厚度不小于 1 m 的稻草帘等保温、防冻。

③ 特殊基坑的开挖。

• 泥水坑的开挖。

在饱和冰冻土地带施工时，由于气温、地温及施工扰动引起冻土融化而造成坑内大量积水，尤其是基坑为细粒土质的，要制订专门的技术方案。

对不塌方且渗水速度较慢的水坑，可采用人工掏挖，挡土板或钢筒护壁的施工方法，挖至设计深度后，立即进行混凝土浇制或吊装预制管桩。

对于渗水较快的水坑，采用人工掏挖，挡土板或混凝土护壁的施工方法，同时必须选用合适的抽水设备排水，边排水边挖至设计深度。

对于渗水量大且坑壁坍塌的大开挖基坑，开挖时必须使用挡土板加以支撑。开挖时先开口挖下 0.3 ~ 0.5 m，然后在坑壁四周设水平横撑木，将挡板由横撑木及坑壁间插下，边插边打。横撑木间距视土质而定，一般为 0.8 ~ 1.0 m。挡板顶端要有防止打裂的措施，若使用钢板挡土板则更好。挖掘过程中是边挖边下挡土板，要注意观察挡板有无变形及断裂危险。若发现异常应及时更换或者在横撑上加水平顶杠，增强挡土板骨架的刚度，确保挖坑深度达到设计要求。

- 桩基坑的开挖。

在冻土环境、地质情况相对较好的情况下，可采用人工开挖的方式，必要时辅以混凝土或钢筒护壁的施工方法。在冻土环境恶劣，人工开挖可能导致冻土不可恢复的扰动的情况下，采用钻机开挖干法成孔的施工技术。对于冻土融化基坑内部水量较大的，需要采取排水措施。坑口采用钢板护壁的施工方案，见图 6.16 ~ 图 6.19。

图 6.16　开挖桩孔

图 6.17　人工开挖桩孔

图 6.18　人工开挖混凝土护壁

图 6.19　人工开挖钢桶护壁

④ 采取的措施。

- 对于预制装配式基础，视地形情况采取吊车吊装就位的方式。
- 对于现浇基础关键是混凝土配合比设计、原材料保温加热、混凝土浇制、养护。

（5）冻土地基回填。

回填质量的好坏关系到塔基的稳定性，因此对大开挖地基必须要用未冻结的细颗粒土分层夯实回填，密实度不得小于 93%（现场随机取样，送有资质的实验室进行检测）。严禁用冻土块回填。

① 冻土区基础拆模后，应及时回填。回填土应夯实，每层厚 300 cm，回填土应高出地面 500 mm 做防沉层。当采用玻璃钢模板时，随基础浇制高度进展同时回填。

② 填方应尽量采用同类土填筑，并控制适宜含水量，当采用不同的土填筑时，应按类有规则地分层铺填，将透水性较大的土层置于透水性较小的土层之下，不得混杂使用，以利水分排出和基土稳定，并避免在填方内形成水囊和滑动现象。

③ 填方应从填方区最低处开始，由下向上水平分层铺填。填土层下淤泥、杂物、冰块应清除干净，为耕土或松土时，应先夯实，然后再全面填筑。在地形起伏之处，应修筑 1∶2 阶梯形边坡（每台阶可取高 50 cm、宽 100 cm）。

④ 人力打夯要按一定方向进行，打夯时应一夯压半夯，夯夯相接，行行相连，每遍纵横交叉，分层夯打，夯实基槽及地坪时，行夯线路应由四边开始，然后再夯中间。

⑤ 填土区如有地下水或滞水时，应在四周设置排水沟和集水井，将水位降低。已填好的土如遇水浸，应把稀泥铲除后，方能进行下一道工序。填土区应保持一定横坡以利排水，并尽可能做到当天填土，当天压实。

⑥ 基坑回填应在相对两侧或四周同时进行。

各类基础基坑开挖主要施工方法见表 6.1。

表 6.1　各类基础基坑开挖主要施工方法

序号	名称	简　图	适用地质条件	施工方法
1	锥柱基础	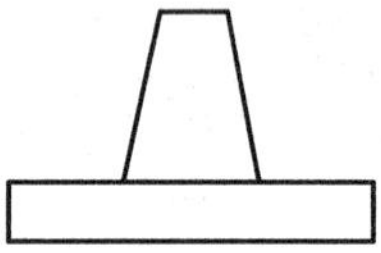	1. 季节冻土地区； 2. 低含冰量的多年冻土区； 3. 地下冰分布均匀的富冰冻土粗粒土地段； 4. 具有冻胀性的上述地区	1. 人工大开挖和机械相配合； 2. 在多年冻土区施工需作遮阳措施； 3. 需有抽水设备避免基坑积水； 4. 基础浇制后逐层均匀回填，满足夯实要求； 5. 严格做好环保措施
2	装配式基础	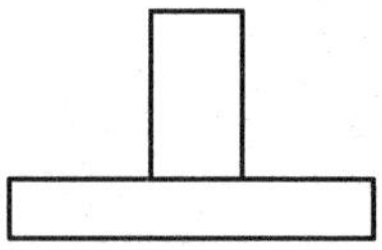	1. 非多年冻土地区； 2. 多年冻土的基岩、融区； 3. 低含冰量的多年冻土区； 4. 地下冰分布均匀的富冰冻土粗粒土地段； 5. 弱冻胀性地基土	1. 人工大开挖机械相配合； 2. 在多年冻土区施工需作遮阳措施； 3. 需有抽水设备避免基坑积水； 4. 基础浇制后逐层均匀回填，满足夯实要求； 5. 严格做好环保措施； 6. 基础侧面需做防冻胀措施
3	灌注桩基础		1. 高温高含冰量细粒土地段； 2. 低温高含冰量细粒土地段； 3. 机械设备能较易运达的地段	1. 在寒季可采用人工掏挖； 2. 在暖季施工需采取遮阳防雨措施； 3. 对于部分由于冻土融化而水量大、易坍塌的基坑，需采取混凝土护壁或钢板护壁和加工挡土板，并采取抽水排水的施工方法； 4. 对于存在厚层地下冰层且已融化和地下暗河的桩位则采用旋挖钻机

（6）冻土环境的保护。

多年冻土区生态环境极为脆弱，一经破坏、扰动，难以恢复，工程施工中应体现“预防为主、保护优先、建设和保护并重”的原则。施工中应积极采取措施，保护高寒植被，减少植被破坏，避免引起湿地萎缩、草场退化、水质污染及新的环境灾害。

因此合理而有效的环境保护措施是势在必行。施工过程应做到以下几点：

① 基坑开挖过程应注意各道工序的衔接，减少基坑的暴露时间，必须采取遮阳隔热措施。

② 在高敏感性和中等敏感性冻土环境地段，尽量减少扰动。

③ 尽量避免在高含冰量的丘陵和陡坡地区大范围开挖，破坏植被，避免热融和溶冻泥流产生。

④ 在高温冻土区高含冰量的低山丘陵和盆地中，对地表积水进行疏干排水。

⑤ 避免在高温冻土、高含冰量地段设置弃土和建筑材料场地，特别是沼泽湿地和高寒草甸生态类型地段。

6.5 盐渍土地区路基

6.5.1 盐渍土工程特征

盐渍土指易溶盐含量大于 0.5% 的土。盐渍土具有较强的吸湿、松胀、溶失及腐蚀等特性。盐渍土的黏土矿物成分主要为伊利石，其次为蒙脱石。化学成分以二氧化硅为主，其次为三氧化二硅。土层主要由黏土粒组成，微孔隙极为发育，有不明显的微层理。土的组织结构随深度变化，靠近地表土中的微细颗粒多以点接触或接触胶接（接触胶接为主）、大孔隙架空排列，向下逐渐变为胶接接触或胶接连接（胶接连接为主）。颗粒孔隙呈镶嵌状排列。

土的微结构变化对土体的黏聚力 c 和内摩擦角 φ 都有较大的影响。当土的颗粒以粒状为主，具架空孔隙，点式接触或接触胶接时，土的 c 值较小。当土的颗粒为粒状凝块（特别是凝块团粒状），以镶嵌的粒间孔隙为主，呈胶接接触或胶接连接时，土的 c 值较大。一般情况下，c 值随着深度的增加，而内摩擦角 φ 略有减少。而且盐渍土的这种类似湿陷性黄土的粒状、架空、点式接触或接触胶结的组织结构，使得孔径远远大于颗粒直径，其结构具有不稳定性，在浸水的条件下，使颗粒间的剪应力减小，连接点遭到破坏，细小颗粒坠入土孔隙中，导致土体湿陷。

6.5.2 盐渍土路基处理方法

1. 盐渍土路基的主要病害

（1）溶蚀。

溶蚀现象主要发生在最易溶解的氯盐渍土上，其次是硫酸盐渍土。受水浸时，土中盐分溶解，可形成雨洞、洞穴，甚至湿陷、坍陷等路基病害。

（2）盐胀。

硫酸盐渍土的盐胀作用最强烈。在冬期，盐胀可导致路面膨胀、变形、轨面抬高，年气温升高后，路基又开始下沉。路基边坡和路肩表层在昼夜温度变化所引起的盐胀作用下，变得疏松、多孔，并易遭风蚀。

（3）冻胀。

氯盐渍土当含盐量在一定范围内时，由于冰点降低，水分聚流时间加长，可加重冻胀。但含盐量更多时，由于冰点降低多，路基将不冻结或减少冻结，从而不产生冻胀或只产生轻冻胀。硫酸盐渍土对冻胀具有和氯盐渍土类似的作用，但由于吸湿性不如氯盐渍土，因此影响不如氯盐渍土显著。碳酸盐渍土由于透水性差，冻胀现象较其他类盐渍土轻。

（4）翻浆。

氯盐渍土不仅聚冰多，而且液限、塑限低，蒸发缓慢，可能引起严重的翻浆现象。硫酸盐渍土和氯盐渍土类似，只是不如氯盐渍土严重。但在春融时，结晶硫酸钠脱水可产生较严重的翻浆现象。碳酸盐渍土遇水崩解速度甚快，强度显著降低，常有翻浆现象发生。

2. 盐渍土路基处理方法

（1）当盐渍土路堤不满足最小高度且难以降低地下水水位时，路堤底部应设置毛细水隔断层，隔断层的底面高程应高于当地最高地面积水高程。毛细水隔断层材料可采用渗水土、复合土工膜等。

（2）当地基和天然护道的表土含盐量不满足规则要求时应予铲除或设置隔断层。

（3）采用强夯置换等方法对地基进行加固。

3. 盐渍土路基边坡防护

为防止盐渍土路堤边坡表土的松胀、溶失、风蚀等，可以采用下列措施：

（1）路基加宽与加固，即路基面每侧加宽值可为 0.4 m，与路堤本体一次施工。

（2）包坡：可采用骨架植物或空心砖植物、水泥砂浆块板、片石或浆砌片石等材料护坡。

复习思考题

1. 简述软土地区地基的加固及处理措施。
2. 膨胀土的工程特性主要有哪些？简述膨胀土路基的常见病害。
3. 盐渍土路基的主要病害是什么？
4. 多年冻土的物理力学性质有哪些特征？

第 7 章　复杂地区路基的施工与养护技术

我国地形地质复杂，各地地质条件差异较大，加之铁路线路一般较长，所经之处路基必然会遇到浸水路基、滑坡地段、地震地区、危岩、落石、崩塌地区等情况，而这种条件下的路基如果按一般路基处理，安全性通常不能得到有效，所以应针对不同的工程情况，采取不同的施工与养护处理方式，以保证路基本身、路基边坡及其他附属设施的稳定性。

7.1　浸水路基施工

7.1.1　浸水路基概述

浸水路基一般指设计水位以下长期或周期性受水浸泡的河滩、滨河、滨海、沿水库或穿越积水洼地、池塘的路基。这类路基由于长期受水冲刷侵蚀，弱化了路基的承载力和稳定性，通常容易出现路基位移、下陷等病害。因此，对有可能形成浸水路段的路基必须进行事先处治，并对已存在的浸水路基进行加固防治，确保该段路基的整体性及其各组成部分具有足够的承载力和稳定性。

1. 浸水路基的类型

浸水路基通常按以下两种方法分类。

（1）浸水路基按路基所处的工程条件不同，可以分为穿越积水洼地、池塘的路基、滨河及河滩路基与水库路基。

（2）浸水路基按浸水时间长短可以分为长期浸水和季节性浸水两种。

2. 浸水路基的工程特点

（1）穿越洼地、池塘的路基工程特点。

穿越洼地、池塘的路基一般都受静水浸泡，且水位涨落变化缓慢，除填料抗剪强度因浸水有所降低外，其他因素如流速、动水压力等则影响甚微。

（2）滨河及河滩路堤的工程特点。

① 水位变化使路基侵蚀部位变化，坡体内孔隙水压力和渗透压力也发生变化。

② 在水和岩土体的相互作用下，路基岩土材料的流变作用会加剧透水层孔隙水压变化，甚至产生超孔隙水压力，使不透水层产生浮力，容易导致路基失稳。

③ 滨河及河滩路堤的一侧或两侧有河流的冲刷、淘刷作用。

（3）水库路基的工程特点。

① 水库路堤长年浸水部分的边坡及可能发生渗透变形的处理工程措施均按浸水路基工程处理措施办理。

② 由于水库路基长年浸水，水库蓄水后地下水壅升也可能造成路基的沉落。因此，尽可能采用沉落量小的渗水土和其他水稳性好的填料。若基底为湿陷性土层时，应预先采用加固处理措施。

③ 波浪冲刷和水库淤积都影响水库路基的边坡稳定性，所以水库路基边坡在存在波浪冲刷和淤积问题时，均应予以防护。若存在流冰和严重的水流冲刷，亦采取措施予以防护。

④ 水库库岸在波浪的作用下，岸坡易被淘刷、磨蚀、搬运，发生变形，产生坍岸，位于坍岸范围内的路基其稳定性受到影响，所以应采取措施进行护岸。

7.1.2 浸水路基的处理

1. 地基的处理

一方面，无论哪种类型的浸水路基，面临的共同问题即为长期或周期性受到水的危害，所以首先要排水；另一方面，浸水路基的地基一般为软土地基，承载力差，所以要经过加固处理方可修筑路堤。

路基排水可采用地表和地下排水系统相结合的方法，综合治理，关于具体的设施施工情况参考第 3 章，关于软土地基的加固可参考第 6.1 节。在此不再重复。

2. 浸水路基常用断面形式及填料

浸水路基的高程要大于最低的防护高程，防护高程以上路基边坡坡率应与非浸水路基相同，防护高程以下相应放缓一级，防护高程处应根据浸水深度及时间、基底地层情况等因素设置边坡平台。

当路堤采用不同填料时，填料分界处不应低于防护高程，且应设宽度不小于 0.5 m 的平台；当相邻两种填料粒径相差较大时，平台顶面应设隔离垫层，其厚度为 0.3 ~ 0.5 m，并可根据填料粒径采用土工合成材料等。

一般路堤浸水部分应选用水稳性高、压缩性小、渗透性强的粗大颗粒材料如砾石、卵石、漂石及不易风化的碎石、块石等，以消除渗透动水压力的作用。

浸水路堤常用的横断面形式见图 7.1。

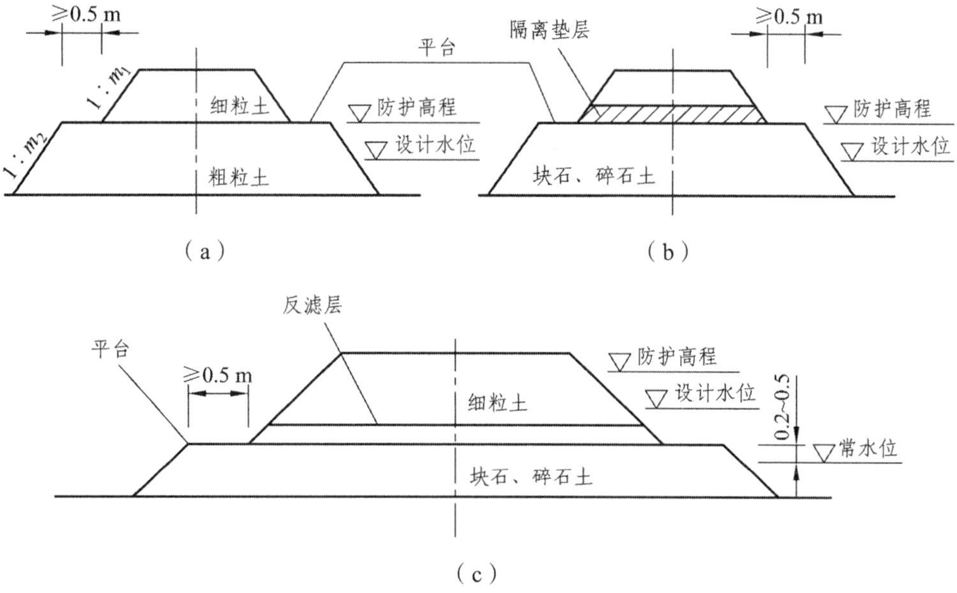

图 7.1　浸水路堤常用横断面形式

3．浸水路基坡面防护

浸水路基的坡面长期或周期性受水流冲刷，路堤的坡脚易被掏空，从而影响路基的稳定性，所以对路基坡面及坡脚进行防护非常重要。坡面及坡脚防护主要有直接防护和间接防护。目前，我国浸水路基防护工程的形式已经存在很多种类，常见的直接防护主要有植物防护、砌石或混凝土护坡、护坦、抛石、石笼、浸水挡土墙、土工模袋等，间接防护包括丁坝、顺坝、格坝等。

7.1.3　水库坍岸的防护

对于水库路基，除了要进行路基防护之外，对水库坍岸也要进行防护才能保证线路的安全。

1．水库坍岸防护措施分类

常用水库坍岸防护工程措施可归纳为如下几类：

（1）按照技术措施分类：工程措施、生物措施和化学措施。

（2）按照工程形式分类：坡式护岸（也称平顺护岸）（干砌石、浆砌石、格构+砌石、沉排等）；坝式护岸（丁坝和顺坝）；墙式护岸（石笼结构、重力式挡土墙、加筋土结构、钢板桩、桩板墙等）；堤式护岸（防护堤等）；复合形式护岸（坡式与丁坝、墙式与坡式、桩与墙等相结合）。

（3）按照作用方式分类：主动防护和被动防护。

（4）按照使用材料分类：天然和人工合成材料。

（5）辅助工程措施：排水工程（地表排水和地下排水）、削方减载、回填压脚。

2. 水库坍岸防护技术、方法和材料

随着水库坍岸防治和护岸工程的发展，新材料和新工艺也在不断进步。有些一开始就是为护岸而设计的，另外一些是已脱离原来目的而被运用到库岸防护的，皆因此而得到了广泛应用。目前常见的有前景的材料、工艺和技术方法如下。

（1）混凝土模块板。

一般用于坍岸防护的混凝土模块板多为六边形或咬合模块板，形状见图 7.2。

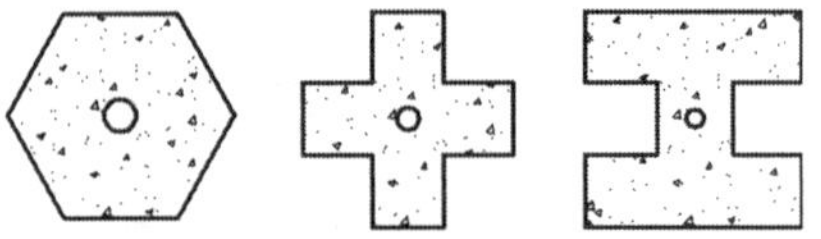

图 7.2　混凝土模块板断面形状

这种防护方式主要适用于土质且边坡较缓的坍岸，铺砌防冲效果、整体性能都较好，但应注意对坡脚进行防护。

（2）整体沉排类。

这种防护方式主要有石笼、格宾网垫等，结构见图 7.3。

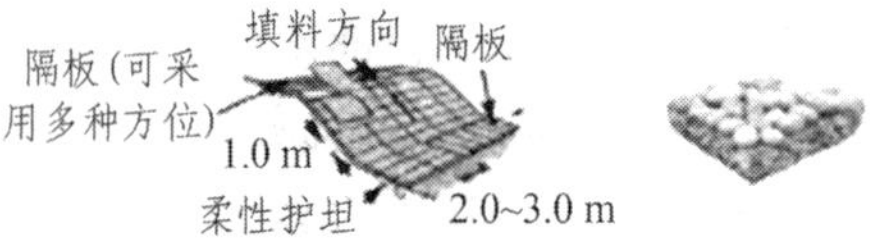

图 7.3　格宾网垫

格宾网垫可用于土质的、边坡中等偏缓的坍岸。其采用高强度镀锌低碳钢丝，由机器编织成六边形网孔钢丝网，组装成统一规格的钢丝笼，填充一定规格的卵砾石用于沉排，可起到护坡、护脚、防淘刷的作用。

（3）土工合成材料。

土工合成材料常见的有土工模袋、织物、网罩等，形式如图 7.4。

图 7.4　常用土工合成材料

土工合成材料可用于土质的、边坡中等偏缓的坍岸。土工模袋、织物、网罩等土工织物用于铺砌，具有良好柔韧性，适应河床变形的能力强，连续性、整体性及抗冲性能好，造价比传统的柴排低。

（4）植被护岸。

目前，植被护岸常用的形式为三维植被网垫或绿化混凝土植被，形式见图 7.5。

图 7.5　三维植被网垫和绿化混凝土植被

植被护岸同样用于土质的、边坡中等偏缓的坍岸。其是将根系固土作用和土工网垫、绿化混凝土防冲作用相结合而形成的复合型护坡技术。它要求种植草对土质、环境的适应性要强，且要耐盐碱、寒、旱、涝，根系发达。

（5）改进护岸技术。

结合各种防护方式改进的防护方式中最典型的为格构+点砌石护岸，结构见图 7.6。

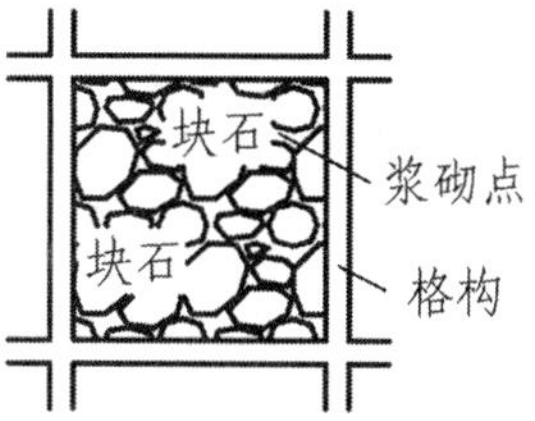

图 7.6　格构+点砌石护岸

该防护方式适用于土质的、中等偏陡的坍岸。这种防护方式是将格构+干砌石与浆砌石护岸优点融合而形成，采用格构+干砌石，将块石与块石接触面 50% 左右用浆砌，以既能保证地下水流顺畅，又能保证块石长期稳定性为准。这种方式既能适应较陡的岸坡，又能增强结构的抗冲刷能力。

（6）引进护岸技术。

① 绿化槽锚固护岸技术。

绿化槽锚固结构见图 7.7。

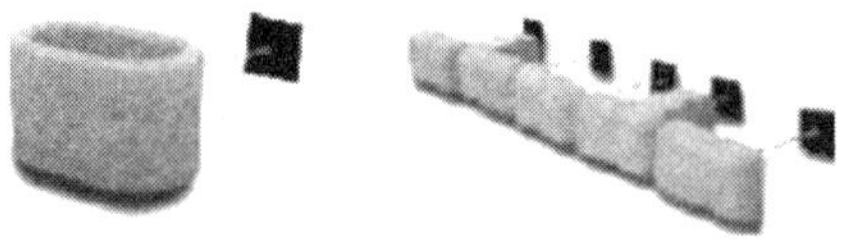

图 7.7　绿化槽锚固结构

该防护方式同样适用于土质的、中等偏陡的坍岸，由混凝土槽、锚杆和锚板构成，在混凝土槽内可以种草绿化，是一种环保型塌岸防护工程措施。

② 圆木面板石笼护岸技术。

圆木面板石笼护岸结构见图 7.8。

图 7.8　圆木面板石笼

这种防护方式适合于土质陡坡或强风化卸荷的岩质岸坡，是在金属网箱前面安装圆木的护岸技术。圆木可选用杉树松树，可与自然景观相协调；圆木和金属网规格统一，现场组装简便，易于施工；当圆木腐朽时，面板可更换。

7.2 滑坡地段路基施工

7.2.1 滑坡概述

滑坡是堆积层或岩层在重力作用下整体地沿着滑动面向下滑动的地质现象。滑坡的发生，是斜坡土（岩）体平衡条件遭到破坏的结果，其平衡条件为岩（土）体重力所产生的侧向滑动分力，等于或小于滑动面的抗滑阻力。通常在滑动体以内与滑坡体附近可见羽状裂缝或环状裂缝。一个发育完全的滑坡，通常由坡体、滑动面、滑坡裂缝、滑坡壁、滑坡附地、滑坡盆地、滑坡膨丘等组成。

7.2.2 滑坡的防治

根据工程地质、水文地质以及施工影响等因素以及滑坡产生或发展的原因，可以得出防止滑动的措施主要从两个方面考虑，即消灭或减少水的危害与增加滑坡的平衡条件，而增加滑坡的平衡条件又可以分为支挡、减重、反压施工。

1. 全方位迅速排除地表水及地下水

全方位排水“治坡先治水”的治坡理念包括将地表水引出滑动区外的地表排水和降低地下水位的地下排水，是滑坡（边坡）治理中必不可少的一环节。地表排水技术上简单易行且加固效果好、工程造价低，应用范围广。几乎所有滑坡整治工程都包括地表排水工程，其常以截水沟、排水沟等形式出现。地下排水能大大降低孔隙水压力，增加有效正应力，从而提高抗滑力，尤其是大型滑坡的整治，深部大规模的排水往往作为首选的整治措施。地下排水常以泄水通道、盲沟等形式出现。地下水活动是诱发滑坡的主要外因，不论采用何种方法处理滑坡，都必须做好地表水及地下水的处理。排除地表水及地下水的方法如下：

（1）排除地表水。

① 环形截水沟。

对于滑坡顶面的地表水，应采取截水沟等措施处理，不让地表水流入滑动面内。必须在滑动面以外修筑 1 ~ 2 条环形截水沟。环形截水沟设置处，应在滑坡可能发生的边界以外不少于 5 m 的地方。当山坡汇水面积大，地表径流量和流速均相应较大时，应根据情况设计不止一条截水沟。截水沟间距以 50 ~ 60 m 为宜，截水沟的断面尺寸，应根据汇水面积确定。

② 树枝状排水沟。

树枝状排水沟的主要作用是排除滑体坡面上的径流。在设置树状排水沟时，应结合地形条件，充分利用坡面上的自然体系，汇集并旁引坡面径流排出滑体外，当以自然沟渠作为排除地表水的渠道时，必须对其进行必要的整修、加固和铺砌，使水流畅通、不渗漏。

③ 平整夯实滑坡体表面的土层，防止地表水渗入滑体坡面造成高低不平，不利于地表水的排除，易于积水，应将坡面作适当平整，并填实坡面上的裂缝，防止积水下渗；在山坡种

植草皮，以吸取地表水分，又可借根系增加地表土体的稳定性。

（2）排除地下水。

排除地下水可采用支撑渗沟、边坡渗沟、暗沟、平孔及泄水洞等。所有盲沟与泄水洞应该根据土壤与流量情况，设置倒滤层，避免潜蚀作用引起陷穴，并防止泥沙流入，淤塞排水孔道。

2. 增设滑坡体的平衡条件

增设滑坡体的平衡条件可采取减重和修建支撑构造物的办法。值得注意的是，支撑构造物的基础应埋置于滑动面以下的硬层或基岩上，以保证建筑物基础的稳定。设置时应通过滑动验算，以保证支撑建筑物的稳定

（1）支挡。

根据滑坡推力的大小、方向和作用点，可选用重力式抗滑挡墙、各种抗滑桩、刚架锚索桩、石砌支柱及其他抗滑结构。抗滑挡墙的基底及阻滑桩的桩端应埋置于滑动面以下的稳定土层中，必要时，应验算墙顶以上的土体从墙顶滑出的可能性。抗滑桩是一种治理滑坡的主要措施，是穿过滑坡体深入于滑床的桩柱，是利用抗滑桩插入滑动面以下的稳定地层对桩的抗力（锚固力）平衡滑动体的推力，以增加边坡的稳定性。抗滑桩作为阻滑支撑工程，大多是通过人工挖孔，钢筋混凝土浇注的桩，具有破坏山体少、施工方便、工期短、省工省料的优点。

桩孔以人工开挖为主，并按下列原则进行：

① 开挖前应平整孔口，并做好施工区的地表截、排水及防渗工作。雨季施工时，孔口应加筑适当高度的围堰。

② 采用间隔方式开挖，每次间隔 1～2 孔。

③ 按由浅至深、由两侧向中间的顺序施工。

④ 松散层段原则上以人工开挖为主，孔口做锁口处理，桩身作护壁处理。基岩或坚硬孤石段可采用少药量、多炮眼的松动爆破方式，但每次剥离厚度不宜大于 30 cm。开挖基本成型后再人工刻凿孔壁至设计尺寸。

⑤ 根据岩土体的自稳性、可能日生产进度和模板高度，经过计算确定一次最大开挖深度。一般自稳性较好的可塑—硬塑状黏性土、稍密以上的碎块石土或基岩为 1.0～1.2 m；软弱的黏性土或松散的、易垮塌的碎石层为 0.5～0.6 m；垮塌严重段宜先注浆后开挖。

⑥ 每开挖一段应及时进行岩性编录，仔细核对滑面（带）情况，综合分析研究，如实际位置与设计有较大出入时，应将发现的异常及时向建设单位和设计人员报告，及时变更设计。实挖桩底高程应会同设计、勘察等单位现场确定。

⑦ 弃渣可用卷扬机吊起。吊斗的活门应有双套防开保险装置。吊出后应立即运走，不得堆放在滑坡体上，防止诱发次生灾害。

（2）在改变斜坡几何形态和排水不能保证斜坡稳定的地方，可采用支挡结构物如挡土墙（重力式挡墙、锚杆挡墙、锚索挡墙）、木笼块石墙、钢筋石笼挡墙、被动抗滑桩、原地浇筑混凝土连续墙、有聚合物或金属条或板片等加筋材料的挡土墙（加筋土挡墙）、坡面柔性防护结构（拦截落石的钢绳网）、坡面生态护坡系统等等来对滑坡（边坡）进行整治，是滑坡（边

坡）治理中较常用的手段。

① 抗滑桩（锚索抗滑桩）。

抗滑桩是使用较早的一种支挡结构，应用相对成熟和广泛。为使抗滑桩受力更合理，相关领域已开发出锚索或预应力锚索抗滑桩体系，抗滑桩的空间形式以及与锚索（预应力锚索）的组合成为一个研究热点。

② 挡墙。

挡墙是在滑坡坡脚修建的一种挡土结构，常用砌石、混凝土以及钢筋混凝土结构，临时性加固时也可采用木笼挡墙。修建挡墙能适当提高滑坡的整体安全性，更可有效防止坡脚的局部崩坍，以免不断恶化边坡条件，但对于大型滑坡，挡墙由于受到工程量、高度、自身稳定性的限制，滑坡体的安全系数往往提高不大。

③ 柔性防护结构。

柔性防护结构指设置于斜坡上一定部位处的柔性钢绳网，可以拦截或阻滞顺坡滚落的块石，从而使保护对象免遭破坏。该系统由钢绳网、固定系统（拉锚和支撑绳）、减压环和钢柱四部分组成，可分为主动防护结构和被动防护结构两种类型。

④ 土锚、土钉。

土钉、土锚主要用于基坑开挖边坡支护等临时性结构，其锚固力有限，主要靠整体性和柔韧性来对边坡进行加固。

⑤ 岩石锚杆、锚索、锚梁。

岩石锚杆能提供较大的锚固力，当锚杆提供的锚固力达不到要求时，可以采用锚索甚至锚梁结构，同时可以施加一定的预应力以提供锚固力，成为滑坡治理中的一种常用措施。

⑥ 微型桩。

微型桩指直径小于 300 mm 的插入桩或灌注桩，微型桩主要通过许多微型桩密布在滑体上，穿过滑动面，增加抗滑力，以达到加固坡体的目的。

⑦ 格构梁（锚索、锚杆格构梁）。

格构梁锚固是利用浆砌片石、现浇钢筋混凝土或预应力混凝土进行坡面防护，并利用锚杆或锚索固定的一种滑坡综合防护措施。它将整个护坡与柔性支撑有机结合在一起，是一种新型支挡加固措施。新型的格构锚固措施有现浇钢筋混凝土格构锚固、预制预应力混凝土格构锚固及框架锚固等，格构梁成为滑坡治理中的一个研究热点。

⑧ 加筋土。

加筋土是在土体中埋入抗拉材料以改善土体的总体强度，稳定斜坡、支挡开挖边坡都可用加筋土挡墙，其较传统挡墙有承受大变形、填料范围广、易于修建、抗地震作用、造价低廉等优点，加筋土在高填路堤边坡上应用非常广泛。

（3）生态护坡结构。

滑坡（边坡）的治理包括护坡，在提倡生态建设的今天，护坡结构的生态化也成为一个研究热点。

3. 反　压

如滑坡性质为推动式或为由错落转化成的滑坡后，可采用反压坡脚的方法来防治。反压到坡脚的土体必须填在抗滑地段，不能填在主滑地段。填方时，必须做好地下排水工程，不能因填土堵死原有的地下水出口，造成后患。

4. 综合治理

滑坡治理是一项复杂的工程，常常不是某一种措施能够解决得了的，有时即使单一措施能够满足安全要求，也往往不经济，因此，滑坡治理中经常使用多种措施相结合来实现对滑坡的整治，这样才能取得较好的治理效果。

7.3 地震地区路基施工

7.3.1 地震对路基的影响

地震力由震源向四周传播并逐渐衰减，对路基的影响虽不如暴雨，但地震力是瞬间的动荷载，来势凶猛，具有很大的破坏作用。地震对路基的损害主要表现在：

1. 路基滑坡

铁路工程的修建，必然会对地区的地形、地质、水环境产生难以预测的影响。随着断裂面错动，破碎岩层沿着层面或软弱面滑动，或松散坡积（残积）层沿着下卧基岩面滑动，滑坡是山区地震时容易产生的一种不良地质震害类型。

2. 坍塌落石

地震带来的反复振动，可使深路堑或陡山坡坍滑落石，河滩路堤或陡坡路堤产生沉陷和边坡坍滑，使路基边坡防护设施损坏，甚至危及运输安全。

3. 高路堤段的轨枕悬空

砂类土由于其材料件的黏结力较小，抗变形能力较差，遭遇强烈地震时，路堤容易产生侧向变形和整体移动，出现边坡坍滑，路肩纵向开裂、下沉，造成轨枕悬空。轨枕悬空多出现在陡坡和桥头高路基地段。

7.3.2 地震地区路基的设计原则

位于地震区的路基设计，遵照《铁路路基设计规范》和《铁路工程抗震设计规范》的要求进行：

（1）线路应选择在工程地质条件良好、地形开阔平坦或缓坡地段通过，并宜绕避近期活动的断层破碎带，易液化砂土、黏砂土及软土等地基，较厚的松散山坡堆积层，严重的泥石流发育地区，不稳定的悬崖深谷，严重的山坡变形和易塌陷的地下空洞等对抗震不利的地段。

（2）线路应避开抗震设防烈度为 9 度的地震区的主要活动断裂带。难以避开时，应选择在其较窄处通过。

（3）当通过液化土和软土等松软地区时，线路宜选择在有较厚非液化土层或硬壳处并宜设置低路堤。

（4）土质松软或岩层破碎、地质构造不利地段的线路不应作深长路堑。线路难以避开不稳定的悬崖陡壁地段时，应采用隧道。

（5）路基工程所在地区的地震作用，应按相应抗震设防烈度的设计地震动峰值加速度（a_g）来表征（表 7.1）。

表 7.1　抗震设防烈度和设计地震动峰值加速度（a_g）对应表

抗震设防烈度	6	7	8	9
设计地震动峰值加速度	0.05g	0.10（0.15）g	0.20（0.30）g	0.40g

（6）验算路基抗震稳定性时，Ⅰ、Ⅱ级铁路的荷载应包括恒载、列车活荷载和水平地震力作用。其余各级铁路的荷载只包括恒载和水平地震作用。

浸水挡土墙和水库地区浸水路堤，以及滨河地区Ⅰ、Ⅱ级铁路浸水路堤，尚应计常水位的静水压力和浮力。

7.3.3　路基抗震措施

1. 路堤的抗震措施

高路堤、液化土及软土地基的路堤、陡坡地段路堤、用砂类土填筑的路堤较容易产生震害。常采用的抗震措施有：

（1）路堤填料应选用抗震稳定性较好的土，不宜用粉砂、细砂、黏土和有机土。Ⅰ、Ⅱ级铁路当受条件限制采用上述填料时，应改良土质或采取加固措施。

（2）路堤浸水部分的填料，应选用抗震稳定性较好的渗水性土。当采用粉砂、细砂、中砂作填料时，应采取掺拌粗颗粒或提高填筑密度等防止液化的措施。

（3）在岩石和非液化土、非软土地基上的路堤，边坡高度大于路堤边坡限值规定时，可采用土工合成材料加筋等措施加固边坡；当填料及用地不受限制时，其边坡坡度应按现行《铁路路基设计规范》规定放缓一级。

（4）半填半挖路基和修筑在地面横坡大于 1∶5 的稳定斜坡上的路堤，原地面应挖台阶，台阶宽度不应小于 1.5 m，并应做好排水工程。必要时，应采取设置支挡建筑物等防滑措施。

（5）液化土地基上的路堤，应进行抗震稳定性检算。若稳定系数小于允许值，应采取加固地基土或设置反压护道等措施。但满足下列条件之一者，可不采取抗震措施：

①Ⅰ、Ⅱ级铁路路堤高度小于 3 m，其他铁路路堤高度小于 4 m。

②Ⅰ、Ⅱ级铁路路堤高度小于 5 m，其他铁路路堤高度小于 6 m，且设计烈度为 7 度、8 度、9 度，地面以下分别为 5 m、6 m、7 m 深度内，液化土层的累计厚度小于 2 m。

③ 上覆非液化土层厚度 d_u 或地下水位深度 d_u 大于表 7.2 的规定。

表 7.2　d_u 的限值（m）

铁路等级	设计烈度（度）		
	7	8	9
Ⅰ、Ⅱ级铁路	5	6	7
其他铁路	3	4	5

（6）软土地基上小于临界高度的路堤，其地面硬壳层的厚度大于表 7.3 的规定时，可不采取抗震措施。

表 7.3　硬壳土层厚度（m）

铁路等级	设计烈度（度）	
	8	9
Ⅰ、Ⅱ级铁路	2	3
其他铁路	—	2

当地面硬壳层厚度小于表 7.3 的规定时，设计烈度为 8 度和 9 度，路堤边坡坡度应按现行《铁路路基设计规范》规定放缓一级或加设宽度 1 ~ 2 m 的护道，护道的高度不宜小于路堤高度的 1/2。

软土地基上路堤高度大于临界高度时，当地基已采用砂井、碎石桩、旋喷桩、粉喷桩、石灰桩等加固时，可不再考虑地震的影响；当采用反压护道加固，且设计烈度为 8 度和 9 度时，Ⅰ、Ⅱ级铁路应将护道和堤身的边坡均按现行《铁路路基设计规范》规定放缓一级。软土地基上路堤的基底垫层填料应采用碎石或粗砂夹碎石（卵石），不得采用细砂；9 度以上地震区不得采用中、粗砂。

2. 路堑的抗震措施

（1）一般黏性土路堑边坡高度大于表 7.4 规定时，应按现行《铁路路基设计规范》规定放缓一级或采取加固措施。

表 7.4　黏性土路堑边坡高度要求（m）

铁路等级	a_g		
	0.2g	0.3g	0.4g
Ⅰ、Ⅱ级铁路	15	12	10
其他铁路	20	17	15

（2）当设计烈度为 8 度和 9 度，Ⅰ、Ⅱ级铁路的碎石类土路堑边坡坡形和坡值，应根据土的密度、含水量和成因，并结合边坡高度确定。当受地形、地质条件限制不宜放缓边坡时，应采取加固措施。

（3）岩石路堑，当石质破碎或有软弱夹层、山坡有危石或上部覆盖层易受震坍塌时，应采取支挡加固措施：Ⅰ、Ⅱ级铁路宜设置轻型柔性防护、隧道或明洞。

（4）设计烈度为 8 度和 9 度时，Ⅰ、Ⅱ级铁路的岩石路堑，宜采用光面、预裂、控制爆破，不应采用大爆破施工。

7.3.4 路基抗震施工和养护工作的重点

1. 加强路基工程截排水设施的养护工作

路基截排水设施的施工质量是保证路基工程安全稳定的关键环节，排水不畅是路基问题的主要原因，尤其在降水量较大的地区，水对路基的影响在许多方面占主导地位。然而由于排水系统属于路基系统的附属工程，排水系统的完整性和畅通性往往被忽视。

2. 严格执行硬质石质边坡的施工工艺

硬度较高的岩石路基施工时采用光面爆破、预裂爆破等定向爆破技术，可以很好地解决常规爆破开挖由于冲击和震动作用，造成路堑边坡岩体破碎、松动、稳定性降低，有效降低运营期间的掉块和落石病害发生的概率。

3. 重视陡坡路基地基处理施工管理

对于半填半挖路基以及地面横坡大于 1∶5 的斜坡上修筑的路堤，应高度重视清表，清除原地面腐殖土的工序要求，将原地面做挖台阶处理，增加大地面与路堤的黏结。同时做好截排上游地面水和地下水工程的措施，保持路堤和基底的干燥，提高路基整体的稳定性。

4. 落实土质路堑边坡施工的技术要求

为增加抗震稳定性，地震区路堑施工严格贯彻大型机械合理“欠挖”、人工补挖到位，坡面防护工程及时跟进。

7.4 危岩、落石和崩塌地段路基施工

7.4.1 危岩、落石和崩塌概述

危岩、落石和崩塌是指陡峻斜坡上的岩（土）体，由于各种自然条件的变换，或人为因素的产生，促使岩体在陡峻的斜坡上发生急剧的倾倒、崩塌、错落、翻滚和跳跃等的一种动力地质现象。规模极大的崩塌称为山崩，而仅个别落石的称为坠落。危岩、落石和崩塌对铁路行车安全威胁很大，是山区铁路常见的路基病害。

7.4.2　危岩、落石和崩塌预防和整治

危岩、落石和崩塌地段路基的稳定，在很大程度上取决于线路位置是否适当，故在路基设计中，应结合地区的地形、地质条件，选定适当的线路位置，以求做到防患于未然，或者尽量缩短线路通过危岩、落石和崩塌地段的长度，为路基设计和整治创造有利的条件。

1. 设计原则

在危岩、落石和崩塌地段，路基宜选择在其影响范围小、边坡较矮缓、易于防治处理的位置，并采取遮蔽、拦截、清除、加固或综合处理等安全可靠的工程措施。在山体极不稳定，岩层非常破碎，有可能发生大范围的危岩、落石或大规模崩塌地段，线路必须设法绕避，一般可避开崩塌区，将线路绕到对岸，或移至较稳定的山体内以隧道通过。对中小型危岩、落石和崩塌地段，绕避困难时，应根据病害类型及危害程度等，合理地选择线路位置及防治措施。

2. 整治措施

（1）拦截工程。

当崩塌岩块较小，或崩塌数量不多时，可采取支护或设置拦截建筑物等措施。拦截建筑物的类型、结构尺寸、设置位置，应根据崩塌岩块的大小、数量、分布情况等因素确定。拦截建筑物常用的类型有：落石平台、落石槽、拦石墙、拦石堤和柔性防护系统等。

如图 7.9 和图 7.10 所示，当崩落物有较大冲击力时，落石槽外侧应配合设置拦石墙。拦石墙设置的位置及截面尺寸，可根据其强度和稳定性按照挡土墙理论计算决定，墙背按静力荷载和冲击荷载作用两种情形进行检算。

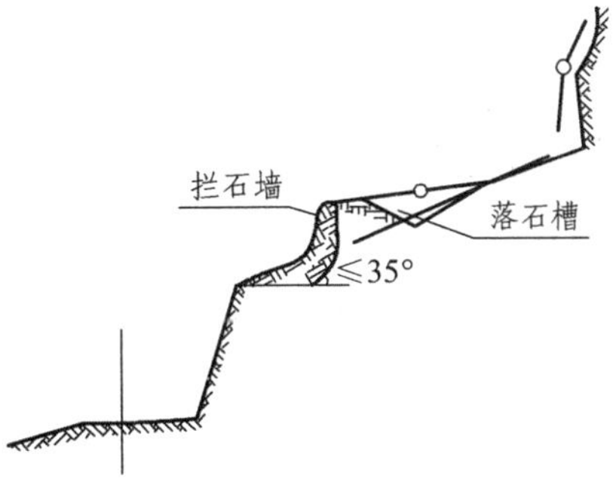

图 7.9　拦石墙

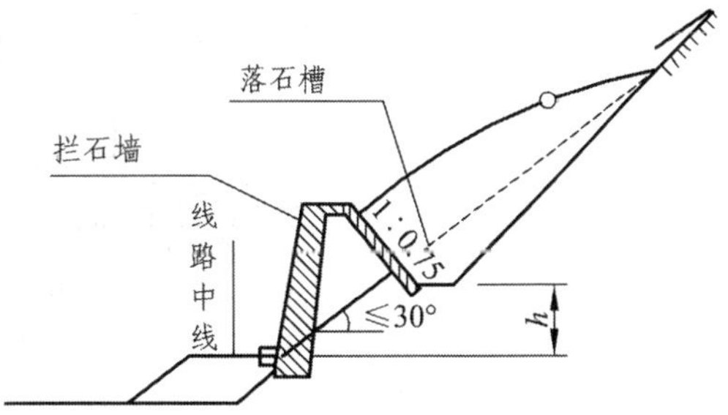

图 7.10　落石槽

拦石堤通常使用当地土筑成，一般采用梯形断面，堤顶宽 1 ~ 3 m，堤高可根据调查或经验数据确定。堤顶高度应预留 1.0 m 的安全高度。

其他拦截措施主要有植树防护边坡和在边坡上设置桩障，以起到减少和拦挡崩塌物和落石的作用。

（2）遮挡建筑物。

当危岩落石量大，崩塌次数发生频繁，采用一般拦截建筑物有困难时，可采用框架棚洞或明洞等结构进行处理，如图 7.11。设置这些建筑物的地方，要求地基牢固。特别是明洞的

外边墙受力集中，更应注意将其置于坚实、稳固的地基上。棚洞、明洞等遮挡建筑物的设计和计算，断面尺寸、材料要求等，可按隧道设计方法进行。

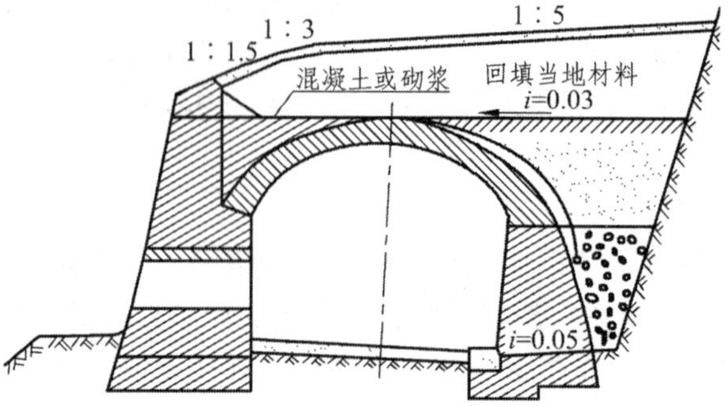

图 7.11　明洞

（3）综合治理。

处理崩塌、堆岩等危岩地带的办法除采取以上措施外，还可采取下列方法：

① 托梁加固——在危岩下设钢筋混凝土托梁或过梁，以便承托上方危岩和行车;一般用于危岩较高、跨度较短、两边有较稳定的支承位置。

② 嵌补支顶——在软硬岩层互层地段，因软岩风化形成凹槽，而硬质岩层被构造面切割形成危岩，为防止危岩崩坠和软岩继续风化，可采用浆砌片石或混凝土支顶加固，或进行嵌补处理，如图 7.12。

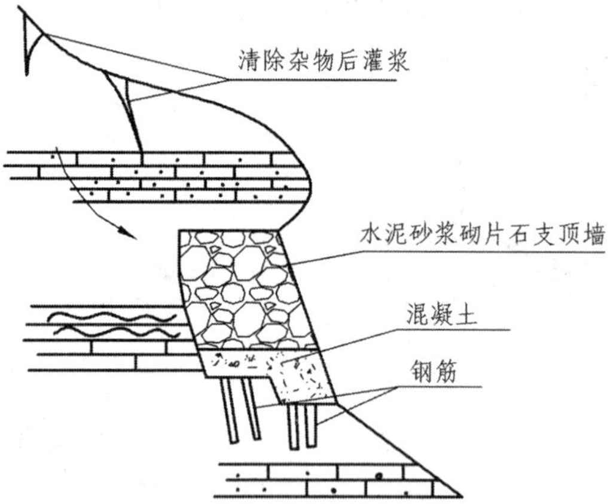

图 7.12　支顶墙加固

③ 刷坡清方——当路基边坡顶缘以上的剩余岩堆体或危石的数量不多，而且其母岩的破碎程度不甚严重时，应以全部清除为宜，并在清除后对母岩进行适当的防护加固，防止其继续风化破坏而再形成病害。

3. 危岩、落石崩塌地区施工技术要点

（1）在危岩、落石崩塌地段开挖路堑或清除崩塌体时，应严密检查，防止岩体脱落造成人身伤害事故；开挖石方应采用控制爆破，并从上到下进行。

（2）落实地段施工应该注意以下几个问题：

落石台和落石槽的纵横坡度应按设计要求修筑平顺；坡面防渗层应随时施工，及时完成；土质栏石堤应分层填筑压实。堤的两侧有挡土，防护结构时，应填铺均匀；拦石网和拦石栅，应按设计要求结合实际地形布置施工，网不可绷得太紧，应放松略呈弧形。

复习思考题

1. 简述滑坡段路基施工的要点。
2. 简述浸水路基的防护方式。
3. 简述地震地区路基施工要点。
4. 简述危岩、落石路基的处理方法。

第 8 章　铁路路基边坡稳定及沉降控制

8.1　铁路路基边坡稳定

铁路路基在运营过程中容易发生失稳破坏，而这种破坏和土坡的稳定有着密切的关系。

8.1.1　铁路路基边坡常见的破坏形式

铁路路基边坡稳定性是指结构稳定性。路基结构的破坏，主要表现在边坡部分土体的滑塌，其中包含路堤的整体滑动。

1. 路基的沉陷

路基沉陷是指路基表面在垂直方向产生较大的沉降。路基的沉陷有两种情况：一是路基本身的压缩沉降；二是由于路基下部天然地面的承载能力不足，在路基自重作用下引起沉陷或向两侧挤出引起沉陷。

路基的沉缩是因路基填料选择不当，填筑方法不合理，压实度不足，在路基堤身内部形成过湿的夹层等因素，在荷载和水温的综合作用之下，引起路基沉缩。

地基的沉陷是指原天然地面有软土、泥沼或不密实的松土存在，承载能力极低，路基修筑前未经处理，在路基自重的作用下，地基下沉或向两侧挤出，引起路基下陷。

2. 路基边坡滑塌

路基的边坡滑塌，多发于长期降雨，土的强度减弱之后。

根据边坡土质类别、破坏原因和规模的不同，可分为溜方与滑坡两种情况。

（1）溜方：由于少量土体沿土质边坡向下移动所形成，通常是指边坡上表面薄层土体的下溜，主要是由于流动水冲刷边坡或施工不当。

（2）滑坡：一部分土体在重力作用下沿某一滑动面滑动，主要是由于土体的稳定性不足。

路堤边坡坡度过陡或边坡坡脚被冲刷掏空，或填土层次安排不当是引起路堤边坡发生滑坡的主要原因。

（3）崩塌。

路堑边坡风化岩层表面，在大气温度与湿度交替作用下，以及雨水冲刷和动力作用之下，表层岩石从坡面上剥落下来，向下滚落。大块岩石脱离坡面沿边坡滚落称为崩塌。

（4）路基沿山坡滑动。

在较陡的山坡填筑路基，若路基底部被水浸湿，形成滑动面，坡脚又未进行必要的支撑，在路基自重和车辆荷载作用下，整个路基沿倾斜的原地面向下滑动，路基整体失去稳定性。

（5）不良地质和水文条件下造成路基破坏。

（6）季节性冰冻地区的冻胀和翻浆。

在以上所述的铁路路基边坡破坏形式中，主要还是边坡滑塌。大量实践数据表明：边坡滑塌破坏时，会形成一个滑动面。滑动面的形状因土质的不同而不同：对于黏性土来说，黏性土的黏结力 c 较大，而内摩擦角 φ 较小，边坡滑塌时，滑动面近似呈圆曲面。而对于砂性土，因为砂性土有较大的内摩擦角 φ 及较小的黏结力 c，其破坏滑动面近似呈直线平面。一般情况下，只考虑破裂面通过坡脚的稳定性，路基底面以下含有软弱夹层时，还应考虑滑动破裂面通过坡脚以下的可能，此时边坡为折线形，必要时要对通过变坡点的滑动面进行稳定性验算。

8.1.2 铁路路基边坡稳定性分析

路基边坡稳定性的设计方法中，力学分析法是边坡稳定性分析常用的方法，根据滑动面形状的不同可以分为直线破裂面法和圆弧破裂面法，前者适用于砂砾土，后者适用于黏性土，并且符合以下假定：

（1）不考虑滑动体内应力的不均匀分布和局部移动。

（2）认为平衡状态只在滑动面上达到，滑动时呈整体下滑。

（3）最危险的滑动面位置需试算确定。

力学分析法中的数解法应用是较为普遍的，即假定几个不同的滑动面，按力学平衡原理对每个滑动面进行边坡稳定性分析，确定最危险的滑动面，并以此滑动面进行边坡稳定性分析判断。

1. 直线破裂面法

（1）适用条件。

直线法适用于砂土和砂性土（两者合称砂类土），土的抗力以内摩擦力为主，黏聚力甚小。边坡破坏时，破裂面近似平面。

凡路堤边坡最大高度大于 20 m 者，称为高路堤或深路堑。高路堤深路堑设计主要是确定合理的边坡坡度和边坡形式。为此需要对路堤的填料和路基所处的地质情况进行必要的调查，同时对于土质路基的边坡则需进行稳定检算。

路堤横断面如图 8.1 所示，取一延长米路堤来研究其稳定性。设 ED 为破裂面，其与水平面的夹角为 β。在破裂面上方土体 $EDFB$ 的重量及路基面上列车与轨道重量之和为 Q，Q 可分解为沿破裂面 ED 的切向分力 T 及与破裂面垂直的法向分力 N。切向分力 T 为推动土体下滑的力，称为下滑力。作用在破裂面上的法向分力 N 与土的内摩擦系数的乘积称为摩擦力。破裂面上的摩擦力和黏聚力为阻止土体滑动的力，称为抗滑力 F，下滑力 T 及抗滑力 F 分别为：

$$T = Q\sin\beta \tag{8.1}$$

$$F = N\tan\varphi = Q\cos\beta\tan\varphi + cL \tag{8.2}$$

其中　φ——路堤填土的内摩擦角，$\tan\varphi$ 为填土的内摩擦系数；

c——路堤填土的黏聚力；

L——破裂面 DE 的长度，$L = DE$。

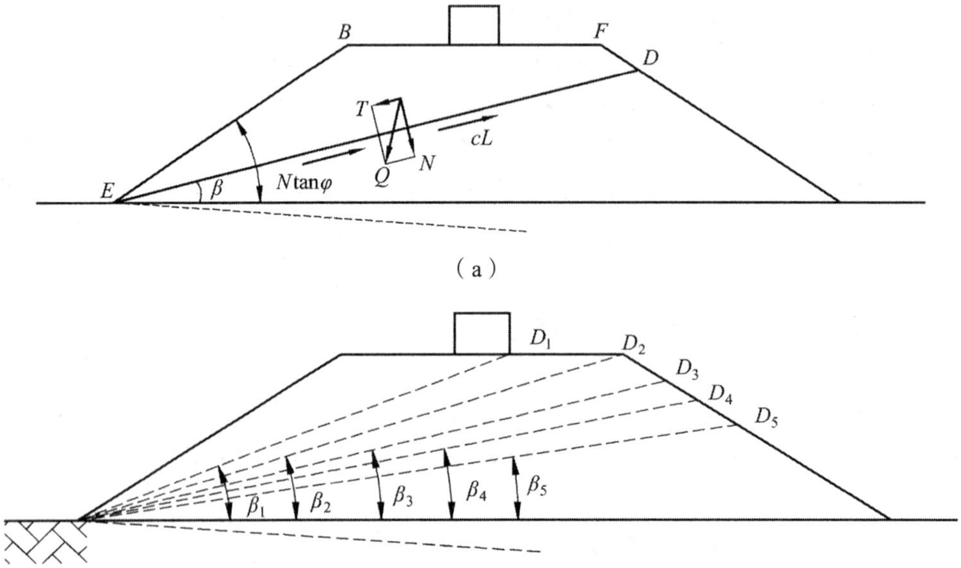

（b）

图 8.1　直线破裂面法示意图

路堤边坡的稳定系数 K 可按下式计算：

$$K = \frac{F}{T} = \frac{N\tan\varphi}{Q\sin\beta} = \frac{Q\cos\beta\tan\varphi + cL}{Q\sin\beta} \tag{8.3}$$

（2）最小稳定系数 K_{min} 的确定方法。

由图 8.1 通过假设破裂点 D_1，D_2，D_3，D_4，D_5…，可分别求出相应的稳定系数 K 及对应的破裂角 β 的一组数值 K_1（β_1），K_2（β_2），K_3（β_3），K_4（β_4），K_5（β_5）…，然后用作图方法可求出最小稳定系数 K_{min}，如 8.2 图所示。

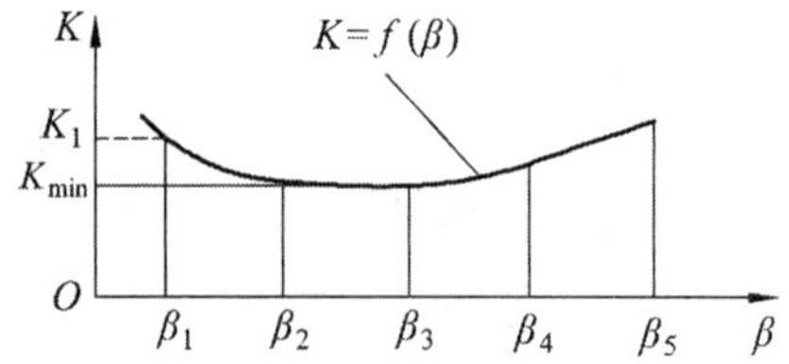

图 8.2　最小稳定系数 K_{min} 的确定示意图

2. 圆弧破裂面法

现场观察和调查资料表明，黏性土土坡滑塌时，其滑面呈曲面，接近一个圆柱面，工程计算中常将它当作一个平面应变问题来解决，并假设其断面呈圆弧面。

用圆弧面进行土坡稳定分析的具体方法很多，常用的有瑞典圆弧法（W.Fellenius，1936）、毕肖普法（A.W.Bishop，1955）和条分法。

（1）瑞典圆弧滑面法。

瑞典弗兰纽斯提出的圆弧滑动面法是土坡稳定性分析中的一种基本方法。它不但可以用来检算简单的土坡，也可以用来检算各种复杂情况的土坡（如不均匀的土坡、分层的土坡、有渗流的土坡及坡顶有荷载作用的土坡等），它在工程中广为应用。

① 基本原理及假定。

该法假定土坡稳定性分析是一个平面应变问题，滑面呈圆弧形。

图 8.3（a）为圆弧滑面滑坡的示意图。其中 *ABCD* 为滑动土体，*CD* 弧为圆弧滑动面。滑坡发生时，滑动土体 *ABCD* 同时整体地沿 *CD* 弧向下滑动。对于圆心 *O* 来说，相当于整体滑动土体沿 *CD* 弧绕圆心 *O* 转动。

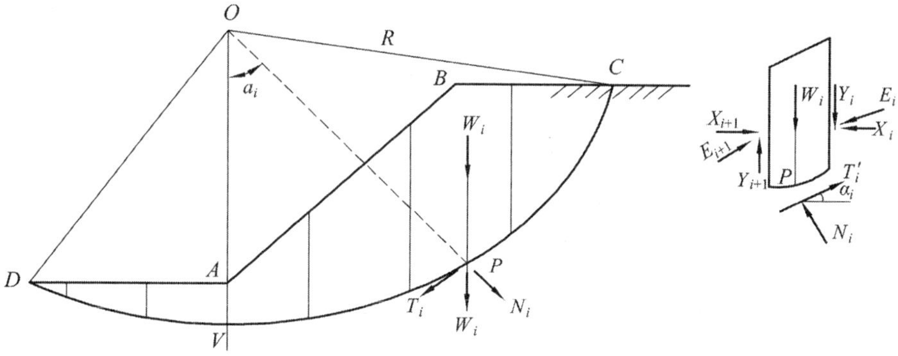

图 8.3　圆弧形滑面

在具体计算中，弗兰纽斯将滑动土体 *ABCD* 分成 *n* 个土条，土条的宽度为 2 ~ 4 m。如用 *i* 表示土条的编号，则作用在第 *i* 土条上的力如图 8.3（b）所示。

• 土条的自重 W_i。

这个力作用在土条的重垂线上，它在滑面交点 *P* 上的两个分力为：

$$N_i = W_i \cos\alpha_i \tag{8.4}$$

$$T_i = W_i \sin\alpha_i \tag{8.5}$$

式中　α_i——*P* 点处的重垂线与滑面半径 *OP* 的夹角（或 *P* 点处圆弧的切线与水平线的夹角）；

N_i——W_i 在滑面 *P* 点处的法向分量，它通过滑面的圆心 *O*，这个力对土坡不起滑动作用，但却是决定滑动面摩擦力大小的重要因素；

T_i——W_i 在滑面 *P* 点处的切向分量，是滑动土体的下滑力，如图 8.3（a）所示。

应当注意，如以图 8.3（a）中通过圆心的垂线 *OV* 为界，则 *OV* 线右侧各土条的 T_i 值对滑动土体起下滑作用，计算时应取正值；*OV* 线左侧的土条的 T_i 值对滑动土体则起到抗滑和稳定作用，计算时应取负值。

• 滑面上的抗滑力 T_i'。

这个力作用于滑面 *P* 点处并与滑面相切，其方向与滑动的方向相反。按库仑黏性土的抗剪强度公式，其值为

$$T_i' = N_i \tan\varphi + c l_i \tag{8.6}$$

式中　l_i——第 *i* 个土条的弧长。

• 条间的作用力 X_i 、Y_i 、X_{i+1} 和 Y_{i+1}。

这些力作用在土条两侧的内切面上，如图 8.3（b）所示，它们每侧的合力为图中虚线表示的 E_i 和 E_{i+1}。瑞典圆弧法假定：E_i 和 E_{i+1} 大小相等，方向相反，作用在同一条直线上，因而在土条的稳定性分析中不予考虑。

如将上述各力对滑面的圆心 O 取矩，可得滑动力矩 M_s 和抗滑力矩 M_r 为：

$$M_s = R\sum_{i=1}^{n} T_i \tag{8.7}$$

$$M_r = R\sum_{i=1}^{n}(cl_i + W_i\cos\alpha_i\tan\varphi) \tag{8.8}$$

故稳定系数 K 为：

$$K = \frac{M_r}{M_s} = \frac{\sum_{i=1}^{n}(cl_i + W_i\cos\alpha_i\tan\varphi)}{\sum_{i=1}^{n}W_i\sin\alpha_i} \tag{8.9}$$

当 φ=0 时，

$$K = \frac{M_r}{M_s} = \frac{\sum_{i=1}^{n}cl_i}{\sum_{i=1}^{n}W_i\sin\alpha_i} \tag{8.10}$$

K 值应大于 1，铁路路基规范取定 K 值为 1.05 ~ 1.25。

② 如何确定最危险的滑面。

用上述公式可以计算出某一试算滑面的稳定系数 K。稳定分析必须确定 K 值最小的滑面即最危险滑面，因此，在分析过程中要假设一系列的滑面进行试算。工程中把最危险的滑面称之为临界圆弧，其相应的圆心为临界圆心。

确定临界圆弧的计算工作量比较大，一般宜编制程序，进行计算机辅助分析。弗兰纽斯通过大量的试算工作总结出下面的两条经验：

• 当 φ = 0 的均质黏土，直线边坡的临界圆弧一般通过坡脚，其圆心位置可用表 8.1 给出的数值用图解法确定。图 8.4 中 a 和 b 两角的交点 O 即为临界圆心的位置。

表 8.1　确定临界圆弧圆心的 a、b 角

坡度高：宽	坡角 β	角 a	角 b
1∶0.5	63°26′	29°30′	40°
1∶0.75	53°18′	29°00′	39°
1∶1	45°00′	28°	37°
1∶1.25	48°30′	27°	35°30′
1∶1.5	33°47′	26°	35°
1∶1.75	29°45′	26°	35°
1∶2	26°34′	25°	35°
1∶3	18°26′	25°	35°
1∶5	11°19′	25°	37°

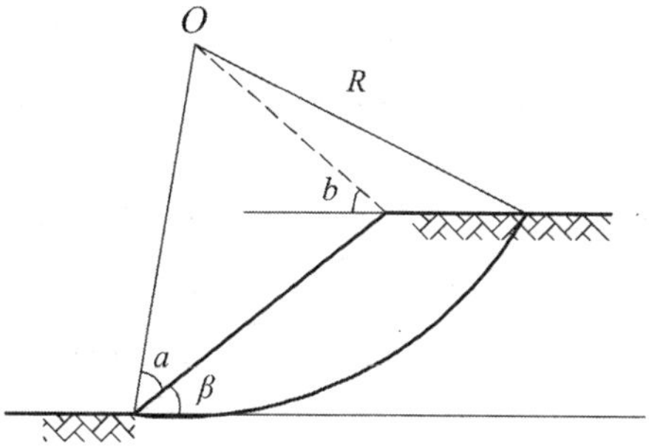

图 8.4　$\varphi=0$ 的滑面确定

• 当 $\varphi \neq 0$ 时，随 φ 角的增大，其圆心位置将从 φ=0 的圆心 O 沿 OE 线的上方移动，OE 线可用来表示圆心的轨迹线。E 点的确定方法如图 8.5 所示。E 点离坡脚 A 的水平距离为 $4.5H$，垂直距离为 H。H 为土坡的高度。

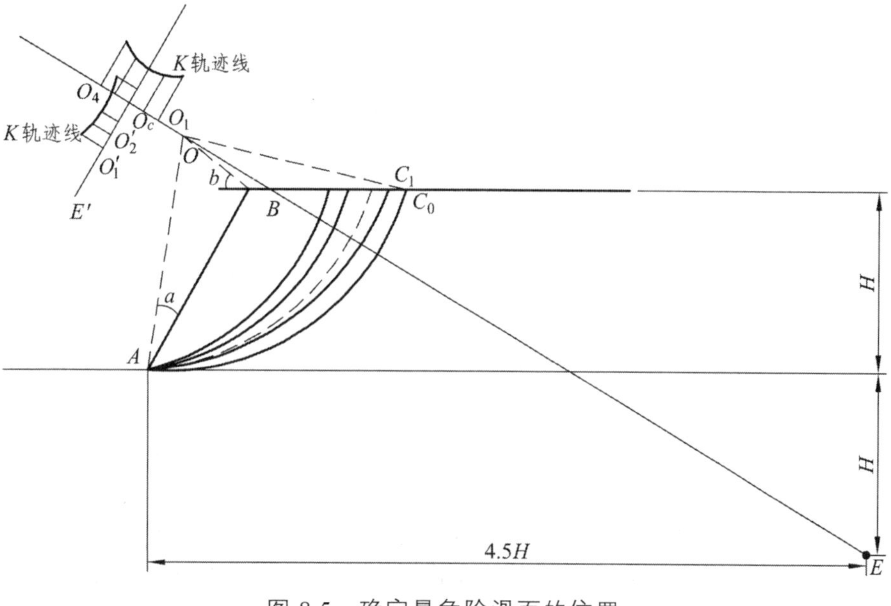

图 8.5　确定最危险滑面的位置

具体计算时，可在 OE 线上 O 点以外选择适当的点 O_1，O_2，…，O_i，作为可能的滑动面的圆心，从这些圆心作通过坡脚 A 的圆弧 $C_1, C_2, \cdots, C_i$，然后按式（8-9）计算相应于各圆弧滑动面的稳定系数 K_1，K_2，…，K_i 值，并在它们的圆心处垂直于 OE 线按比例画出各 K_i 值的长度，然后将它们连接成一条光滑的曲线即 K 的轨迹线，其中最小 K 对应的圆心 O_c 可以当作临界圆心。当然，有的文献当中还介绍了进行第二轮滑动面的试算。

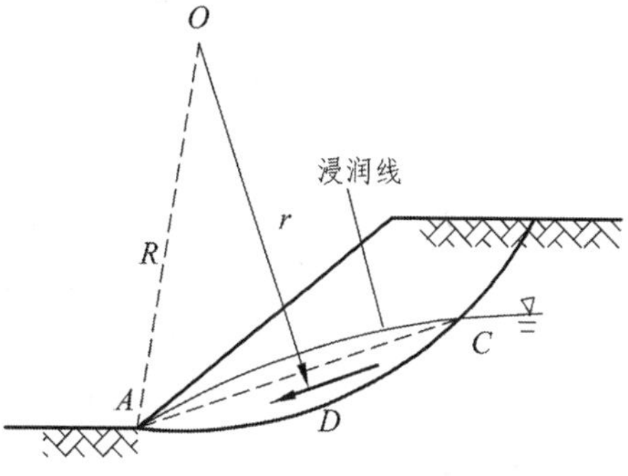

图 8.6　渗流力的近似计算

• 当土坡有渗流时的计算方法。

如图 8.6，当土坡内部有地下水的渗流作用时，这种渗流将对滑动土体产生渗流压力，它对土坡的稳定将产生一定的影响。图中 AC 弧为渗流水面或浸润线，它与滑面之间围成一个棱镜状的渗流土体。这时，在土坡稳定性分析时应考虑下面的问题：

在计算土的自重时，渗流水面以上的土体应取天然重度，渗流水面以下部分应取浮重度；

应计算动水作用力 D 所产生的滑动力矩 $D \cdot r$。动水作用力 D 可用近似的方法计算，即以 A 和 C 两点的连线（AC 线）的斜率作为渗流土体中水流的平均水里梯度 i_A，则作用在浸润线以下渗流土体中的动水压力 D 为渗透力与渗流面积的乘积：

$$D = \gamma_{\mathrm{W}} i_A F \tag{8.11}$$

式中 γ_{W}——水的重度；

F——浸润线以下渗流土体的面积。

动水作用力 D 可以认为作用在面积 F 的形心，方向与 AC 线平行。考虑该力产生的滑动力矩后，土坡的稳定系数应为：

$$K = \frac{\sum_{i=1}^{n}(W_i \cos\alpha_i \tan\varphi + cl_i)}{\sum_{i=1}^{n} W_i \sin\alpha_i + Dr/R} \tag{8.12}$$

式中 r——D 力对滑动圆圆心的力臂。

应当指出，土坡渗水除前述动水作用力对其稳定性产生的不利影响外，水流还将使黏性土的抗剪强度大大降低，在渗流速度较大时，土坡内的微粒可能被水流带走，使土的孔隙增大，继而较大的土粒又被冲走，以致形成一条穿过土坡的管状通道，工程中称之为管涌现象。这种现象有时产生在渗水路堤和水坝中，使土坡变形、沉陷甚至坍塌，因此，施工中一定要严格控制填土的压实度，保证质量，防止上述现象的发生。

（2）毕肖普法。

瑞典圆弧法略去了条间力的作用。严格说，它对每一土条的力的平衡条件是不满足的，对土条本身的力矩平衡也不满足，只满足整个滑动土体的力矩平衡条件。对此，在工程实践中引起了不少争论，毕肖普于 1955 年提出了一个考虑条间力的作用求算稳定性安全系数 K 的方法。一方面，他认为，当土坡处于稳定状态时（即 $K>1$），任一个土条 i 滑弧面上的抗剪强度 S_i 只发挥了其中的一小部分 τ_i，并定义稳定安全系数 K 乃是 S_i 与 τ_i 两者的比值，即

$$K = \frac{S_i}{\tau_i} = \frac{(\sigma_i - u_i)\tan\varphi_i' + c_i'}{\tau_i} \tag{8.13}$$

式中 c_i'，φ_i'——用有效应力法测定的黏聚力和有效内摩擦角；

σ_i——第 i 土条圆弧滑动面处的法向应力；

u_i——该处相应的空隙水压。

另一方面，当该土条处于平衡状态时，其发挥的抗剪强度 τ_i 应等于切向应力 T_i 引起的剪应变 $\frac{T_i}{l_i}$，法向应力 σ_i 应等于 $\frac{N_i}{l_i}$（l_i 为土条滑面圆弧的长度）。将上述 T_i 和 N_i 的值代入式（8-13）

后可得：

$$T_i=\frac{c_i'l_i}{K}+\frac{(N_i-u_il_i)\tan\varphi_i'}{K} \tag{8.14}$$

由该土条中竖向力的平衡条件可得：

$$W_i+Y_i-Y_{i+1}-T_i\sin\alpha_i-N_i\cos\alpha_i=0$$

或
$$N_i\cos\alpha_i=W_i+Y_i-Y_{i+1}-T_i\sin\alpha_i \tag{8.15}$$

将式（8-14）代入式（8-15），则有

$$N_i=\frac{1}{m_i}\left[W_i+(Y_i-Y_{i+1})-\frac{c_il_i\sin\alpha_i}{K}+\frac{u_il_i\tan\varphi_i'\sin\alpha_i}{K}\right] \tag{8.16}$$

式中
$$m_i=\cos\alpha_i+\frac{\tan\varphi_i'\sin\alpha_i}{K}$$

当滑动土体处于整体平衡时，各土条所受的力对滑面圆心的力矩代数和应等于 0，此时条间力 X_i 、X_{i+1} 、Y_i 和 Y_{i+1} 作为内力时，其力矩将出现正负各一次抵消，因此得

$$\sum W_i\cdot R\cdot\sin\alpha_i-\sum T_iR+\sum Q_ie_i=0$$

故得
$$\sum T_i=\sum W_i\sin\alpha_i+\sum Q_i\frac{e_i}{R} \tag{8.17}$$

式中 Q_i——土条受到的横向力；

e_i——横向力对圆心 O 的力臂。

将式（8-14）代入式（8.17）后可得：

$$\frac{1}{K}\sum\left[c_i'l_i+(N_i-u_il_i)\tan\varphi_i'\right]=\sum W_i\sin\alpha_i+\sum Q_i\frac{e_i}{R}$$

故得
$$K=\frac{\sum\left[c_i'l_i+(N_i-u_il_i)\tan\varphi_i'\right]}{\sum W_i\sin\alpha_i+\sum Q_i\frac{e_i}{R}} \tag{8.18}$$

将式（8-16）的 N_i 代入式（8.18），并令 $b_i\approx l_i\cos\alpha_i$ ，经整理后可得：

$$K=\frac{\sum\frac{1}{m_i}\left[c_i'b_i+(W_i-u_ib_i)\tan\varphi_i'+(Y_i-Y_{i+1})\tan\varphi_i'\right]}{\sum W_i\sin\alpha_i+\sum Q_i\frac{e_i}{R}} \tag{8.19}$$

式（8-19）是毕肖普法求稳定性的安全系数 K 的基本公式。但因条间力 Y_i-Y_{i+1} 是未知的，所以 K 值无法求得。考虑到 $(Y_i-Y_{i+1})\tan\varphi_i'$ 项一般很小，略去后影响不大（但偏于安全），故式（8.19）简化为

$$K=\frac{\sum\frac{1}{m_i}\left[c_i'b_i+(W_i-u_ib_i)\tan\varphi_i'\right]}{\sum W_i\sin\alpha_i+\sum Q_i\frac{e_i}{R}} \tag{8.20}$$

式（8.20）称为简化的毕肖普公式。它是根据有效应力的方法推导的。当采用总应力的强度指标 c、φ 时，其推导步骤与上式相同，只需将该式中的 $W_i-u_ib_i$ 转换为 W_i，φ_i' 转换为 φ_i，c_i' 转换为 c_i 即可。转换后的公式为：

$$K=\frac{\sum\frac{1}{m_i}\left[c_ib_i+W_i\tan\varphi_i'\right]}{\sum W_i\sin\alpha_i+\sum Q_i\frac{e_i}{R}} \tag{8.21}$$

（3）条分法。

① 条分法的原理。

条分法是圆弧滑动面稳定性计算方法中具有代表性的方法，适用范围较广，基本原理是将圆弧滑动面上的土体划分为若干竖向土条,依次计算每一土条沿滑动面的下滑力和抗滑力，然后叠加计算整个滑动土体的稳定性。

用条分法进行边坡稳定性分析时，一般假定土为均质和各向同性的，滑动面通过坡脚，不考虑土体的内应力分布和各土条之间相互作用力的影响，土条不受侧向力的作用，或虽有侧向力，但与滑动圆弧的切线方向平行。

② 滑动面圆心辅助线的确定。

确定圆心辅助线可以尽快找到极限滑动面，减小计算工作量。常用的方法有 4.5H 法。

所谓 4.5H 法，如图 8.7 所示，由坡脚 E 向下引竖线，在竖线上截取高度 $H=h+h_0$（边坡高度和荷载换算土柱高度）得 F 点，自 F 点向右引水平线，在水平线截取 4.5H，得 M 点，连接边坡坡脚 E 和顶点 S，求得 SE 的斜度 $i_0=1/m$，据此查表 8.1 得 a 和 b 的值，由 E 点做与 SE 成 a 角的直线，再由 S 点作与水平线成 b 角的直线，两线相交得 I 点，连接 I 点和 M 点两点即得圆心辅助线。

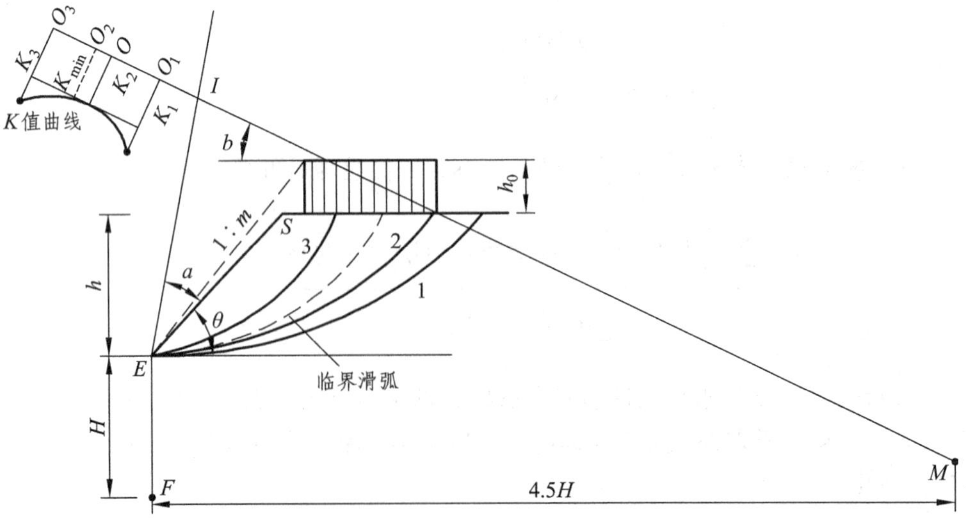

图 8.7　确定辅助线

③ 稳定性系数的计算。

在圆心辅助线上取任意一点（I 点左上方）为圆心 O，以 OE 为半径 R 画弧。取路堤单位长度为 1 m，将滑动体分条，便于计算。划分土条时，可以断面变化点为依据，并力争宽度大致相等。显然土条愈多，计算结果愈精确，但计算工作量也愈大，通常以 10 条为宜，每条宽为 2 ~ 4 m，通过圆心取横坐标 x 与 y，则土条位于 y 轴的左右两侧，各土条的作用力有正负之分。量各土条中心对 y 轴的横距 x_i，按 $\alpha_i = \arcsin\dfrac{x_i}{R}$ 关系，可得各土条对 y 轴的夹角 α_i，据此可以计算各个土条的力矩。

- 滑动力矩。

各土条的滑动力矩，等于切向力 T_i 乘以半径 R，又因为 $T_i = Q_i \sin\alpha_i$，y 轴左为负（逆时针转动），y 轴右为正（顺时针转动）。所以，整个滑动体的总力矩 $M_{滑}$ 等于各土条分力矩的代数和（正负相消），即

$$M_{滑} = R(\sum T_i - \sum T_j) \tag{8.22}$$

- 抗滑力矩。

各土条的抗滑分力矩，均由摩擦力和黏结力所构成。摩擦力为法向应力 N_i 乘以摩擦系数 f，所以，$N_i f = Q_i \cos\alpha_i \tan\varphi$。设滑动弧长为 l_i，c 为黏聚力，显然滑动体的总抗滑力矩 $M_{抗}$ 为

$$M_{抗} = R(\sum N_i f + \sum c l_i) \tag{8.23}$$

- 稳定系数。

由力矩平衡原理得到：

$$K = \frac{R(\sum N_i f + \sum c l_i)}{R(\sum T_i - \sum T_j)} = \frac{\sum N_i f + \sum c l_i}{\sum T_i - \sum T_j} = \frac{f \sum Q_i \cos\alpha_i + cL}{\sum Q_i \sin\alpha_i} \tag{8.24}$$

式中，$L = \sum l_i$，可以一次求得。令整个圆弧所对应的圆心角为 α_0，则弧长为 $L = \dfrac{\pi R}{180°}\alpha_0 = 0.01745R\alpha_0$，其中 α_i 有正负之分。填料的 φ、c 值，最好通过实验室求得，一般情况下，填料层次明显时，取各层的加权平均值，否则取用具有代表性的土层有关指标。

- 最小稳定性系数。

条分法最小稳定系数同样通过试算确定。可以沿圆心辅助线选择 3 ~ 5 个圆心，进行条分法计算 $K_{\min}$。

3. 固定滑面的稳定检算——传递系数法

传递系数法是我国铁路部门在进行土坡稳定检算中经常使用的方法，这种方法适用于任意形状的滑面。

（1）计算原理。

如图 8.8 所示，传递系数法假定每侧条间力的合力与上一土条的底面相平行，即图中的 E_i 的偏角为 α_i，E_{i-1} 的偏角为 α_{i-1}，然后根据力的平衡条件，逐条向下推求，直至最后一条土条的推力 E_n 为零。否则，重新进行计算，直至 E_n 为零。

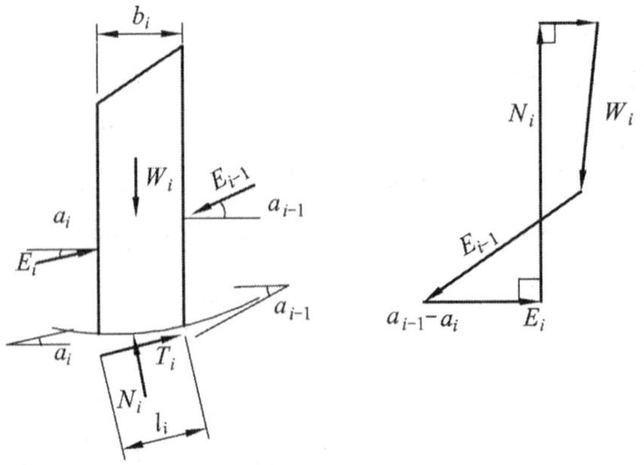

图 8.8　传递系数法图示

（2）传递系数法。

将图 8.8 中土条的所有力投影到底面反力 N_i 和 T_i 的方向，根据力的平衡条件，可以得到下面的两个方程式：

$$N_i - W_i \cos\alpha_i - E_{i\text{-}1}\sin(\alpha_{i\text{-}1} - \alpha_i) = 0 \tag{8.25}$$

$$T_i + E_i - W_i \sin\alpha_i - E_{i-1}\cos(\alpha_{i-1} - \alpha_i) = 0 \tag{8.26}$$

上式中 T_i 又可用摩尔-库仑抗剪强度除以安全系数 K 来表示，即

$$T_i = \frac{1}{K}\left[c_i' l_i + (N_i - u_i l_i)\tan\varphi_i'\right] \tag{8.27}$$

设上一土条的条间力 E_{i-1} 已知，联合求解上边的三个方程式，可以解得三个未知数 N_i、T_i 和 E_i，消去 N_i 和 T_i 后可得：

$$E_i = W_i \sin\alpha_i - \frac{1}{K}\left[c_i' l_i + (W_i\cos\alpha_i - u_i l_i)\tan\varphi_i'\right] + E_{i\text{-}1}\psi_i \tag{8.28}$$

式中　ψ_i——传递系数，即上一条土条的条间力 E_{i-1} 通过该系数转换变成下一土条的条间力 E_i 的一部分，ψ_i 的表达式为：

$$\psi_i = \cos(\alpha_{i-1} - \alpha_i) - \frac{\tan\varphi_i'}{K}\sin(\alpha_{i-1} - \alpha_i) \tag{8.29}$$

在解题时要先假定 K，然后从第一条开始逐条向下推求，直至最后一条的推力 E_n。E_n 必须接近零，否则要重新假设 K 再进行试算。

由于土条之间不能承受张力，所以任何土条的推力 E_i 如果为负值时，该 E_i 值就不再向下传递，此时可取下一土条的 $E_{i+1}=0$。

土条分界面上的 E_i 力求出之后，该分界面上的抗剪安全系数也能求得，即

$$K_{vi} = \left[c_i' h_i + (E_i\cos\alpha_i - U_i)\tan\varphi_i'\right]\frac{1}{E_i\sin\alpha_i} \tag{8.30}$$

式中　U_i——作用于土条侧面的孔隙水的合力；

h_i——土条的侧高；

c_i'、φ_i'——土条侧高范围内按土层厚度的加权平均抗剪强度指标。

因为 E_i 的方向是硬性规定的，当 α_i 比较大时，有可能使 $K_{vi}<1$，此外，传递系数法只是考虑了力的平衡而没有考虑力矩平衡的问题，这是它的缺陷。但其计算简便，所以还是被广大技术人员所乐于采用。

8.1.3 增加土坡稳定性的措施

土坡经检算其稳定性系数较小或甚至不能保证其稳定性时，需要采用必要的工程措施，以防止滑坡：

1. 减压与加重

这种方法是从滑坡检算的基本原理出发，减压的目的是减小下滑力和滑动力矩，加重的目的是增加抗滑力和抗滑力矩，从而使稳定系数 K 值增大。应当正确选择加压和加重位置。如在滑动体后部减重，可以减小推力，有利于滑坡的稳定。如将削除的土石填到滑坡前缘加压，则增加了前缘抗滑段的抗滑力，更增加了滑坡的稳定性。相反，如果在抗滑地段刷方，或在主滑段加载就（如弃渣、填筑路堤等）就将加剧滑坡的滑动。可见减压和加重是有条件的。而且还要注意的是滑坡的后部减压时，应保证不危及滑坡范围以外的山体的稳定性，开挖顺序从上而下，开挖后的坡面和平台须平整，并做好排水和防渗措施。在前缘加压时，须防止基底软层的滑动，而且不能堵塞原来的渗水孔道，以免积水而软化土体。

2. 排水措施

水对土坡稳定性的影响很大，观察资料表明，绝大部分滑坡皆是由雨水浸湿和排水不良所引起的，它们一般都发生在阴雨潮湿的季节。因此，良好的排水设施对保持土坡稳定具有积极作用。

排水分为两个方面。一方面是调节和排除地表水，防止水流对土坡的浸透和冲刷。这种排水措施要适应地形和地质条件以及雨量的情况，在滑坡区外修建截水沟，以防止水流的进入；在滑坡区内，要疏通、加固和铺砌自然沟谷等，以防积水下渗。

另一方面要排除地下水。地下水的进入使滑动土体的抗滑能力大大降低。例如：滑动土体内流动水层将产生动水压下滑力，且使含水层的土发生潜蚀，甚至产生管涌现象；地下水对软弱夹层的长期作用还能引起其中不稳定的矿物质发生物理化学变化而降低其力学指标。处理地下水的措施按其作用分为拦截、疏干和降低地下水位等。

拦截地下水工程应设置在滑坡范围以外，如渗水暗沟等建筑物，它垂直于地下水流设置，其基础置于不透水层上，迎水面处为防止水流携入细颗粒和杂物而堵塞水流通道，应设置反滤层，背水面应做好防渗层。

疏干地下水工程设置在滑坡区内，如边坡渗沟等构造，它的每侧都需要设置反滤层，以便地下水进入渗沟并排出。

当拦截和疏干地下水皆有困难时，也可根据需要把地下水降低到对土坡稳定无害的部位。

在滑动土体的含水层内水平钻孔，插入带孔的钢管或塑料管，用以疏干或降低地下水。钻孔的方向原则上与滑动的方向一致。这种方法布孔灵活、不需要开挖滑坡、施工安全、工期短、造价低，对施工要求较高。

排水管应布置在地下水位以下，隔水层的底板以上，分单层或多层布置，间距一般可为 5 ~ 15 m。

除了以上两种防护措施外，还可建造防止冲刷护岸的措施和修筑支挡工程等。

8.2 铁路路基沉降控制

8.2.1 铁路路基沉降观测

铁路路基施工应按设计要求进行地基沉降的动态观测，观测基桩须设置在不受施工影响的稳定地基内，并定期进行复核校正。沉降观测应采用二等几何水准测量。

1. 观测断面及点的设置原则

（1）路基沉降观测应以路基面沉降和地基沉降观测为主。沉降变形观测断面应根据不同的地基条件、不同的结构部位等具体情况设置；测点的设置位置应满足设计要求，同时还应针对施工掌握的地质、地形等情况调整或增设。

（2）观测点应设在同一横断面上。

（3）路基面观测断面沿线路方向的间距一般不大于 50 m；地势平坦、地基条件均匀良好的路堑、高度小于 5 m 的路堤可放宽到 100 m；地形、地质条件变化比较大的地段应适当加密观测断面。

（4）一般路基填筑至路基基床表层顶面，加堆载预压的路堤填筑至基床底层表面后，在路基面设观测桩，进行路基面沉降观测，时间不少于 6 个月。

（5）测点及观测元器件的埋设位置应符合设计要求，且标设准确、埋设稳定。

2. 观测断面及点的设置

观测断面的设置及观测断面的观测内容、原件的布设应根据地形、地质条件、地基压缩层厚度、路堤高度、地基处理方法、堆载预压等具体情况，结合沉降预测方法和工期要求具体确定。如在路堤堤高<3 m，且地基压缩层厚 <5 m 地段，可参考表 8.2 执行。

表 8.2　观测断面、元件和间距

顺号	观测内容	观测元件	观测点数量	断面间距	附　注
1	路基面沉降观测	观测桩	3 个/断面	50 m	地势平坦、地基条件良好地段可间隔 100 m
2	基底沉降观测	沉降板	1 个/断面	200 m	根据工点工期等具体情况适当增设

（含基岩全风化层）一般地段只设路基面沉降观测桩 2～3 个/断面，断面间距 50 m，地势平坦、地基条件良好地段间距 100 m；当地基底层为红黏土、膨胀土时，同时在换填底面埋设单点沉降计观测地基沉降或隆起情况。

3. 观测元件的埋设

观测元件除沉降观测桩外，均应在地基加固完成后路堤填筑施工前埋设。

沉降观测桩（点）：在一般路基填筑至基床表层顶面，加载预压路堤填筑到基床底层顶面后，埋设沉降观测桩（点），路基面两侧观测桩一般设在距左右线路中心 2 m 处。埋设规格按规定要求，观测点钢筋头为半球形，高出埋设表面 5 mm，表面做好防锈处理，如图 8.9 所示。

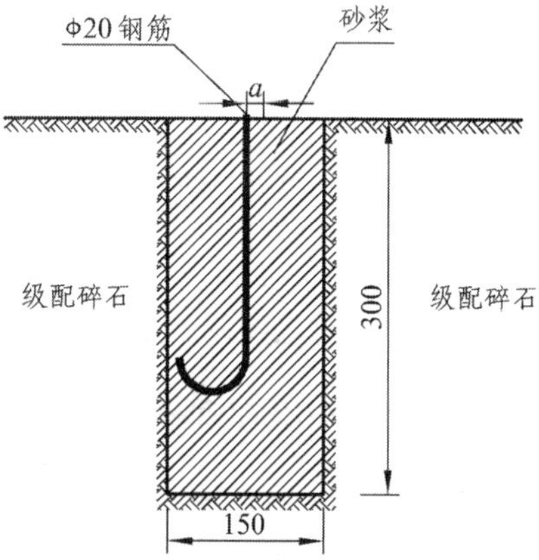

图 8.9 沉降观测桩

沉降板：由钢底板、金属测杆及保护套管组成，钢底板尺寸为 50 cm × 50 cm，厚 1 cm；具体按设计图样焊接组装，如图 8.10 所示。

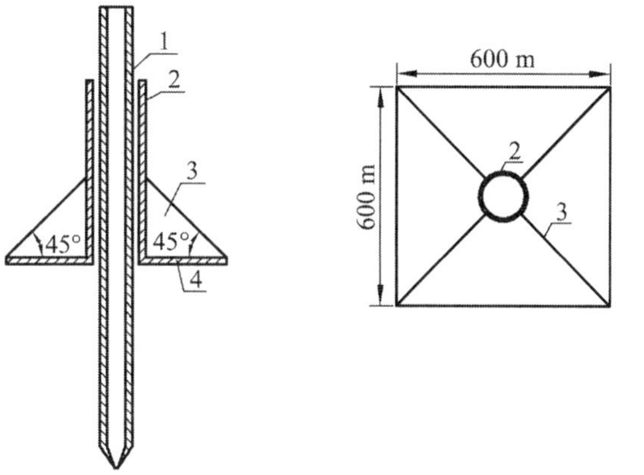

图 8.10 沉降板

1—沉降杆；2—套管；3—肋板；4—沉降板

沉降板应埋入褥垫层顶部嵌入 10 cm，采用中粗砂回填密实，再套上保护套管，保护套管略低于沉降板测杆，上口加盖封口，并在周围填筑相应填料稳定保护套管，完成沉降板的埋设工作。采用水准仪按国家一等精密水准测量方法测量埋设就位的沉降板测杆标准高作为初始读数，随着路基填筑施工逐渐接高沉降板测杆和保护套管，每次接长高度以 1 m 为宜。

单点沉降计：单点沉降计是一种埋入式电感调频类智能型位移传感器，由电测位移传感器、测杆、锚头、锚板及金属软管和塑料波纹管等组成。采用钻孔引孔埋设，钻孔孔径为 108 mm 或 127 mm，钻孔垂直，孔深达到硬质稳定层（最好为基岩），孔口应平整密实。观测路堑换填基底沉降埋设在换填底面，表面应平整密实；观测路基本体变形按设计断面图埋设。

剖面沉降管：采用专用塑料硬管，其抗弯刚度满足被测土体的竖向唯一要求，管端接口密合。剖面沉降测量时将剖面沉降仪探头预埋在剖面沉降管槽内，按一定间距一次读数，起始端管口标高采用水平仪按国家一等精密水准测量方法进行测量，再经过数据处理计算求出不同位置处地基的沉降量。剖面沉降管在褥垫层顶面开槽埋设，槽底用中粗砂找平，表面回填 5 cm 中粗砂并与褥垫层水平，两端部应进行有效保护。

每个工点观测断面及观测点的数量，埋设观测元件的种类、数量，根据设计要求和相关规范规定执行，原则上由设计、施工、监理方在现场核查确定，并填写“工点沉降观测断面、点布置表”。

4. 路基沉降观测精度要求

沉降变形的水准测量精度为 1 mm，读数取位至 0.1 mm；剖面沉降管的测量精度为 8 mm/30 m；单点沉降计观测精度为测量值的 1%，灵敏度为 0.01 mm。

5. 路基沉降观测的频次

变形监测频率应根据监测目的、变形量大小和变形速率等因素进行设计。变形监测频率既要系统地反映变形过程，不遗漏变形的时刻，又要科学合理以降低监测的工作量。

路基沉降观测的频次不低于表 8.3 的规定（供参考）。当环境条件发生变化或数据异常时应即时观测。

表 8.3　路基沉降观测的频次

观测阶段	观测频次	
填筑或堆载	一般	1 次/天
	沉降量突变	2～3 次/天
	两次填筑间隔时间较长	1 次/3 天
堆载预压或路基施工完毕	第一个月	1 次/周
	第 2、3 个月	1 次/10 天
	3 个月以后	1 次/2 周
	6 个月以后	1 次/月
无砟轨道铺设后	第一个月	1 次/2 周
	第 2、3 个月	1 次/月
	3～12 个月	1 次/3 月

6. 工后沉降控制

由于设计沉降计算的精度不足以控制无砟轨道工后沉降，所以施工期必须按设计要求进行系统的沉降变形动态观测。通过对沉降观测数据系统综合分析评估，验证或调整设计措施，使路基工程达到规定的变形控制要求。分析、推算出最终沉降量和工后沉降，合理确定无砟轨道开始铺设时间，确保客运专线无砟轨道结构铺设质量。

为了尽可能准确地预测工后沉降，应对基床表层顶部埋设的观测桩和基底埋设的沉降板的观测沉降数据进行曲线拟合。

通常采用的沉降拟合曲线有以下几种：① 三点法；② 拓展双曲线法；③ 双曲函数法；④ 指数函数法。

（1）工后沉降控制是客运专线无砟轨道铁路建设成败的关键，无砟轨道铁路严格的工后沉降控制标准，向路基设计、施工质量提出了严峻的挑战。为控制好路基工后沉降，路基施工必须全过程进行控制，做到事前处理好地基、事中控制好填筑质量、事后做好沉降预测工作。

（2）无砟轨道铁路路基软基处理至关重要。武广客运专线施工经验表明：CFG 桩是一种施工简便、造价低、加固效果好的软基处理方法。从现场沉降观测情况来看，CFG 桩加固路基地段，路基沉降能控制在设计要求之内。

（3）无砟轨道铁路路基工程施工必须注重沉降监测工作，根据观测数据准确推算工后沉降量，合理确定无砟轨道铺设时间，确保客运专线无砟轨道结构铺设质量。

8.2.2 铁路路基沉降控制标准

根据《铁路路基设计规范》（TB 10001—2016）、《新建时速 200 公里客货共线铁路设计暂行标准》（铁路设函〔2003〕439 号）和《铁路客运专线设计暂行规定》，各种等级铁路规定的路基工后沉降标准为：

（1）时速不大于 160 km 的路基：Ⅰ级铁路不应大于 20 cm，路桥过渡段不应大于 10 cm，沉降速率均不大于 5 cm/年；Ⅱ级铁路不应大于 30 cm。

（2）时速 200 km 客货共线路基：一般地段不应大于 15 cm，年沉降速率应小于 4 cm/a。桥台台尾过渡段路基工后沉降量不应大于 8 cm。

（3）时速 350 km 客运专线路基：一般地段不应大于 10 cm，年沉降速率应小于 3 cm/a。桥台台尾过渡段路基工后沉降量不应大于 5 cm。

8.2.3 铁路路基沉降控制方法

普通铁路路基在铺轨之后所产生的沉降为工后沉降，通常只占总沉降的 20%～30%，一般通过抬道补砟等维修养护进行调整，以保证线路高速行车所需的轨道平顺。高速铁路路基当线下构筑物发生不均匀沉降超出无砟轨道扣件可调范围时，将不得不对线下构筑物进行维修。路基工后沉降控制是在路基地段铺设无砟轨成败的关键。如果工后沉降太大或沉降速率太快，将会严重影响列车的运行速度、舒适度和养护工作量。

复习思考题

1. 常用的工后沉降监测方法有哪些？
2. 铁路路基边坡常见的破坏形式有哪些？
3. 增加土坡稳定性的相关措施有哪些？

第 9 章　铁路路基常见病害及防治措施

路基是条带状结构工程，沿线经过的地质条件差别较大，填料也不均匀，而不少地区都存在膨胀土、红黏土、软岩风化残积土等各种工程性质不良的土，并且受到地理和气候环境常年变化影响，加上技术水平、经济条件以及施工机械设备方面的影响，从而导致各种铁路基床病害成为一种分布广、治理难、多发性强的病害，加之近年来重载及提速列车的大量开行，路基内应力水平、分布状态和作用方式显著改变。由于既有铁路线路基设计承载力偏小，在列车提速后荷载引起的动应力之下，导致各种病害的产生，或使已存在的病害更加严重而严重影响着列车的安全运行。所以了解病害的类型及其发生机理，并对其进行实用的检测，对路基的防护和治理是非常重要的。

9.1　普通铁路路基病害及其防治

9.1.1　普通铁路常见病害类型原因分析

铁路路基病害按路基面形状可分为路堤病害和路堑病害，按发生部位可分为基床病害、路基本体病害和地基病害，按表现形式可分为翻浆冒泥、路基下沉、挤出变形、边坡坍方、边坡冲刷、陷穴、滑坡、水浸路基、冻害等。

1. 翻浆冒泥

路基强度因含水过多而急剧下降，在行车作用下发生裂缝、鼓包、冒泥等现象，称之为翻浆，如图 9.1 所示。

翻浆冒泥分为道床性和基床性两种。道床性是由于道床板结，阻塞路基面降水的顺利排出而形成的。基床性是由于基床土质不良，在列车荷载作用下液化成泥浆， 由于荷载的反复作用形成抽吸作用，泥浆受挤压向上冒出。其发展过程一般为道心积水阶段、冒砂阶段、局部翻浆冒泥阶段、区段翻浆冒泥阶段。

图 9.1　路基翻浆冒泥

2. 路基下沉

下沉是最常见的路基病害，具体表现为路基下沉，路堤地段、路堑地段和过渡段都有发生，如图 9.2 所示。

图 9.2 路基下沉

路基下沉主要是路基填筑密度不够和强度不足所致，表现形式有路基下沉、道砟囊或道砟袋。填方路基下沉导致断面尺寸改变的病害现象，为路堤沉陷。它是由于路基土密实度不足或地基松软，在水、荷重、自重及振动作用下发生局部或较大面积的竖向变形。一般经过列车运行一段时间后，下沉会趋于缓解。但有时因荷重增加或水的作用使沉降速率加大。局部下沉也会造成陷槽使线路不平顺。下沉分为基床下沉、堤体下沉和基底下沉三种。

3. 挤出变形

挤出变形表现形式有路肩隆起、侧沟被挤、路肩外挤和边缘外膨。其主要是由于土体强度不足而产生剪切破坏或塑性流动，基床内的土经常处于软塑状态，在基床内的影响深度较大，在列车荷载的作用下，基床上发生剪切破坏，发生外挤变形。外挤是因为基床强度不足，外挤分为路肩隆起、路肩外挤和边缘外膨。

4. 边坡坍方

坍方的表现形式有剥落、碎落、滑坍和崩坍。剥落、碎落、滑坍主要发生在路堑边坡。剥落是指边坡表层土壤、岩石风化成零碎薄片，从坡面上脱落下来的现象。剥落碎屑的堆积会堵塞边沟，影响路基稳定。

碎落是岩石碎块的一种剥落现象。落石产生的冲击力可使路基、路面遭到破坏，威胁行人及车辆的安全。崩坍是大量土石脱离坡面翻滚至边坡下部形成倒石堆或岩堆的现象。

崩坍的土石方往往造成交通中断，也是危害最大的路基病害。崩坍的发生主要是路堑的开挖使原有自然坡面失去平衡所致。滑塌是指边坡上的大量土石沿着一定滑动面整体向下滑移的现象。

5. 边坡冲刷

边坡冲刷指较高大的土质路堑、路堤边坡、岸坡［滨河、河滩、海滩和水库（塘）的路堤边坡］或严重风化的软质岩石边坡受到水流的冲蚀、冲刷作用而形成冲沟或冲坑。边坡冲刷分为边坡淘刷和边坡冲沟。

6. 陷　穴

陷穴指路基下及其附近存在洞穴，其坍塌可引起基床和道床突然沉落、轨道悬空、中断行车，甚事造成列车颠覆。陷穴病害分为黄土陷穴、岩溶洞穴、盐蚀溶洞和墓穴兽洞等。

7. 滑　坡

滑坡指影响路基稳定的土（岩）体滑动，分为边坡的深层滑动、路基滑移及山体滑坡，如图 9.3 所示。

图 9.3　路基滑坡

8. 水浸路基

水浸路基指实际浸水超过设计水位的路基。被水浸或淹没，路基产生一定的沉降或局部坍塌，当路堤缺乏足够的防护和加固设备时，其稳定性受到影响或破坏。

9. 冻　害

冻害发生在寒冷地区，如路基土为透水性较差的细粒土，当含水量较高或基面积水时，在冻结过程中，土中水重新分布和聚集形成冰块。这又会引起不均匀的冻胀现象。冻胀是路基下部的水向上集聚并冻结成冰所致，过大的冻胀可使柔性路面鼓包、开裂，使刚性路面错缝、折断。冻胀是翻浆过程的一个阶段，同时也是一种单独的路基病害。

10. 砂　害

在我国北方地区，由于地理条件原因，经常出现风沙掩埋铁路现象，如图 9.4 所示。

图 9.4　铁路被砂掩埋

尽管路基病害表现形式多样，但产生路基病害的原因则主要是土质不良、压实密度不足和排水不畅等。

9.1.2　普通铁路路基常见病害检测

为了对路基病害进行合理整治，必须准确检测病害状况，分析病害成因。

根据铁路既有线的特点，路基检测应不干扰行车或少干扰行车，为此需采用的检测手段应力求准确、可靠、快速，从而为将来的整治工作提供准确可靠的信息。可采用轻型动力触探、地质雷达、瞬态面波法和取土试验等多种手段对线路进行试验检测，具体步骤和方法如下：

（1）典型地段开挖横沟，了解路基的几何特性。

（2）采用探地雷达法和瞬态面波法对试验区段内的路基进行大面积的扫描检测。

探地雷达法具有直观反映道床几何形态、表层分辨率高的优点，可以探明路基结构的分层；探测路基病害类型、程度和具体位置，用于分析道床、路基各个土层的地质情况；探地雷达测出的结果是基床的电性参数，而无法给出路基的力学特性。而瞬态面波法表层状况由于石砟的散射和高频信号的限制不能精确地反映，探地雷达方法可弥补瞬态面波法的不足。瞬态面波方法在土中的频散曲线比较平滑，能够准确反映路基土的力学参数随深度的变化，测试的深度也比较深，也正好弥补了探地雷达方法不能反映路基土的力学参数和测试深度浅的不足。路基病害测试最关心的是路基表层和其下路基土的承载能力，所以两种方法结合，优势互补，正好能够达到路基的测试目的。

（3）对路基强度、刚度等参数方面的分析。重型动力触探主要反映路基土的力学性能，是以击数 $\times 10\ \text{cm}^{-1}$ 来反映路基各个位置的力学性能指标，击数越高说明土质性能越好，强度也越高，可以从不同深度位置来测试出不同深度下土的力学性能以分析路基状况。轻型动力触探与重型动力触探原理相似，只是后者以击数 $\times 10\ \text{cm}^{-1}$ 来反映路基各个位置的力学性能指标。

针对既有线路的特点，对既有路基测试应遵循原位（动力触探）和区段测试（地质雷达、瞬态面波法）相结合的测试方法，这样可对既有路基的状况做出一个综合的评价，为路基病害的处理提供基础资料。

9.1.3 普通铁路路基常见病害的预防与整治

路基病害的治理办法有很多，如压力灌浆法、改良基床土质、土工合成材料加固和封闭基床等等，但不同铁路线路、同一线路的不同区段的路基填料不尽相同，产生路基病害的部位、原因不同，必须针对各种病害的特点，采用切实可行的措施，否则，病害会重新出现或出现新的病害类型。

路基病害的整治应从路基填料（改变其填料类型、改变填料的成分）、防止水分侵入（改善路基结构设计）、提高路基强度和刚度（改善路基结构设计）这几个方面入手。路基病害的预防和整治，应贯彻“预防为主、综合治理”的原则，首先弄清发生病害的原因，经过综合分析，因地制宜地采取整治的措施。

1. 病害的预防

病害预防包括以下内容：① 资料收集包括线路的设计、施工资料及线路区域的气候、水文、工程地质等情况，并了解其变化规律，为防治病害提供第一手资料；② 根据线路当前的状态及运营情况，应每 3 ~ 5 年进行一次线路的普查，评估线路的安全状态，提前发现病害趋势并进行相应的处置。调查的方法除了传统的人工调查、轨检车检测外，国家铁路局目前正在推广铁路路基快速物探检测系统，检测深度达轨面下 2.5 m，速度可达 80 km/h。

2. 病害的整治

（1）路基整治流程：前期准备→制订总体方案→检测路基→细化方案→治理施工→效果评价。

（2）处理路基病害基本按以下步骤进行：① 检测路基病害，判断路基病害的类型、发生的部位及规模大小、严重程度；② 对产生病害的主要原因进行分析，一般为填料、水分侵入、强度不足等方面的问题；③ 拟采取的措施：应采用技术上可行（控制病害产生原因）、经济上合理的治理方法。

3. 路基滑坡的防治

中国铁路有些区段滑坡病害较为密集，平均每百千米分布为 20 ~ 30 处，多为山区铁路。发生滑坡常常中断行车，甚至使列车颠覆，给运输安全带来严重危害。斜坡上的岩土沿坡内的软弱带或软弱面向前和向下发生整体移动的现象，称为滑坡。发生滑坡的软弱带又称滑动带。滑动带在重力作用下，或在其他外力作用下使其剪切应力大于强度，或因震动液化、溶蚀潜蚀、自燃、人为开采等因素的作用，使其结构破坏和岩土性质改变而丧失强度，从而引起滑动带上覆岩体或土体发生滑动。滑坡一般从地表上呈现的裂缝等迹象的变化可大致划分出蠕动、挤压、微动、滑动、大动和滑带固结六个阶段。在发生滑坡的地方，常出现环状后缘、月牙形凹地、滑坡台阶和垄状前垣等独特的地貌景观。但岩体滑坡由于其界面的生成多依附于岩体内既有的构造裂面，因此其后缘和分块裂缝一般呈直线或折线状。

滑坡按其特点可进行各种不同的分类。中国铁路按滑体的物质组成及其成因，把滑坡分为黏性土滑坡、黄土滑坡、堆填土滑坡、堆积土滑坡、破碎岩石滑坡和岩体滑坡等六类。

产生滑坡的原因有内在因素，也有外在因素。内在因素是形成滑坡的先决条件，包括岩土性质、地质构造、地形地貌等。外因通过内因对滑坡起着促进作用，它包括水的作用、地震和人为因素等。所以，滑坡是内外各因素综合作用的结果。

防治滑坡的原则：① 预防。对有可能新生滑坡的地段或可能复活的古滑坡，应采取必要的工程措施，以防止产生新的滑坡或古滑坡复活。② 治早。滑坡的发生与发展，是有一个过程的，早期整治，能收到事半功倍的效果。③ 一次根治与分期整治相结合。滑坡一般应一次根治，不留后患。但对规模较大、性质复杂、变形缓慢，一时尚不致造成重大灾害的滑坡，也可在全面规划下，分期整治。同时注意观测每期工程效果，为确定下期工程提供依据。

防治滑坡的措施应在弄清滑坡成因的基础上，对诱发滑坡的各种因素，分清主次，采取相应的工程措施。常用的防治对策有排水、减重、支挡、改善土体物理力学性质等。

（1）排水措施。滑坡的发生和发展都与水的作用有关，排水是防治各类滑坡之本。但应根据具体情况，采用切合实际的排水方式。对滑坡体以外的地表水，应加以拦截和引出，在滑坡可能发展的边界 5 m 以外修建一条或多条环形截水沟；对滑坡体以外的地下水，应修建截水盲沟；对滑坡体内的地下水，应疏干和引出，浅层地下水采用支撑盲沟，深层地下水采用泄水隧洞，亦可采用垂直孔群或仰斜孔群排水；对滑体范围内的地表水，应尽快汇集引出以防下渗，在充分利用天然沟谷的基础上，修建排水系统。

（2）减重措施。当滑动面不深，且滑体呈上陡下缓，滑坡范围外有稳定的山坡，滑坡不可能向上发展时，在滑坡上部减重，以减小滑坡的下滑力，是一种操作简单、经济实惠的防治措施。将减重的土体堆在坡脚反压，以增加抗滑力，效果更好。

（3）支挡措施。根据滑体推力的大小，可以选用适当的支挡结构防滑。

① 抗滑挡墙。它是广泛应用的一种防治滑坡措施。它施工方便，稳定滑坡收效快。抗滑挡墙多为重力式，石砌，也有用混凝土或钢筋混凝土的。

② 抗滑桩。它是利用桩在稳定岩土中的嵌固力支挡滑体的建筑物。它具有对滑体扰动少、操作简便、工期短、收效快、对行车干扰小、安全可靠等优点。抗滑桩多为挖孔或钻孔放入钢筋骨架灌筑混凝土而成。抗滑桩在滑动面以下的锚固深度，应根据滑体作用在桩上的主动土压力、桩前的被动土压力、岩土性质等来确定。

③ 锚杆挡墙。它是一种新型支挡结构，由锚杆、肋柱和挡板三部分组成，用于薄层块状滑坡或基岩埋深较浅、滑体横长、滑面较陡的滑坡。其具有结构轻盈、节约材料、适宜机械化施工、生产效率高等优点。

④ 抗滑明洞。若滑动面的下缘处在边坡上的较高位置，可视地基情况设置抗滑明洞，洞顶回填土石支撑滑体，或滑体越过洞顶落在线路之外。但这一措施对行车干扰大，施工困难，造价昂贵，只有在其他措施难以奏效时采用。

（4）改善滑坡土体的物理力学性质，用物理化学方法，加固和稳定滑坡。这方面方法很多，如焙烧、成浆、加灰土桩、硅化、电渗、离子交换等。这些方法，由于工序复杂，成本较高，目前中国铁路仅小规模试用，尚未广泛采用。

（5）改线绕避。上述整治措施难以奏效时，在经济技术合理情况下，可以考虑改线绕避。

养护维修要点：

① 滑坡区的地表排水设备，如截水沟、排水沟、吊沟等应做到无淤积、无漏水、无冲刷、排水畅通、沟涵相通。对失效损坏处所，应及时修补，确保状态良好。

② 滑坡区的地下排水设备，如支撑渗沟、暗沟、隧洞、渗井、渗管等，应定期检查，及时清理和疏通。对失效或损坏处所，应及时修补或整治。地下排水设施，一般每年在春融之后和冰冻之前，在雨季开始之前和暴雨之后，必须仔细观测其流量，掌握其变化规律和排水效果，发现异常及时处理。

③ 滑坡区的防护和加固建筑物，应保持完整无损，如有开裂、滑移，必须认真查明原因，采取治理措施，不可麻痹大意，要防患于未然。

④ 对规模大、情况复杂的大滑坡，虽经整治仍在缓慢变形或间歇变形，应对其认真观测，实行动态监控，掌握变化规律和发展趋势，以便及时采取有效措施。

⑤ 保护好山坡植被，搞好水土保持，也是滑坡区养护维修的重要任务。

4. 路基崩塌落石的防治

崩塌落石是堑坡或其上山坡的岩块土石发生崩塌或坠落造成危害的地质现象，具有突然、快速和较难预测的特点，是地形、地质比较复杂的山区铁路十分常见的路基病害，对铁路行车安全危害甚大，经常导致中断行车，甚至列车颠覆。

（1）形成崩塌的原因：

① 陡峭高峻的边坡或山体斜坡，坡度大于 45°、高度大于 30 m，特别是坡度在 55° ~ 75° 的斜坡，是崩塌多发地段。

② 由风化的坚硬岩层组成的又高又陡的斜坡，如互层砂岩，稳定性更差，容易形成崩塌。

③ 受地质构造影响严重，有很多结构面将岩体切割成不连续体的斜坡，特别是有两组结构面倾向线路，其中一组倾角较缓时，容易向线路崩塌。

④ 水的作用是产生崩塌的重要因素。绝大多数的崩塌发生在雨季或暴雨之后，因为水的渗入，对岩石产生软化、润滑和动水压力作用，使岩体强度降低，内摩擦力减小，促使崩塌发生。

⑤ 其他如地震、爆破、人工开挖斜坡及列车震动等，都是诱发崩塌的因素。

（2）防治原则以预防为主，治早治小，一次根治，不留后患为原则。

① 新建铁路应加强工程地质工作，对崩塌落石地段，严重者应予以绕避，不能绕避时，应修建必要的预防性工程，防患于未然。

② 养护维修应对可能发生崩塌落石地段，加强检查巡视，发现变形失稳征兆，应及时采取措施，治早治小，防止因病害扩大而导致灾害的发生。

③ 病害发生后，整治工作要坚持一次根治、不留后患的原则。否则，往往会招致大的灾害。

（3）防治措施应根据病害性质、规模及所处地形、地质情况，因地制宜地选择。常用的防治措施有如下类型。

① 拦截类适用于小规模、小块体的崩塌落石。拦截构造有落石平台、落石坑、落石沟、拦石墙、钢轨栅栏及柔性拦石网等，如图 9.5 所示。

图 9.5　路基边坡铁丝网防护

② 遮拦类应用于规模较大的崩塌落石，遮拦建筑有各种明洞和棚洞。修建明洞、棚洞，既可遮挡崩塌落石，又可对边坡下部起稳定和支撑作用。

③ 支挡加固类适用于不宜或难于消除的大危岩或不稳定的大孤石。支挡建筑有支顶墙、支护墙、明洞式支墙、支柱、支撑等。

④ 护坡、护墙适用于易风化剥落的边坡。边坡陡者用护墙，边坡缓者用护坡。

⑤ 改线绕避上述措施不能奏效时，应考虑改线绕避。

（4）养护维修要点：

① 崩塌落石地段应进行定期检查、经常检查和雨季汛期检查。所谓定期检查是指春检和秋检，对崩塌落石地段及其防护建筑物进行全面的检查。春检时发现隐患，采取防范措施安全度汛；秋检是检查汛期过后崩塌落石处的变化情况及防护建筑物的破损情况，分轻重缓急，安排路基大、维修计划。巡山工和重点病害看守工对所管责任地段或处所，应经常巡视检查，监视危岩落石的发展动向，防患于未然。雨季汛期应加强检查力度，执行雨前、雨中、雨后检查制度，是防止崩塌落石事故的有效措施。

② 及时清理被拦截的崩塌坠落土石，修理被破坏的建筑物及排水设备。

③ 对范围大、数最多、危石分散、清除整治困难的崩塌落石地段，应设置报警装置，以防发生事故。

5. 基床翻浆冒泥、下沉外挤的防治

基床翻浆冒泥、下沉外挤是路基本体变形而引起的病害。一般发生在基床为黏土类的路基地段，排水不良的路堑和站场比较多见。翻浆冒泥和基床下沉外挤病害，是基床变形不同阶段的表征，翻浆冒泥导致陷槽或砟囊基床下沉，陷槽或砟囊的发展使基床抗剪强度下降，导致路肩隆起或边坡外挤。基床翻浆冒泥引起的轨道不平顺，恶化了列车运行条件，但变形发展缓慢，对行车安全影响不大。而基床下沉外挤，则可能造成行车中断甚至列车颠覆，严重危及行车安全。

病害成因：基床排水不良、承载力不足或受水浸，承载力进一步下降的土质基床在列车荷载反复作用下，将逐渐形成基床翻浆冒泥下沉外挤的病害。水若源于降雨，翻浆冒泥表现

为季节性，即雨季发生，旱季不发生；水若源于地下水，则翻浆冒泥表现为常年性，但雨季比较严重。基床土遇水承载力下降，原因比较复杂，例如基床土为膨胀土未更换或改良，排水系统不完善，基床未作砂垫层或厚度不足，填土密实度未按规定控制，轨道状态不良，速度、轴重增加而轨道与之不相匹配等，都将使基床强度与行车条件不相匹配，以致产生基床病害。防治原则为“预防为主，治早治小”。应在基床变形的初始阶段及早整治，不要到砟囊形成甚至下沉外挤再整治，这样做可事半功倍。

防治措施应视病害性质、产生原因、地段长短及施工条件等情况，合理选择施工工艺，综合整治以求实效。

（1）排水。这种措施适用于排水不良而导致的基床病害，如路堑和站场。其具体措施为：疏通或修建防渗侧沟、天沟、排水沟等地表排水系统；修建堵截、导引、降低地下水位的盲沟、截水沟、侧沟下渗沟等排除地下水或降低地下水位系统。以消除或减小地表水和地下水对路基基床的侵害，使基床土经常保持疏干状态。

（2）提高基床表层强度。这种措施适用于基床表层土承载力不足导致的基床病害，如裂土病害。防治措施一般采用换渗料土（二合土或三合土）及换砂。换填深度应以满足承载力要求为原则。

（3）使基面应力降低或均匀分布。

（4）土工膜（板）封闭层或无纺土工纤维渗滤层。这是近年来广泛应用的防治基床病害的新工艺，它有隔离地表水、过滤基面水和均布基面应力等多种效用，常与换砂、砂垫层配合使用。作为隔断排水层的材料，它能渗水，又能隔断黏土细粒，具有足够的强度，又有延伸性，是整治基床病害的好材料，但这种材料造价较高，使用寿命尚有待测试。

6. 路基陷穴的防治

路基陷穴是路基下面隐伏的洞穴顶部塌陷引起的一种路基病害。塌陷有时能使轨道悬空，给行车安全带来严重后果。这些洞穴有三类：一是石灰岩地区的岩溶洞穴；二是黄土地区的黄土陷穴；三是人工遗留的洞穴，如古墓、古窖、古井、遗弃的坑道等。有些洞穴，修建铁路时未发现，或发现未作处理，有些黄土陷穴是在铁路建成后，因路基排水不良，水流集中潜蚀而形成。我国石灰岩溶洞主要分布在广西、贵州和云南东部，湖南、湖北西部及广东的西部和北部也很发育，北方主要分布在山西与河北的太行山、太岳山、吕梁山和燕山一带。黄土陷穴主要分布在西北和华北地区，尤其是黄河中游地区。

（1）形成原因：造成洞穴顶部塌陷的主要因素是水的作用和列车荷载作用。洞穴在水的侵蚀、潜蚀作用下和列车动荷载的反复作用下，洞顶的岩土结构逐渐遭到破坏，承载力也逐渐丧失，最终突然塌陷。

（2）预防措施：预防洞顶塌陷，必须预先弄清楚影响路基稳定范围内，隐伏洞穴的分布情况、形状大小、埋藏深度、顶部厚度、洞穴处工程地质和水文地质情况，以及洞穴的发展趋势等，而后采取工程措施，预防洞穴塌陷。但要做到这一点，只有在新线勘测设计或施工阶段才有可能。通车后在运营条件下，很难做到。黄土路基，只要做好路基排水，就能预防新生陷穴的发生。

（3）整治措施：陷穴发生后，首先应根据陷穴发生的部位、规模、对路基稳定性或行车安全的危害程度，进行评估，确定是否紧急处理。发生在轨道下面的陷穴，对行车安全危害较大，应采取紧急措施，如填实陷坑、整修线路、扣轨慢行、派人看守、情况危急时，应封锁线路。其次应做细致调查，查清塌陷洞穴的成因、形状大小、平面位置、埋藏深度、工程地质和水文地质特征及可能的发展趋势，为彻底整治提供依据。常用措施有：① 开挖回填。如暂不危及行车安全，此措施应作为首选，它能确保质量，不留后患。② 塌陷洞穴在轨道下方，无法开挖，可钻孔灌砂、灌注泥浆、砂浆或混凝土浆。③ 规模较大或与暗河相通的溶洞塌陷，可采用网格梁、地基梁、框架梁跨越，或其他类梁跨越等。无论采用何种措施，都要做好排水，尤其是黄土陷穴，排水设施有效、完善与否是整治成败的关键。

7. 路基冲刷的防治

位于河流岸边、河滩或水库岸边的路基，因常年或季节性水流冲刷、波浪和渗流的作用，往往造成路基冲空、边坡滑坍等病害。防治这类病害，必须掌握水流性质、变化规律及可能对岸边或路基造成危害的性质和严重程度，使防治措施准确到位。为此，应细致地调查勘测、精心分析，提出符合实际的科学结论。

防护工程分直接防护和间接防护两类。直接防护是对路基本体加固，以抵御水流的冲刷；间接防护是借导流或挑流工程，改变水流性质，间接达到避免或减轻水流对路基冲刷的目的。

（1）直接防护方式。

① 干砌石护坡，适用于不受主流冲刷的路堤边坡。

② 浆砌片护坡，适用于主流冲刷及波浪作用强烈的路堤边坡。

③ 抛石，适用于水流方向平顺，无严重局部冲刷，已被水浸的路堤边坡。

④ 石笼，适用于既受洪水冲刷又缺少大石料的区段。

⑤ 挡水墙，适用于峡谷急流和水流冲刷严重地段。

（2）直接防护与铺草皮护坡、抛石护坡、片石护坡、石笼护坡。但每一种方式都有自己的局限性，有的造价太高，有的年限较短，采用直接防护要因地制宜，对经济和质量进行优化。

（3）间接防护。

① 挑水坝，适用于河床较宽、冲刷和淤积大致平衡、水流性质较易改变的河段，有的地方可以顺河势布置导流建筑物。防护地段较长，更宜采用。

② 顺坝，适用于布置横向导流建筑物。防护地段较长，更宜采用。

③ 潜坝，适用于河不太宽、洪水时流速较大、河水深较的河段，侵占河槽较少又能减轻对路堤的冲刷，但宜和加固路堤边坡配合使用。

④ 防水林带，适用于路基外侧河滩季节性洪水冲刷地段。但导流建筑物的修建是一项技术复杂、工程浩大的措施。

间接防护成败的关键是导流建筑物的正确选择和布置，因此应切实依据天然河道的特性确定导流线、导流水位和选择导流建筑物的类型。

上述防护工程措施，既可单独使用，也可综合使用，应根据河流形态、地质情况和水流特性合理选用。如山区河流，由于河道窄、纵坡陡，防护工程应尽量顺乎自然，宜选用直接防护措施，若以挑水坝等导流措施防护，往往失败的多，收获的少。

（4）防护设施养护要点：

① 经常检查，特别是洪水期间和洪水过后，应进行全面检查。范围不大的损毁，应及时

修补；范围较大的损毁，应充分调查，分析原因，而后制定整治措施。

② 调查重点应放在水下部位。特别是直接防护工程的水下部位，基础冲空往往是导致路堤突然坍滑的主要原因。

③ 水毁设施的修复，应充分考虑原设计意图，以防新增设施造成新的不良后果。

④ 损毁情况危及行车安全时，应采取紧急措施，护住坡脚，通常抛石或抛石笼紧急防护。

所以我们在新建线路时，线路选线应尽可能避免与河流争地。为了防止河岸路基遭受冲刷，可修各种路基挡土墙和圬工护坡，并将基础埋置于淘刷线以下。基础埋深不足时应按不同河床堆积物的情况在脚墙外修较宽的沉排、石笼，或堆垒大量漂砾或混凝土块体，或砌筑圬工护墙；也可用改河和导流的办法避免路基直接受激流冲刷。

8. 路基冻害的防治

中国东北地区及西北高原地区，分为常年性冻土和季节性冻土地区。常年性冻土是不随季节变化而发生改变的。季节性冻土地表土层一般冬季冻结，春季开始融化，夏季除永冻层外将全部融化。这类地区的路基，在土、水、温度的共同影响下，路基面将发生不同程度的冻胀，春夏又发生融化下沉，使轨面高低、水平产生不均匀变形，严重地段往往伴生翻浆冒泥、道砟陷槽、基床外挤等病害。

冻害发生在寒冷地区，如路基土为透水性较差的细粒土，当含水量较高或路基面积水时，在冻结过程中，土中水重新分布和聚集形成冰块，又引起不均匀的冻胀现象。冻胀是路基下部的水向上集聚并冻结成冰所致，过大的冻胀可使柔性路面鼓包、开裂，使刚性路面错缝、折断，冻胀是翻浆过程的一个阶段，同时也是一种单独的路基病害。

冻胀原因及影响因素：由于土中的水在冻结过程中有向冻结锋面迁移的特征，并不断析出冰层，且体积增大 9%。所以，冻结过程中土中水的迁移机理，是产生路基冻害的基本原因。

（1）影响因素：

① 温度的影响。当土层温度处于负温相转换区，且冻结速率较低时，土中水迁移最活跃，以致形成较大的冻胀。

② 土质的影响。由粒径大于 0.1 mm 的粗颗粒组成的土，无冻胀或冻胀较小，如砂、砾石、碎石等；由粒径小于 0.1 mm 细颗粒组成的土，如砂黏土、黏土等，有较大冻胀性，尤其是黏粒含量大于 15%，密度较小的粉粒土冻胀最强烈。

③ 水分的影响。土的天然含水量越大，冻胀性也越大，特别是有地下水补给时，会发生强烈的冻胀。

（2）冻害的表现形态：

① 从轨面前后高低变形看，分为冻峰（臌包）、冻谷（凹槽）、冻阶（台阶）。

② 从轨面水平变形看，分为单股冻起、双股冻起、交错冻起。

③ 从冻胀部位看，分为道床冻胀、基床表层冻胀、基床深层冻胀。

④ 从冻起高度看，冻起高度小于 25 mm，为一般冻害，冻起高度为 25 ~ 50 mm，为较大冻害，冻起高度大于 50 mm，称为大冻害。

（3）预防措施：

① 保持道床清洁，防止泥土混入，及时清除土垄，以利排水。

② 路肩和边坡保持平整，无坑洼、裂缝，防止积水下渗。

③ 侧沟、天沟等地表排水设施及渗沟、暗沟等地下排水设施应保持工况完好，畅通无阻，防止或减少水对路基的补给。

（4）整治措施。冻害发生后，首先应认真进行调查，弄清冻胀发生部位、形状、高度、起落及发展过程，弄清冻胀土层的性质、结构及水文地质条件，以便分析冻胀产生的原因和变化规律，然后提出相应的整治措施。常用的整治措施有：

① 修建减少路基基床含水量的排水设施。如修建具有抗冻防渗能力的地表排水设施，以防治因地表水节而引起的冻胀；修建渗沟、暗沟、截水沟等，截断、疏导地下水或降低地下水位，以防治因地下水补给而引起冻胀。

② 挖除冻害地段的基床土，换填无冻胀或冻胀很小的碎石、河沙、砂类土等。换土深度应在冻结线之下，换土宽度应为包括路肩在内的整断面。

③ 在基床表层铺设保温层，改善基床温度环境，使表层下的基床土不冻结或减小冻结深度。保温材料一般用炉渣，其导热系数小、成本低廉，也可用石棉、泡沫聚苯乙烯板等保温材料。国外经验表明，用泥炭或冷压泥炭砖作保温材料，效果良好，使用时间长。湿度大的泥炭在水分冻结时，会释放大量潜热，能防止泥炭进一步冻结。

④ 人工盐化基床土。用氯盐（NaCl）整治路基冻害，费工较多。效果虽明显，但有效时间短，一般只用于基床表层冻胀地段。选择上述措施时，应注意总体效果，考虑相互配合，以期达到根除冻害的目的。

9. 路基雪害的防治

中国黑龙江、吉林、内蒙古等省区，属寒温带大陆性季风气候，全年降雪天数为 190 ~ 200 d，积雪天数为 160 ~ 180 d，积雪深度为 200 ~ 1 000 mm。年平均风速 4.4 m/s，最大风速 40 m/s。这些地区的铁路线路，冬季常被雪埋，严重影响行车安全。

易于积雪地段由于铁路线路的地形、地貌及其与主风向的夹角各不相同，线路积雪的程度也不一样。经验表明，下列地段易于积雪：

① 车站站场。

② 路堑与路堤交界处。

③ 深 2 m 以下的浅路堑。

④ 高 1.2 m 以下的矮路堤。

⑤ 复线并行不等高的高差大于 0.3 m 地段。

防治措施：积雪掩埋线路危及行车安全。积雪融化后，路基含水量增加，中期承载能力降低，形成路基翻浆冒泥和陷槽等病害。易被雪掩埋线，必须重点治理。最经济有效，且一劳永逸的防治措施是营造防护林带（参见线路维修管理之铁路沿线造林绿化）。它不仅可以防止雪害，而且还可以改造生态环境。防雪林带的布设位置、形式、树种，应根据地理、气候、土壤条件，风速、风向、积雪程度等情况选定。在无营造防雪林条件或防雪林尚未发挥作用之前，也可修建一些临时防雪设备，如移动防雪栅、防雪堤垣、导风挡板等。冬季有时会发生预计不到的暴风雪，在一般不积雪地段，也可能会出现严重积雪而影响行车。为预防不测，应在适当区段，储备一些除雪机，以备急需。

10. 路基沙害的防治

通过沙漠（包括沙质荒漠、戈壁及沙地）地区的铁路，如包兰线、兰新线、集二线、京通线、青藏线、南疆线、乌吉线及陇海线经黄河故道地段等，在风的作用下，移动沙流经常给铁路造成不同程度的危害，有时甚至掩埋线路，危及行车安全。

沙害形态：风沙对线路的危害主要表现在流沙在线路上的堆积，以及流沙对路堤边坡的吹蚀和对道床的掏空。线路上堆积的沙，掩埋枕面以上，称为一级沙害；掩埋枕面以上至轨面以下，称为二级沙害；掩埋枕面以下，称为三级沙害。

防治原则和措施：沙害的防治原则是因害设防，因地制宜和就地取材。沙害防治措施，分为植物固沙和工程固沙两类。植物固沙是治本良策，既可阻截沙流，防止风蚀，又可调节小气候，改善生态环境和改良土壤。

植物固沙以营造林带为本。林带采用植物混种、均匀透风类型。迎风林带先矮后高，即先灌木，后乔木；背风侧则先高后矮，有效防护宽度一般为树高的 15 ~ 25 倍。沙害严重地段，迎风侧可营造多条林带。防沙林应根据沙漠性质、水文地质条件、气候特征力求所选树种生长快、固沙、防风能力强、不怕沙埋。常被选用的植物有沙枣、胡杨、小叶杨、文冠果、花棒、沙蒿、胡枝子、杨柴等十几种，如图 9.6 所示。

图 9.6　植被防护

工程固沙一般用在没有植物生长条件的地段，或作为植物固沙初期的辅助措施，如图 9.7 所示。

图 9.7　工程防护

对路基或路堑本体用不同的材料进行覆盖，如干砌片石（或预制水泥板）、栽砌或散铺卵砾石。路基两侧防护是在路基两侧一定范围内修筑一些阻沙、固沙及导沙设施，保护线路不被流沙掩埋。阻沙设施包括防沙栅栏、防沙沟堤、防沙挡墙等；固沙措施包括麦草沙障、土埂沙障、化学乳剂固沙、铺设卵石或黏土覆盖沙面等。导沙设施包括用卵石铺砌而成表面光滑的输沙平台、在路基迎风侧修建导沙堤等。

防风固沙措施的基本原理是增加地面的粗糙度，以降低近地面的风速，从而达到防风固沙的目的，因此，不同措施的防风固沙效益，表现在对近地面层风速的减弱和粗糙度提高方面。

总之，要处理路基病害应按以下步骤进行。

（1）首先需要检测路基病害，判断路基病害的类型、发生的部位及规模大小、严重程度。

（2）对产生病害的主要原因分析：填料、水分侵入、强度不足。

（3）对拟采取的措施：应采用技术上可行（控制病害产生原因）、经济上合理的方法。需要说明的是，对同一种病害可以采取不同的处理方法，同一处理方案的具体设计参数也可能相差很大，这说明病害处理技术的复杂多样性。

9.2 高速铁路路基常见病害及其防治

高速铁路路基与普通铁路路基相比，采用了很高的技术标准和设计标准，相应的病害没有普通铁路路基那么严重，其最主要的病害还是沉降问题。除了对高速铁路路基的基底采取加固措施外，还可以从以下几个方面进行沉降调整：

1. 普通扣件调整

高速铁路大部分采用无砟轨道，为了满足轨道高平顺要求和扣件系统要求，客运专线开发了 WJ-7、WJ-8 型等扣件，这种类型的扣件可以调高钢轨 30 mm，这样对于路基沉降在 30 mm 以内的轨道，可以采用此类扣件进行调整，扣件如图 9.8、图 9.9 所示。

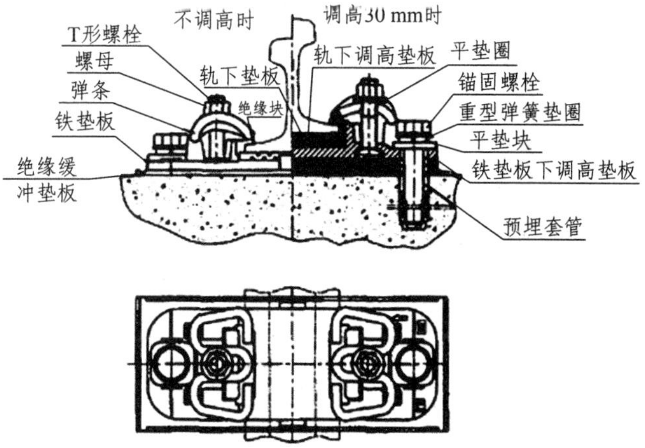

图 9.8　WJ-7 扣件

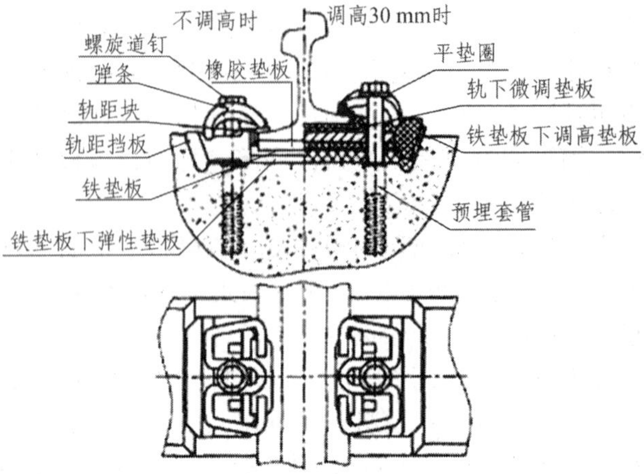

图 9.9　WJ-8 扣件

2. 竖曲线圆顺

沉降过大，扣件没有办法进行调整时，可以改变线路坡度，增加竖曲线，把其他的坡段连接起来，以便满足线路要求。

3. 拆　除

沉降非常大，没有办法通过扣件调整和竖曲线圆顺等方法解决时，只能拆除沉降区间的轨道板，通过垫高路基，重新铺设轨道。

高速铁路一旦建成，当路基发生沉降时，对于有砟轨道调整不存在问题，通过垫砟可以满足平顺性要求；而对于无砟轨道而言，要根据沉降量进行垫片、扣件调整等办法进行处理。如果沉降过大就会花费相当大的人力、财力和很长的时间等进行调整，一旦发生轨道板空吊等现象，后果非常严重，直接危及行车安全。因此，对于无砟轨道来说，解决路基沉降问题是我们工务部门今后一项非常严峻的工作任务。

复习思考题

1. 普通铁路常见病害有哪些？
2. 普通铁路常见病害如何处理？
3. 普通铁路病害如何检测？
4. 高速铁路常见病害有哪些？
5. 高速铁路常见病害如何处理？

第10章　铁路路基工务管理

（1）路基工区一日作业标准，如表10.1所示。

表10.1　路基工区一日作业标准

项目	技　术　要　求
班前准备	（1）准备料具：备好所需材料、机具、防护信号备品。 （2）点名：列队整齐，精神集中，按时点名。 （3）布置工作：讲清工作地点、工作内容、工作数量、质量要求及当日作业的安全注意事项，传达上级指示，进行安全生产教育
前往工地	（1）行走路肩，跨越线路、桥梁要一停、二看、三通过。来车时，注意瞭望，确保安全。 （2）乘车时，车未停稳不准上下车，严禁坐在危险处所，人要坐稳，工具、材料放置牢固，不超限。 （3）使用轻型车辆，按规定向段调度申请，经同意后，与车站联系办理手续，配足防护和随车人员，车辆用后加锁或入库
施工作业	（1）按工班长的布置安排，设好防护。 （2）按作业程序及作业标准作业，不简化，不漏项。 （3）施工脚手架及料具堆放不侵入限界。 （4）离地面3 m以上高空、陡坎及地面下涵渠边作业必须系安全带，戴安全帽，设安全栏杆
质量回检	（1）每日收工前进行自检和互检，查任务、查质量，对不符合标准项目要返工重做。 （2）按照《铁路路基大修规则》有关规定对未完成任务或有病害需整治的，提出具体要求，填写验收单，限期整改
结束工作	（1）清点、收净料具，清理施工现场。 （2）调查次日工作地点、数量，做好记录。 （3）撤除防护。 （4）料具入库，堆码整体
分析总结	（1）总结当日工作情况。 （2）进行安全评议。 （3）评分及合理化建议。 （4）填写当日工作台账。 （5）安排次日工作计划

（2）检查（校正）垂球、方尺、水平尺，如表10.2所示。

表 10.2　垂球、方尺、水平尺检查表

项　目		技　术　要　求	扣分办法
作业程序 45 分	垂球 15 分	（1）先将垂球悬定不动，并使垂尖对准一固定点，在不摆动状态下使其旋转一周。垂尖在固定点不动，则是准确。若在固定点附近划小圈，则是不准。误差过大，垂球不得使用	（1）错一项扣 3 分。 （2）漏一项扣 4 分
	方尺 15 分	（2）在一平面上画一条直线，将方尺的一边与直线重合，用笔沿另一边画一直线。将方尺翻转 180°，仍使原先紧贴直线的那一边紧贴直线，用笔沿另一边再画一条直线。若两次所画直线重合，则方尺是合乎规格；若相交成一个角度，则按此角平分线调整方尺	（1）错一项扣 3 分。 （2）漏一项扣 5 分
	水平尺 15 分	（3）将水平尺放在一平面上，并支平使气泡居中，然后将水平尺调转 180°。如气泡仍然居中，则水平尺正确；若有偏离则有误差。校正时，可调整水准管，使气泡调回其偏离值的一半，重新支平反复检验校正	（1）错一项扣 2 分。 （2）漏一项扣 5 分
质量 45 分		（1）垂球检查：垂尖相对偏心率不大于 3 mm。 （2）方尺检查：两次相交角度不大于 30′。 水平尺检查：掉转气泡偏离值不大于 2 mm	不符合要求，每项扣 5 分
效率 10 分		（1）垂球检查一次 2 min。 （2）方尺检查一次 1 min。 （3）水平尺检查一次 2 min	（1）提前不加分。 （2）每超 1 min 扣 1 分

（3）施工放样，如表 10.3 所示。

劳动组织：1 ~ 2 人；计算单位：m^2、处。

表 10.3　施工放样要求

项目	技术要求	扣分办法
作业程序 35 分	（1）放样前首先要看懂图纸，认清桩志。对于较复杂或远离线路的建筑物，需通过测量放桩，根据桩志进行放样。 （2）放样分平面放样、立面放样、坡度放样。根据纵、横向中心线和图给尺寸，利用垂球、方尺、水平尺、皮尺或钢尺等所需工具进行操作。 ① 平面放样：在各轮廓的延长线上打桩挂线。 ② 立面放样：使用垂球、水平尺等工具进行，在立面放样挂线中，视建筑物大小，对挂线架可一次搭成或分次搭成，所搭挂线架须牢固，且单独搭设，在转角及沉降缝处要挂三根线，中间为角线，其余两根为连接施工线。 ③ 坡度放样：使用坡度尺、水平尺等工具进行，依据图纸坡度做好坡度尺，将水平尺放在坡度尺上。调整坡度尺使水平尺水平，再使挂线切于或平行于坡度墨线，在两线交点上钉一小钉，钉上栓一细线，线端悬挂一垂球，使细线与墨线垂合即可	（1）未做，扣 5 分；不足，扣 2 分。 （2）未做，每面扣 5 分；不足，每次扣 2 分
质量 50 分	各类放样后必须进行核对、检查。 （1）勾股弦法：根据直角三角形三边比值关系进行核对。 （2）对角线法：根据直角四边各对角线相等关系进行核对	（1）未检查扣 10 分。 （2）方法不对扣 5 分
效率 15 分	按平均时间计	（1）提前不加分。 （2）每超 5 min 扣 1 分

（4）手工凿岩（打炮眼），如表 10.4 所示。

劳动组织：1 ~ 2 人；计算单位：dm。

表 10.4　手工凿岩要求

项目	技术要求	扣分办法
作业程序 30 分	（1）冲钎法：在松软岩石中打垂直炮眼，可一人手持钢钎，在眼中猛捣，以形成炮眼。 （2）单人打眼法：一手握钎，一手打锤。锤重 3 ~ 4 磅，举锤高度 50 ~ 60 m。每打一锤提一次钎。每提两次钎应转动钎 45° 角，使孔眼圆滑。 （3）双人打眼法：一人双手扶钎，另一人双手打锤。锤重 6 ~ 8 磅，每打一锤提一次钎，同时转钎 30° 角。落锤要稳、准、狠。 （4）每打好一段炮眼，需用掏勺将石粉掏出，或用水冲洗后，再继续打眼。 （5）稍坚硬的岩石在最初开门时都要注水，以保持炮眼润滑，减少阻力	（1）方法不当，扣 5 分。 （2）不标准，扣 2 分；锤重不标准，扣 1 分。 （3）不标准，扣 2 分。 （4）漏项，扣 3 分。 （5）未注水，扣 5 分
质量 40 分	（1）眼孔偏斜率不大于 20‰。 （2）眼孔深度符合要求	（1）超过，扣 5 分。 （2）不符合，扣 5 分
安全 20 分	（1）不伤手脚。 （2）绳索结实，插钎牢固。 （3）作业前全面检查	（1）伤手脚，扣 5 分。 （2）不符合要求，每项扣 5 分。 （3）未检查，扣 10 分
效率 10 分	双人打眼，38 min/dm	（1）提前不加分。 （2）每超 1 min 扣 2 分

（5）制作安装模板，如表 10.5 所示。

劳动组织：2 ~ 3 人；计算单位：m^2。

表 10.5　制作安装模板标准

项目	技术要求	扣分办法
作业程序 25 分	（1）木模与混凝土接触的板面一般应刨光，拼缝应严密，缝隙应用油灰、木条等嵌塞紧密。 （2）拉装木模宜在平整场地进行。钉头应作钉平板面。钉长宜长于板厚 40 cm，钉径应不大于板厚 1/7，钉子的排列用齐列、错列或斜列。 （3）模板的侧面采用拉杆、箍式支承等类型，且宜加内撑，以保持模板的准确尺寸。 （4）为便于拆模，接触表面应涂隔离剂，如润滑油、油类混合剂等。 （5）为避免混凝土结构棱角在拆模时受损，隅角部分宜加边宽 25 ~ 50 mm 的三角棱条，作成钝角。 （6）按设计和施工要求预留好各部孔洞，使用后予以封闭。 （7）整体吊装模板应有足够的刚度，模内宜加临时支撑	
质量 50 分	（1）木模刚度符合要求。 （2）拼缝严密。 （3）缝隙使用油灰嵌塞。 （4）接触面无钉尖	不符合要求，每项扣 5 分
效率 25 分	（1）单面木模制作，10 min/m^2。 （2）模板安装，15 min/m^2	（1）提前不加分。 （2）每超 1 min 扣 2 分

（6）拌制砂浆，如表 10.6 所示。

劳动组织：1人；计算单位：kg。

表 10.6　拌制砂浆要求

项目	技术要求	扣分办法
作业程序 30 分	（1）水泥砂浆：按配合比量出水泥和砂子，放在钢板上或木槽内搅拌均匀，慢慢倒入水并搅拌到干湿完全一致，一般需干拌三遍，湿拌三遍。 （2）水泥石灰砂浆：先将规定数量的水泥、砂子干拌均匀，再将规定数量的石灰膏加水稀释成浆，倒入拌和均匀。 （3）石灰砂浆：将加水稀释好的石灰浆倒入量好的砂子中拌和均匀。 （4）为节约水泥，增加砂浆的和易性，可掺用塑化剂和加气剂。塑化剂用于 50 号以上砂浆，其用量一般不超过水泥用量的 0.25%；松香热聚物加气剂的用量约为水泥质量的 0.005%～0.015%；松脂皂添加剂约为水泥质量的 0.05% 左右。塑化剂和加气剂均应掺入拌和用水中，调匀后再去拌和砂浆。 （5）运送砂浆时，要用不漏水的容器，雨天应加覆盖，冬天应予保湿。到达工地如有泌水现象，应重新拌和	不符合要求，每项扣 3 分
质量 50 分	（1）按配合比配料，质量比允许误差 ±2%；体积比允许误差 ±5%。 （2）随拌随用：水泥砂浆 40 min，水泥石灰砂浆 2 h。 （3）已凝结砂浆严禁使用，不许将已凝砂浆重新加水拌和再用	不符合要求，每项扣 5 分
效率 20 分	20 min/100 kg	（1）提前不加分。 （2）每超 1 min 扣 1 分

（7）浆砌片石，如表 10.7 所示。

劳动组织：1人；计算单位：m^3。

表 10.7　浆砌片石技术要求

项目	技术要求	扣分办法
作业程序 30 分	（1）清理基底：清除浮土、松石、坑凹、冲沟，基底大致平整。 （2）放样挂线：按要求打定位桩、放样挂线、立伸缩缝板。 （3）洗选片石、洗刷石料泥土、污秽。 （4）搭架砌筑： ① 砌体基础稳固，尺寸正确，误差不大于 ±4 cm。 ② 砌体表面平整，用 2 m 弦量，凹凸不超过 ±5 cm。 ③ 为使整个砌体均匀承压，应分层砌筑，每层高 0.7～1.2 m，每砌一层应找平一次。不得用砂或小石块找平。 ④ 层间石块错缝不应小于 8 cm；角石错缝不应小于 15 cm，避免重缝、直缝、曲线缝出现。	不符合要求，每项扣 2 分

续表

项目	技术要求	扣分办法
作业程序30分	⑤ 外露灰缝应为2～4 cm，灰缝中不得用小石块支垫，三块石料相接内切圆直径不超过7 cm。 ⑥ 镶面石与帮衬石应相互交错连接，丁顺相间，相距10 cm左右。 （5）勾缝：勾缝有平缝、凹缝、凸缝。浆砌片石以平缝为宜，凹缝多用于石料方正、墙面平整之处，凸缝多用于不甚平整的石料。勾缝砂浆等级应比砌筑等级略高，通常主体工程采用M10水泥砂浆，附属工程用M7.5水泥砂浆。沉降缝、伸缩缝处应平整垂直，留设的泄水孔应做到位置、尺寸、排水坡度正确。 （6）整理养生：刮平表面砂浆，清扫坡面，覆盖防晒、防冲物；7 d养生，拆架、清理现场	
质量50分	（1）砌体尺寸、砂浆标号符合要求，表面平顺。 （2）石质洁净，无风化裂纹，污垢清洗干净。 （3）分层砌筑，砌口要紧。 （4）灰缝错开，砂浆饱满、无空缝，灰缝宽不大于4 cm，不小于2 cm	（1）砌体尺寸误差大于±5 mm，每次扣2分；砂浆标号低于设计标号10%，扣5分；2 m弦量凸凹大于±3 mm，扣2分。 （2）不符合要求，每处扣2分。 （3）三角缝大于7 cm，每处扣2分。 （4）错缝小于8 cm，每处扣分；空缝，每处扣2分；缝宽不符合要求，每条扣2分
安全材料20分	（1）料石、工具不侵限。 （2）施工作业不伤手脚。 （3）不浪费材料	（1）侵限或伤手脚，扣10分。 （2）有浪费，扣5分
效率20分	浆砌0.4 m^3/2 h	（1）提前不加分。 （2）每超10 min扣1分

（8）干砌片石，如表10.8所示。

劳动组织：3～5人；计算单位：m^3/人。

表10.8 干砌片石技术要求

项目	技术要求	扣分办法
作业程序20分	（1）对基底进行清挖、旁实、铺设垫层。 （2）打定位桩、放样挂线。 （3）选面、修面、试放、安砌	漏一项扣5分；不符合要求，每项扣3分
质量40分	（1）基底平整密实、垫层按要求铺设。 （2）石料无风化裂纹，石料最小尺寸不小于15 mm。 （3）坡面平顺，用2 m弦量，凸凹不超过±50 mm。 （4）片石互相咬接紧密，无松动石块，片石间隙用小块石填塞牢固。 （5）两层片石间错缝不小于8 cm，无对缝。 （6）砌体尺寸符合要求	（1）不符合要求，扣2分。 （2）石质不良，每块扣2分。 （3）超出标准，每处扣2分。 （4）不符合规定，每项扣5分。 （5）不符规定，扣5分。 （6）不符合规定，扣10分

续表

项目	技术要求	扣分办法
安全材料20分	（1）按规定使用手套、护目镜、鞋盖等劳保品。 （2）不碰伤手脚。 （3）工具材料堆放稳固，不侵限。 （4）材料无浪费	发生一项扣5分
效率20分	高度1.5 m以内：挡墙210 min，护坡274 min，天侧沟380 min。 高度3 m以内：挡墙260 min，护坡324 min，天侧沟430 min。 高度4.5 m以内：挡墙310 min，护坡374 min，天侧沟480 min。 高度6 m以内：挡墙360 min，护坡424 min，天侧沟530 min。 参考定额：0.4 m^3耗时120 min	每延长10 min扣1分

（9）灌浆、勾缝，如表10.9所示。

劳动组织：1人；计算单位：m^2。

表10.9 灌浆、勾缝技术标准

项目	技术要求	扣分办法
作业程序20分	（1）设好安全设备。 （2）清除裂缝内的积土杂物等。 （3）凿缝：凿缝深度一般为3～5 cm，宽度应一致，瞎缝应凿开，清除石粉、碎屑。 （4）洗刷：将凿缝用水自上而下彻底清洗干净。 （5）刷浆：在缝内先涂一层纯水泥浆，使砂浆与岩体或污工能很好地联结。 （6）灌浆、勾缝：按规定配合比拌制砂浆，立即灌浆或勾缝。勾缝压边力求坚实，新、旧缝衔接良好。若岩缝过深，亦口过大，可先用混凝土灌筑或用小片石塞缝灌浆捣实，再进行勾缝。有地下水露头时，勾缝下部应留泄孔。 （7）抹光、修平：勾缝后20 min进行抹光、修平。 （8）养生：勾缝初凝后用草袋等覆盖，洒水养生7 d。 （9）拆除安全设备。 （10）清扫工作面，清理工地	（1）未设，扣10分。 （2）不标准，扣2分。 （3）不标准，扣0.5分。 （4）未做，扣1分。 （5）未做，扣2分。 （6）不及时，扣1分。 （7）未做到，扣2分。 （8）未做到，扣1分。 （9）未做到，扣2分。 （10）不标准，扣1分
质量40分	（1）勾缝应压实、抹光，无断道、空响、裂缝。 （2）勾缝圆顺美观，式样一致	不符合要求，每处扣5分
安全材料20分	（1）安全设施安全、牢固。 （2）无滑到、摔伤。 （3）无浪费	（1）发生，每项扣10分。 （2）有浪费，扣5分
效率20分	90 min/m^2	（1）提前不加分。 （2）每超1 min扣1分

（10）砂浆抹面，如表 10.10 所示。

劳动组织：1 人；计算单位：m^2

表 10.10　砂浆抹面技术要求

项目	技术要求	扣分办法
作业程序 25 分	（1）抹面：先紧贴坡面抹底层，底层表面可用抿刀做波浪状或锯齿状粗糙面。当底层表面出现细微裂纹，一般为 5～6 成干时，立即开始抹第二层，如有第三层，则第二层表面亦应做成粗糙面，并待其稍干后抹第三层。面层表面要抹平。当抹面作业中断时间较长时，停工处灰体应做成斜形粗糙面。 （2）压实提浆：灰体初凝后，稍待数小时，即可用卵石或木拍往复磨压提浆，一般应进行 2～3 次。后一次提浆需在前一次提浆后，表面略微干燥时进行。 （3）提浆结束后，按规定浓度配制的卤水或青矾水（晴天稀、阴天浓）均匀地灰体表面。 （4）一般抹面后 10～12 h（炎热天气 2～3 h），灰浆即初凝，应立即用麻袋、草帘等遮盖并浇水养生，养生期约 7 d	（1）不标准，扣 5 分。 （2）不标准，扣 3 分。 （3）未做，扣 3 分。 （4）未做，扣 5 分
安全材料 15 分	（1）材料、工具不侵入限界。 （2）高空作业安全设施齐全、牢固。 （3）不浪费材料	（1）侵入限界，扣 10 分。 （2）不符合要求，每处扣 5 分。 （3）有浪费，扣 5 分
质量 50 分	（1）水泥选用 300～400 号硅酸盐水泥。砂浆强度等级：一般主体工程用 M10，附属工程用 M7.5，水灰比小于 0.65。 （2）抹面养生后无裂纹，每 1 m^3 承压 500 N。 （3）抹面厚度 1～3 mm，厚薄均匀，不空响。 （4）表面光滑一致，砂浆拌合均匀，无流砂，接茬平顺	（1）不符合规定，扣 3 分。正负误差 0.5mm 及以上，每处扣 5 分。 （2）出现，扣 5 分。 （3）～（4）不标准，每项扣 5 分
效率 10 分	厚 2 cm，70 min/m^2； 厚 3 cm，100 min/m^2	（1）提前不加分。 （2）每超 1 min 扣 1 分

（11）石笼制作与铺砌，如表 10.11 所示。

劳动组织：5～6 人；计算单位：m^3。

表 10.11　石笼制作与铺砌技术标准

项目	技术要求	扣分办法
作业程序 25 分	（1）备料（铁线及片石）。 （2）编制：编制方法有手工编制和机具编制两种。 （3）装制：将编好的石笼运到现场，在挖好的基础上放好，开口向上装满片石，用铁线将口封好，装制石笼时要大块石靠边。 （4）联结封口：石笼与石笼之间要联结牢固	备料不足、不合格，扣 5 分；程序不正确，扣 10 分

续表

项目	技术要求	扣分办法
质量 50 分	（1）石笼采用 ϕ3～4 mm 镀锌铁线编制，用 ϕ6～8 mm 盘条做骨架。 （2）石笼根据需要可编成箱型或圆筒型。网眼对角线不大于 140 mm，每个结点拧两扣。 （3）装石笼，要大块片石靠边，小块填心，装填密实。 （4）封口严密，对应面之间用铁线或盘条拉紧；石笼间用 ϕ6～8 mm 盘条联结牢固。 （5）断面、长度、标高、构造符合设计要求	（1）铁线骨架不标准，扣 5 分。 （2）石笼不标准，每 1 m^3 扣 5 分。 （3）装笼不实，每 1 m^3 扣 8 分。 （4）封口不牢，每 1 m^3 扣 10 分
安全 15 分	（1）编制石笼要戴手套，破碎石料戴好护目镜。 （2）装填石笼在桥下时要戴好安全帽，列车通过时躲开桥下	未配防护用品，每项扣 5 分
效率 10 分	9 600 min/m^3 （根据设计和现场条件可以调整另定）	每超 30 min 扣 2 分

（12）危石处理，如表 10.12 所示。

劳动组织：5～6 人；计算单位：m^3。

表 10.12 危石处理要求

项目	技术要求	扣分办法
作业 程序 25 分	（1）备好安全桩，挂安全绳。 （2）设好防护。 （3）指定经验丰富，认真负责人员进行检查： ① 目看：观察围岩节理，看裂隙产状和相互切割关系，被煤烟污染断面要作细致检查。 ② 敲：用铁锤或钢锤敲打岩体，有空响声说明已于基岩脱离成危石。 （4）撬除危石：凡是经检查判断为危石者，要立即用撬棍铁锤钢钎进行处理，确认为工作量较大，暂不能撬动者，要另列施工计划，单独要点封闭处理。 （5）将撬除的危石及时运至限界以外	（1）无安全桩及绳，扣 5 分。 （2）信号防护不当，扣 10 分。 （3）检查判断不准，每处扣 5 分。 （4）撬石不当，扣 10 分。 （5）不及时，扣 10 分
质量 50 分	（1）对易于塌落的危石要撬除彻底，不留隐患；不得放炮破坏围岩稳定性。 （2）对暂不能清除的危石，要作好标记，另行安排计划处理，定期观测。 （3）对不能撬除的危石，用加固措施，支撑牢固	（1）撬除不彻底，每处扣 10 分。 （2）未作标记与观测，每处扣 5 分。 （3）未加固处理，每处扣 5 分
安全 15 分	（1）应事先做好施工计划，制定出具体安全措施，设好防护，电气化区段要停电作业。 （2）作业人员要戴好安全帽、安全带、手套、护目镜。 （3）撬除危石时，要将检查车躲开危石掉落处所，撬除大块危石要用旧枕木防护好线路	（1）不符合要求，每项扣 5 分。 （2）缺少防护用品，每项扣 3 分。 （3）线路未防护，扣 10 分
效率 10 分	以调查工作为准，确定工时	延误 10 min 以上扣 10 分

（13）整修排水沟，如表 10.13 所示。

劳动组织：2 人；计算单位：m^3。

表 10.13　整修排水沟要求

项目	技术要求	扣分办法
作业程序 25 分	（1）拆除原圬工砌体，凿除松动部分，用水清洗干净后再进行补砌。 （2）翻修基础时要夯实地基。 （3）对于冲刷比较严重的部位也可以灌注混凝土。 （4）养生：完工后用湿润草袋（帘）盖好，浇水养生不少于 7 d	简化程序：每项扣 5 分 （4）使用养护液等措施不扣分
质量 50 分	（1）保持水沟排水畅通，护坡、护底无坍塌，无断裂，无渗漏，无潜流。 （2）清理淤土，冲刷处所用浆砌片石护底，沉陷处要夯填补平，要有足够的排水断面和纵向坡度。 （3）砌筑圬工符合质量标准，冻胀性基础深度应在冻结线 0.25 m 以下	（1）不符合要求，每项扣 5 分。 （2）断面与坡度不标准，扣 5 分。 （3）基础深不够，每 1 m^3 扣 1 分
安全 15 分	（1）在离地面 3 m 以上的陡坡上施工时，必须戴安全帽、安全带。 （2）脚手架、梯子等，要搭设牢固，有专人负责检查。 （3）凿除圬工片石时，两人作业，严禁对面打锤。 （4）浆砌片石作业安全同浆砌片石要求	不符合要求，每项扣 5 分
效率 10 分	0.4 m^3 限时 2 h	每超 10 min 扣 1 分

复习思考题

1. 路基区一日化作业标准是什么？
2. 简述浆砌片石的作业程序。
3. 简述排水沟的整修程序。

附录

附表 1　工程沉降变形观测结果评估验收记录表

工程沉降变形观测结果评估验收记录表

<table>
<tr><td colspan="2">标段名称</td><td colspan="3"></td><td colspan="2">单位（项）工程名称</td><td colspan="3"></td></tr>
<tr><td colspan="2">工程部位</td><td colspan="3"></td><td colspan="2">工程位置（里程）</td><td colspan="3"></td></tr>
<tr><td colspan="2">观测开工日期</td><td colspan="4"></td><td colspan="2">观测完成日期</td><td colspan="2"></td></tr>
<tr><td colspan="2">施工单位</td><td colspan="8"></td></tr>
<tr><td colspan="2">项目负责人</td><td colspan="2"></td><td colspan="2">项目技术负责人</td><td></td><td colspan="2">项目质量负责人</td><td></td></tr>
<tr><td>序号</td><td colspan="3">评估项目</td><td colspan="4">评估情况记录</td><td colspan="2">评估结论</td></tr>
<tr><td>1</td><td colspan="3"></td><td colspan="4"></td><td colspan="2"></td></tr>
<tr><td>2</td><td colspan="3"></td><td colspan="4"></td><td colspan="2"></td></tr>
<tr><td>3</td><td colspan="3"></td><td colspan="4"></td><td colspan="2"></td></tr>
<tr><td colspan="10">附件材料
1.
2.</td></tr>
<tr><td rowspan="5">参加评估验收人员签字</td><td colspan="2">施工单位</td><td colspan="7"></td></tr>
<tr><td colspan="2">监理单位</td><td colspan="7"></td></tr>
<tr><td colspan="2">设计单位</td><td colspan="7"></td></tr>
<tr><td colspan="2">咨询单位</td><td colspan="7"></td></tr>
<tr><td colspan="2">建设单位</td><td colspan="7"></td></tr>
</table>

注：本表一式 5 份，施工、设计、监理、咨询和建设单位各 1 份。

附表 2 路基沉降水准测量记录表

水准测量记录表（路基）

<table>
<tr><td colspan="10">自　　　点测至　　　点　　　20　　年　　月　　日
天气　　温度　　成像　　　　太阳方向
第　　页　共　　页</td></tr>
<tr><td rowspan="4">测站编号</td><td>后</td><td>下丝</td><td>前</td><td>下丝</td><td rowspan="4">观测方向</td><td colspan="2" rowspan="2">标尺读数</td><td rowspan="4">基 + $K_{减辅}$
（一减二）</td><td rowspan="4">备注</td></tr>
<tr><td>尺</td><td>上丝</td><td>尺</td><td>上丝</td></tr>
<tr><td colspan="2">后距</td><td colspan="2">前距</td><td>基本分划</td><td>辅助分划</td></tr>
<tr><td colspan="2">视距差 d</td><td colspan="2">$\sum d$</td><td>（一次）</td><td>（二次）</td></tr>
<tr><td rowspan="4"></td><td colspan="2">（1）</td><td colspan="2">（5）</td><td>后</td><td>（3）</td><td>（8）</td><td>（14）</td><td rowspan="4"></td></tr>
<tr><td colspan="2">（2）</td><td colspan="2">（6）</td><td>前</td><td>（4）</td><td>（7）</td><td>（13）</td></tr>
<tr><td colspan="2">（9）</td><td colspan="2">（10）</td><td>后－前</td><td>（15）</td><td>（16）</td><td>（17）</td></tr>
<tr><td colspan="2">（11）</td><td colspan="2">（12）</td><td>h</td><td></td><td></td><td>（18）</td></tr>
<tr><td rowspan="4">1</td><td colspan="2"></td><td colspan="2"></td><td>后</td><td></td><td></td><td></td><td rowspan="4"></td></tr>
<tr><td colspan="2"></td><td colspan="2"></td><td>前</td><td></td><td></td><td></td></tr>
<tr><td colspan="2"></td><td colspan="2"></td><td>后－前</td><td></td><td></td><td></td></tr>
<tr><td colspan="2"></td><td colspan="2"></td><td>h</td><td></td><td></td><td></td></tr>
<tr><td rowspan="4">2</td><td colspan="2"></td><td colspan="2"></td><td>后</td><td></td><td></td><td></td><td rowspan="4"></td></tr>
<tr><td colspan="2"></td><td colspan="2"></td><td>前</td><td></td><td></td><td></td></tr>
<tr><td colspan="2"></td><td colspan="2"></td><td>后－前</td><td></td><td></td><td></td></tr>
<tr><td colspan="2"></td><td colspan="2"></td><td>h</td><td></td><td></td><td></td></tr>
<tr><td rowspan="4">3</td><td colspan="2"></td><td colspan="2"></td><td>后</td><td></td><td></td><td></td><td rowspan="4"></td></tr>
<tr><td colspan="2"></td><td colspan="2"></td><td>前</td><td></td><td></td><td></td></tr>
<tr><td colspan="2"></td><td colspan="2"></td><td>后－前</td><td></td><td></td><td></td></tr>
<tr><td colspan="2"></td><td colspan="2"></td><td>h</td><td></td><td></td><td></td></tr>
<tr><td rowspan="5">沉降点计算</td><td colspan="5">支（附合）水准路线长度（m）</td><td colspan="3"></td><td rowspan="5"></td></tr>
<tr><td colspan="5">往测高差（m）</td><td colspan="3"></td></tr>
<tr><td colspan="5">返测高差（m）</td><td colspan="3"></td></tr>
<tr><td colspan="5">往返测高差之差（mm）</td><td colspan="3"></td></tr>
<tr><td colspan="5">沉降点高程（m）</td><td colspan="3"></td></tr>
</table>

测量负责人：　　计算：　　日期：　　复核：　　日期：

附表 3　路基沉降观测记录表（沉降观测桩）

路基沉降观测记录表（沉降观测桩）

工程名称：　　　　　　　　测量单位：

观测点编号								
观测点里程								
观测期次	观测日期	累计天数（d）	两次观测间隔	本次高程（m）	本次沉降（mm）	累计沉降（mm）	沉降速率（mm/d）	备　注

测量负责人：　　　　　　复核：　　　　　　监理：　　　　　　年　　月　　日

附表 4 路基观测桩沉降量记录汇总表

沉降观测记录表——路基观测桩沉降量记录汇总表

断面里程：　　　　　　　　　　　　　　　　　　　　　　　　　　　　第　页共　页

观测日期	累计天数（d）	两次观测时间间隔（d）	路肩左侧观测桩（编号：　　　　）				路肩右侧观测桩（编号：　　　　）				备　注
			路堤填高（m）	本次沉降（mm）	总沉降（mm）	沉降速率（mm/d）	路堤填高（m）	本次沉降（mm）	总沉降（mm）	沉降速率（mm/d）	

单位：　　　　　　　　整理：　　　　　　　　复核：　　　　　　　　年　月　日

附表 5　路基沉降观测记录表（沉降板）

路基沉降观测记录表（沉降板）

工程名称：　　　　　　　　　　测量单位：

观测点编号									
观测点里程									
观测期次	观测日期	累计天数（d）	两次观测间隔	填土高度（m）	本次高程（m）	本次沉降（mm）	累计沉降（mm）	沉降速率（mm/d）	备注

测量：　　　　　　复核：　　　　　　监理：　　　　　　年　　月　　日

附表 6　路基沉降板观测记录汇总表（沉降板）

沉降观测记录表——路基沉降板观测记录汇总表

断面里程：　　　　　　　　　　　　　　　　　　　　　　　　第　页共　页

观测日期	累计天数（d）	两次观测时间间隔（d）	路基基底沉降板（编号：　　）				路基顶面沉降板（编号：　　）				备　注
			板顶填土高度（m）	本次沉降（mm）	总沉降（mm）	沉降速率（mm/d）	板顶填土高度（m）	本次沉降（mm）	总沉降（mm）	沉降速率（mm/d）	

单位：　　　　　　　整理：　　　　　　　复核：　　　　　　　年　月　日

附表 7　路基沉降板观测记录表（剖面管）

路基沉降观测记录表（剖面管）

工程名称：　　　　　　　　　　　　　　测量单位：

观测点里程					观测次数		上次观测时间			
填土高度（m）					基准点标高（m）					
测量位置	观测时间	正向读数	反向读数	平均值	上次标高	本次标高	本次沉降	累计沉降	沉降速率	备　注
m	yy-mm-dd	mm	mm	mm	m	m	mm	mm	（mm/d）	
1										
2										
3										
4										
5										
6										
7										
8										
9										
10										
11										
12										
13										
14										

填表：　　　　　　复核：　　　　　　监理：　　　　　　日期：

附表 8　路基分层沉降观测记录表

沉降观测记录表——路基分层沉降观测记录表

里程段落：　　　　　　　　　　　　观测日期：　　　　　　　　　　　　第　　页共　　页

断面里程	测点编号	测点埋深	原始磁环标高（m）	上次磁环标高（m）	测试读数（m）		平均值（m）	本次磁环标高（m）	本次沉降（mm）	累计总沉降（mm）	本次分层沉降（mm）
路堤填筑高度及其它情况											
水位深度				水位标高（mm）				管口标高（mm）			

注：1. 每次磁环测量和沉降管管口标高测量均应对准管口固定位置。
2. 每次磁环测量均需重复测量两次，并以磁环下部响声为准。

单位：　　　　　　　　测量：　　　　　　　　记录：　　　　　　　　年　　月　　日　　时

附表 9 路基分层沉降观测记录汇总表

沉降观测记录表——路基分层沉降观测记录汇总表

断面里程：　　　　　　　　　　　　　　　　　　　　　　　第　页共　页

观测日期	累计天数（d）	路堤填高（m）	本次分层沉降（mm）														地面总沉降（mm）	备　注
			1	2	3	4	5	6	7	8	9	10	11	12	13	14		

单位：　　　　　　　　整理：　　　　　　　　复核：　　　　　　　　年　月　日

附表 10　路基边桩位移观测记录表

沉降观测记录表——路基边桩位移观测记录表

里程段落：　　　　观测日期：　　　　第　页　共　页

断面里程	边桩编号	边桩位置	原始标高（m）	上次标高（m）	本次标高（m）	本次沉降（mm）	沉降速率（mm/d）	累计总沉降（mm）	上次总水平位移（mm）	本次水平位移（mm）	本次总水平位移（mm）	位移速率（mm/d）	备　注

单位：　　　　测量：　　　　记录：　　　　年　月　日　时

附表 11　路基边桩位移观测记录汇总表

沉降观测记录表——路基边桩位移观测记录汇总表

断面里程：　　　　　　　　　　　　　　　　　　　　　　　　第　页共　页

观测日期	累计天数(d)	两次观测时间间隔(d)	路基左侧边桩(编号：　　　)							路基右侧边桩(编号：　　　)							备注
			填土高度(m)	本次沉降(mm)	总沉降(mm)	沉降速率(mm/d)	本次水平位移(mm)	本次总水平位移(mm)	位移速率(mm/d)	填土高度(m)	本次沉降(mm)	总沉降(mm)	沉降速率(mm/d)	本次水平位移(mm)	本次总水平位移(mm)	位移速率(mm/d)	

单位：　　　　　　　　　　整理：　　　　　　　　　　复核：　　　　　　　　　　年　月　日

附表 12　过渡段沉降量记录汇总表

沉降观测记录表——过渡段沉降量记录汇总表

第　　页　共　　页

断面里程			观测点编号		位置描述			
观测日期	累计天数（d）	两次观测时间间隔（d）	填土高度（m）	原始标高（m）	上次标高（m）	本次标高（m）	本次沉降（mm）	累计总沉降（mm）

单位：　　　　　　测量：　　　　　　记录：　　　　　　年　　月　　日

参考文献

[1] 国家铁路局．TB 10001—2016/J 447—2016　铁路路基设计规范．北京：中国铁道出版社，2017.

[2] 国家铁路局．TB 10621—2014/J 1942—2014　高速铁路设计规范．北京：中国铁道出版社，2015.

[3] 铁道部．TB 10202—2002/J 161—2002　铁路路基施工规范．北京：中国铁道出版社，2002.

[4] 铁道部．TB 10414—2003/J 285—2004　铁路路基工程施工质量验收标准．北京：中国铁道出版社，2004.

[5] 铁路总公司．Q/CR 9602—2015　高速铁路路基工程施工技术规程．北京：中国铁道出版社，2015.

[6] 铁道部．TB 10751—2010/J 1147—2011　高速铁路路基工程施工质量验收标准．北京：中国铁道出版社，2010.

[7] 铁道部．TB 10025—2006/J 127—2006　铁路路基支挡结构设计规范．北京：中国铁道出版社，2006.

[8] 铁道部．TB 10102—2010/J 1135—2010　铁路工程土工试验规程．北京：中国铁道出版社，2010.

[9] 铁道部．TB 10401.1—2012　铁路工程施工安全技术规程（上册）．北京：中国铁道出版社，2012.

[10] 谢松平，陶光辉．高速铁路路基．2 版．北京：中国铁道出版社，2015.

[11] 卢春房．路基工程．北京：中国铁道出版社，2015.

[12] 刘明国．铁路路基工程施工技术．北京：中国铁道出版社，2014.